Gabriele Vollmar

Knowledge Gardening

Wissensarbeit in intelligenten Organisationen

wissensmanagement basic

Bibliografische Information der Deutschen Nationalbibliothek

Die Deutsche Nationalbibliothek verzeichnet diese Publikation in der Deutschen Nationalbibliografie; detaillierte bibliografische Daten sind im Internet über http://dnb.d-nb.de abrufbar.

Die Reihe **Wissensmanagement** im W. Bertelsmann Verlag bietet aktuelle Informationen über marktbestimmte Trends, erfolgversprechende Strategien und nutzenbringende Umsetzungen für Anwender und Entscheider von Wissensmanagement in Unternehmen, Organisation und Gesellschaft.

Wissensmanagement *basic* liefert Grundlagen und richtet sich an Einsteiger und Praktiker, die ihre Kompetenz im Bereich Wissensmanagement ausbauen wollen.

Wissensmanagement *professional* bietet Experten und Praktikern innovative Umsetzungsszenarien für das Wissensmangement.

Herausgeber der Reihe:

Univ.-Prof. Dr.-Ing. habil. Norbert Gronau,
Lehrstuhl für Wirtschaftsinformatik und Electronic Government, Universität Potsdam

Oliver Lehnert,
Herausgeber der Zeitschrift wissensmanagement – Das Magazin für Führungskräfte, Augsburg

Dr. Andreas Lischka,
Ingenium – Institut für Unternehmensentwicklung und innovative Medien GmbH, Kassel

Dr. Peter Schütt,
Leader Knowledge Management Germany, Workplace, Portal and Collaboration, IBM Deutschland GmbH, Stuttgart

© W. Bertelsmann Verlag
GmbH & Co. KG, Bielefeld 2007

Gesamtherstellung:
W. Bertelsmann Verlag, Bielefeld

Umschlaggestaltung:
www.lokbase.de, Bielefeld

Satz:
Christiane Zay, Bielefeld

Bestell-Nr. 60.01.753
ISBN 13: 978-3-7639-3466-9

Inhalt

„Information ist nicht Wissen,
Wissen ist nicht Weisheit,
Weisheit ist nicht Wahrheit,
Wahrheit ist nicht Schönheit,
Schönheit ist nicht Liebe,
Liebe ist nicht Musik,
Musik ist das Beste."

FRANK ZAPPA

Vorwort

Die Wissensarbeit verdrängt die Industriearbeit – zumindest in den industrialisierten Volkswirtschaften. Und das ist auch gut so, wollen diese auf einem immer stärker umkämpften Weltmarkt wettbewerbsfähig bleiben. Denn das Rationalisierungspotenzial in den Produktionsprozessen ist ausgereizt, hier lassen sich keine nennenswerten Produktivitätssteigerungen mehr erzielen. Das heißt, Wettbewerbsfähigkeit kann nur noch über das Personal erzielt werden, und zwar nicht unter der Prämisse des Personals als Kostenfaktor, den es im Wettlauf mit den Billiglohnländern zu senken gilt – dieser Wettlauf ist der zwischen Hase und Igel und für den Hasen schon deshalb nicht zu gewinnen, weil am Ende des Ackers immer ein Igel sein wird, dessen Arbeitskraft noch günstiger zu haben ist. Wettbewerbsfähigkeit ist nur noch über das Personal zu erzielen, weil es „der einzige wirkliche steigerungsfähige Erfolgsfaktor (ist), den die industrialisierten Volkswirtschaften des Westens noch haben. Die Herausforderung für Gesellschaften mit hohen Kosten, hoch entwickelten Infrastrukturen, aufwändigen Bildungssystemen und anspruchsvollen Normen für den Schutz von Individualrechten und Umweltressourcen, liegt demnach darin, den Bereich von Wissensarbeit nach Kräften auszudehnen."[1]

Bereits Anfang der 90er Jahre forderte Peter Drucker die Produktivitätssteigerung der Wissensarbeit in den Mittelpunkt des Managementhandelns zu stellen: „In den entwickelten Ländern stehen die Manager vor einer großen Herausforderung: die Produktivität der Wissens- und Dienstleistungsarbeit zu steigern. Diese Herausforderung wird die Managementagenda für die nächsten Jahrzehnte dominieren und letztendlich über die Wettbewerbsfähigkeit von Unternehmen entscheiden. Mehr noch, sie wird die Struktur unserer Gesellschaft und die Lebensqualität aller industrialisierten Nationen bestimmen."[2]

Trotz dieses Appells und der weit verbreiteten Zustimmung, was die Bedeutung der Wissensarbeit in und für unsere Gesellschaft betrifft, gibt es bis heute jedoch kaum gezielte Bemühungen um eine tatsächliche und effektive Produktivitätssteigerung auf diesem Gebiet. Vielmehr kon-

---

1 Willke 2001. S. 5
2 Drucker 2000. S.199

zentrieren sich die Aktivitäten nach wie vor auf den Bereich der industriellen Produktionsarbeit. Vielleicht liegen die Gründe hierfür darin zu suchen, dass wir einige wesentlichen Fragen noch nicht beantwortet (oder falsch beantwortet) haben: Was ist Wissensarbeit überhaupt? Ist sie vergleichbar mit der Produktionsarbeit? Lassen sich also bekannte und bewährte Managementwerkzeuge anwenden, um auch auf diesem Gebiet eine Produktivitätssteigerung zu erzielen, sprich: lässt sich Wissensarbeit taylorisieren? Oder gehen diese Ansätze genau in die falsche Richtung, weil sie verkennen, dass Wissensarbeit sich in wesentlichen Aspekten fundamental von der Produktionsarbeit unterscheidet und durch Taylorisierung hier gerade keine Erfolge zu erzielen sind? Braucht es also neue Managementwerkzeuge, ja ein neues Verständnis von Management? Ist Wissen, die Grundlage der Wissensarbeit, anderen Ressourcen vergleichbar, lässt sich Wissen also managen? Oder ist Wissen eine nicht nur in ihrer Bedeutung neue, sondern auch in ihrem Wesen neue Ressource, die kein Management im Sinne von Messung, Planung und Steuerung, sondern vielmehr eine gärtnerische Pflege benötigt? *Knowledge Gardening* anstelle von *Knowledge Management*?

Diesen Fragen möchten wir im Folgenden nachgehen. Hierzu werden wir uns in Kapitel 1 erst einmal mit dem Wesen des Wissens auseinandersetzen, bevor wir in Kapitel 2 den Versuch einer Definition von Wissensarbeit in Abgrenzung zur Industrie- oder Produktionsarbeit wagen. Kapitel 3 steht dann im Zeichen der Organisation und der Frage nach einer der Wissensarbeit förderlichen Organisationsform. In Kapitel 4 schließlich versuchen wir uns den Manager als Gärtner vorzustellen, um der Frage nach einem neuen Verständnis von Management im Kontext der Wissensarbeit nachzugehen.

Das Buch wendet sich an ein breites Publikum. Studierende können von den Inhalten profitieren, weil sie sich damit auf die komplexe Realität des Wissensmanagements vorbereiten können. Dozenten liefert das Buch Anstöße, um die Idee des Knowledge Gardening initiativ weiterzuentwickeln. Praktikern kann es als Leitfaden dienen, die tägliche Wissensarbeit zu reflektieren und voranzuteiben.

Gabriele Vollmar

Dies ist der erste Band der neuen Reihe Wissensmanagement im W. Bertelsmann Verlag. Wissensmanagement im internationalen Vergleich und die Verbindung zwischen Wissens- und Qualitätsmanagement sind nur zwei der zahlreichen Themen, die wir in weiteren Büchern aufgreifen wollen. Freuen Sie sich mit uns darauf.

Oliver Lehnert (Herausgeber der Reihe Wissensmanagement)

1 Wissen – die schwer greifbare Ressource

Wissen nennen wir den kleinen Teil der Unwissenheit,
den wir geordnet haben.

AMBROSE BIERCE

Abstract

Wissen ist eine subjektive Konstruktion, ein permanenter Prozess des Erkennens und Interpretierens. Wissen existiert nicht unabhängig von Personen, es ist dynamisch, veränderlich und kontextabhängig. Als sogenanntes implizites Wissen kann es tief in unseren Körper eingeschrieben sein. Wissen lässt sich daher nicht 1 : 1 übertragen oder gar speichern. Übertragen und Speichern lassen sich lediglich Daten, die jedoch dann erst wieder von einem subjektiven Bewusstsein in Beziehung gesetzt und interpretiert werden müssen, um zur Grundlage von Entscheidungen und Handlungen werden zu können. Ein Zuviel an Wissen kann unsere Entscheidungs- und Handlungsfähigkeit vermindern. Im Umgang mit Wissen ist die Fokussierung auf das Wesentliche, das relevante Wissen entscheidend. Auch das Nichtwissen als positive Ignoranz gehört untrennbar zum Wissen, es kann eine Quelle von Innovation und Kreativität darstellen.

1.1 Information als Rohstoff von Wissen?

Was ist Wissen? Obwohl sich Philosophen und Wissenschaftler schon seit Hunderten von Jahren mit dieser Frage beschäftigen, gibt es im wissenschaftlichen Diskurs bis heute keine allgemein anerkannte Definition des Begriffes „Wissen". In der Regel wird der Begriff des Wissens in Abgrenzung bzw. unter Herzuziehen anderer verwandter Begriffe beschrieben.

So definieren Platon und Aristoteles bis hin zu den Empiristen des 17. und 18. Jahrhunderts Wissen als gerechtfertigter wahrer Glaube und grenzen Wissen damit ab von der (ungerechtfertigten) Meinung. Die philosophische Tradition unterscheidet drei Bedingungen dafür, dass man sagen kann: „S (Subjekt) weiß, dass p (Proposition)."
1. S glaubt, dass p
2. p ist wahr
3. S kann seinen Glauben, dass p, rechtfertigen oder beweisen

Probleme mit dieser Definition macht uns heute die zweite Bedingung, dass p wahr sei. Denn irgendwann mit Anbruch der Moderne im 19. Jahrhundert ist uns der Glaube an die Existenz einer allgemeingültigen Wahrheit verloren gegangen.[3] Auf die Spitze getrieben wird dieser Zweifel von den Philosophen des Konstruktivismus, denen zufolge wir uns unser Weltbild, damit auch unser Wissen ausschließlich subjektiv konstruieren, es also eine objektive Wahrheit gar nicht geben kann und damit auch keine objektive Wahrheit als Verprobungsinstanz für ein transsubjektives, d. h. außerhalb des Subjektes in der Welt per se vorhandenes Wissen.

So weit die Philosophen. Wie gehen nun die vielleicht pragmatischeren, da betriebswirtschaftlich orientierten Theoretiker des Wissensmanagements mit der Frage nach dem Wesen von Wissen um und zu welchen Schlussfolgerungen kommen diese? Im Kontext von Wissensmanagement wird Wissen in der Regel nicht mehr in Bezug zu einer umgebenden „objektiven" Wirklichkeit, sondern in Abgrenzung zum Begriff der Information definiert, wie z. B. in der Wissenstreppe von North:

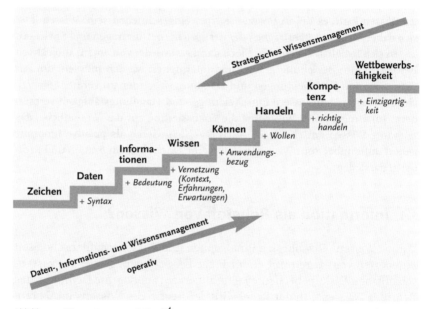

Abbildung 1: Wissenstreppe nach North[4]

Nach diesem Erklärungsmodell baut Wissen auf Daten und Informationen auf. Daten bestehen aus Buchstaben, Zahlen oder Zeichen, die mittels bestimmter Ordnungsregeln gebildet werden. Beispiel: 12 °C.

---

3   Edmund Gettier zeigte 1963 im sogenannten Gettier-Problem, dass diese Auffassung zu einem Paradoxon führt. Vgl. http://de.wikipedia.org/wiki/Gettiers_Problem (27. Dezember 2005)
4   North 1998. S. 41

Daten werden zu Informationen, wenn sie verknüpft und in einen Kontext gestellt werden. Beispiel: „Gegen Abend sinkt die Temperatur auf 12 °C." Informationen besitzen noch keinen Wert an sich, vielmehr müssen sie, um Nutzen zu entfalten, mit bereits bestehenden oder aktuellen Informationen vernetzt werden können.

Werden Informationen sinnvoll sowohl miteinander als auch mit jeweils subjektiven Erfahrungen und Erwartungen vernetzt, entsteht daraus Wissen, Wissen, das zum Handeln befähigt. Beispiel: „12 °C, du solltest für heute Abend besser eine Jacke mitnehmen, sonst wirst du frieren."

[*„Wissen entsteht als Ergebnis der Verarbeitung von Informationen durch das Bewusstsein."*[5]]

Wissen stützt sich, wenn wir diesem Erklärungsmodell folgen, zwar auf Daten und Informationen, entsteht jedoch erst in einem jeweils individuellen Prozess der Vernetzung und Interpretation vor dem Hintergrund von persönlichen Kenntnissen und Fähigkeiten, Erfahrungen und Wertvorstellungen. Im Gegensatz zu Daten und Informationen ist Wissen folglich immer an Personen gebunden. Es wird von diesen zum Lösen von Problemen eingesetzt, manifestiert sich also in Handlungen.[6]

Wissen ist personengebunden

Auf diesem Verständnis einer Veredelung von Information zu Wissen beruht auch das Transformationsmodell des Institutes für Angewandte Arbeitswissenschaft e. V., wonach die Begriffe Daten, Information und Wissen durch die Addition oder Substraktion von Eigenschaften ineinander überführt werden können.

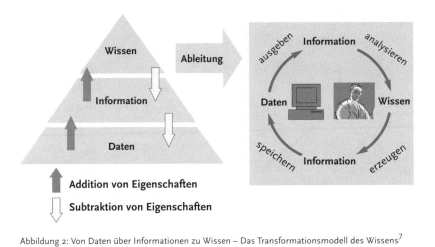

Abbildung 2: Von Daten über Informationen zu Wissen – Das Transformationsmodell des Wissens[7]

5   Albrecht 1993, zit. nach North 1998. S. 40
6   Vgl. Probst et al. 1997
7   ifa 2004. S. 21 f.

Betrachten wir die hierarchische Darstellung, so kommen wir zu dem Schluss, dass die Überführung von Wissen in Information, beispielsweise durch den Vorgang der Dokumentation, einhergeht mit einem Verlust an Eigenschaften. Das heißt, Wissen kann niemals vollständig in Information überführt werden. Dies ist auch logisch, gehen wir doch davon aus, dass Wissen in einem individuellen Prozess der Vernetzung und Interpretation entsteht (s. o.), der als individueller Prozess gerade nicht adäquat dokumentiert und damit als reine Information abgebildet werden kann. Vielmehr wird ein Rezipient der aus dem Wissen W destillierten Information I diese Information I wiederum vor dem Hintergrund seiner persönlichen Kenntnisse und Fähigkeiten interpretieren und daraus ein jeweils eigenes Wissen W' gewinnen – vorausgesetzt besagter Informationsempfänger ist aufgrund seiner Kenntnisse überhaupt in der Lage, die Information I angemessen zu verarbeiten.

Für den Umgang mit Wissen im Unternehmen bedeutet dies, dass die Überführung von aktivem Wissen in Information zwangsweise zu einem Verlust von Eigenschaften führt. Handelt es sich dabei um wesentliche Eigenschaften, so ist eine solche Überführung beispielsweise im Zuge einer Dokumentation von Wissen u. U. nicht sinnvoll; manche Information wird ohne den Interpretationsrahmen des persönlichen Erfahrungskontextes wertlos. Ebenso wichtig zu bedenken ist, dass Informationen jeweils unterschiedlich rezipiert werden, abhängig von Person und Qualifikation des Rezipienten; die erneute Rezeption einer Information führt nicht wieder unverändert zurück auf das dieser Information gegebenenfalls einmal zugrunde liegende Ausgangswissen. Wissen ist nicht absolut vorhanden, sondern wird jeweils subjektiv und kontextabhängig konstruiert.

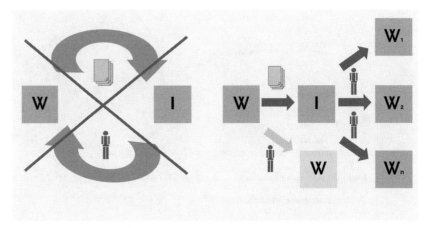

Abbildung 3: Wissen und daraus destillierte Information sind nicht deckungsgleich

Dies widerspricht der Auffassung von uneingeschränkter Wissenstransformation, wie sie der kreisförmigen Darstellung des oben abgebildeten

Transformationsmodells zugrunde liegt: „Grundsätzlich ist in diesem Modell keine Barriere vorgesehen, um Wissen in Daten umzuwandeln – vorausgesetzt die Funktionen ‚erzeugen' und ‚speichern' können mit der nötigen Leistung und Geschwindigkeit ausgeführt werden. Gleichzeitig kann Wissen grundsätzlich auf Speichermedien vorhanden sein und durch die Funktionen ‚ausgeben' und ‚verarbeiten' wieder in individuelles Wissen umgesetzt werden."[8] Denkt man diesen Ansatz konsequent bis zum Ende weiter, würde dies bedeuten, dass zwischen den Zuständen Daten, Information und Wissen kein Unterschied mehr[9] bestünde.

1.2 Wissen als Prozess des Erkennens und der Erkenntnis

Obwohl die dargestellten Erklärungsmodelle den Prozess der Interpretation und Vernetzung betonen, betrachten sie und viele darauf beruhende Modelle des Wissensmanagements, wie z. B. der bekannte Wissenskreislauf nach Probst et al.[10], Wissen in letzter Konsequenz als abgeschlossenen Zustand, als Spitze der Pyramide, als Stufe innerhalb der Wissenstreppe. Dies suggeriert eine Greifbarkeit und Handhabbarkeit dieser Ressource, vergleichbar der anderer, traditioneller Ressourcen der betriebswirtschaftlichen Betrachtung, welche diese „neue" Ressource überhaupt erst scheinbar *manageable* machen.[11] Wissensmanagement wird hier verstanden als das Management von Wissen, als dessen Verwaltung, Organisation und Steuerung. Gleichzeitig führt sich diese Betrachtungsweise jedoch selbst ad absurdum, indem die Abgrenzung von Information zu Wissen über den jeweils individuellen Akt der Interpretation und Vernetzung getroffen wird, wird Wissen zu einer subjektiven Konstruktion. Wissen kann damit kein abgeschlossener und ergo objektivierbarer Zustand, sondern immer nur ein prinzipiell unabgeschlossener Prozess sein.

Wissen als Prozess

Voraussetzung für Wissen, nicht als Zustand, sondern als Tätigkeit, ist ein wacher Bewusstseinszustand, der es uns erlaubt, in der Wolke unserer unmittelbaren Erfahrung einzelne Objekte zu erkennen und voneinander abzugrenzen. Durch solche Abgrenzungen manifestieren wir Unterschiede und konstruieren wir Informationen; nach Bateson ist eine Infor-

---

8   ifa 2004. S. 21

9   Auf dieses logische Dilemma verweist auch das ifa. Vgl. ifa 2004. S. 22

10 Vgl. Probst et al. 1997

11 Und zwar *manageable* weitestgehend unter Verwendung traditioneller Managementwerkzeuge; so fußt beispielsweise der Wissenskreislauf nach Probst et al. auf dem bekannten St. Gallener Managementmodell, nur relativ oberflächlich uminterpretiert für das Management der „neuen" Ressource Wissen.

mation nichts anderes als ein bedeutsamer Unterschied, „a difference that makes a difference"[12]. Wann ein Unterschied als bedeutsam anzusehen ist, lässt sich nur an dem Kriterium der Relevanz erkennen. Da Relevanzen wiederum nur systemspezifisch und systemabhängig sein können, ergibt sich daraus, dass bereits Informationen nicht etwa objektiv, sondern immer nur systemrelativ sein können.[13]

[*„Das Wissen ist eine subjektive, selbst-referenzielle, erfahrungsgeleitete Konstruktion des Gehirns."*[4]]

Nach diesem Erklärungsmuster gibt es keinen diskreten Schritt zwischen noch objektiver Information und schon subjektiv daraus gewonnenem Wissen. Vielmehr beeinflusst unser Wissen bereits unsere subjektive Wahrnehmung und unsere Konstruktion von Information: Beides wiederum beeinflusst und verändert den Referenzrahmen unseres Wissens.

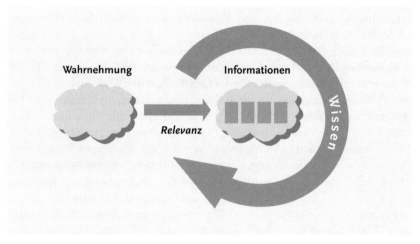

Abbildung 4: Wissen beeinflusst als selbstreferenzieller Prozess unsere Wahrnehmung und unsere Konstruktion von Information

Welle-Teilchen-Dualismus

Welche Betrachtungsweise von Wissen ist nun die richtige? Nun, vielleicht gibt es in dieser Diskussion kein richtig oder falsch, kein Entweder-oder, sondern vielmehr ein Sowohl-als auch. Vielleicht sollten wir uns nach dem Vorbild der Quantenmechaniker bei der Definition des Wissensbegriffes einen Welle-Teilchen-Dualismus zu eigen machen. Darunter versteht man die Erkenntnis, dass einerseits Wellen (beispielsweise elektromagnetische oder mechanische Wellen) auch Teilchencharakter und andererseits Teilchen (bspw. Elektronen) auch Wellencharakter haben. Es sind stets beide

---

12 Bateson 1972. S. 453
13 Nach Willke folgt daraus, dass ein Informationsaustausch zwischen zwei Systemen, z.B. zwei unterschiedlichen Kultursystemen, unmöglich sei. Vgl. Willke 2001. S. 9
14 Kandel und Hawkins 1992. S. 66

Eigenschaften vorhanden. Es ist die Art der Beobachtung, die entweder die Wellenperspektive oder die Teilchenperspektive auswählt.

Wissen ist immer sowohl Prozess als auch Zustand, sowohl Substantiv als auch Verb. Thomas H. Davenport und Lawrence Prusak beschreiben Wissen als „eine fließende Mischung aus strukturierten Erfahrungen, Wertvorstellungen, individuellem Kontext, Kenntnissen und Fähigkeiten. Es bietet in seiner Gesamtheit einen Strukturrahmen zur Beurteilung und Eingliederung neuer Erfahrungen und Informationen und wird von Individuen zur Lösung von Problemen eingesetzt."[15]

Im Moment des wissensbasierten Handelns ist das Wissen für das handelnde Subjekt eine vorläufig wahre Zustandsgröße, kann damit als Referenzrahmen dienen und Entscheidungen ermöglichen. Gleichzeitig ist es jedoch immer auch ein selbstbezüglicher Prozess. Selbstbezüglich deshalb, weil der Wissensprozess als Prozess des Interpretierens und Referenzierens selbst zum Bestandteil des Wissens wird, dieses also permanent verändert und gleichzeitig von ihm verändert wird. Wissen ist nicht nur höchst subjektiv, es verändert sich darüber hinaus permanent.
Im Sinne eines gesunden Pragmatismus im Umgang mit Wissen im Unternehmen kann also einmal die Zustandsperspektive einen angemessenen Erklärungsrahmen bieten, einmal die Prozessperspektive.[16] Egal für welches Erklärungsmuster Sie sich entscheiden, wesentlich für den Umgang mit Wissen ist die beiden Erklärungsmodellen gemeinsame Einsicht, dass Wissen nicht einfach „da ist", sondern immer erst im Kopf entsteht, eine subjektive, veränderliche und verändernde, kontextabhängige Konstruktion ist.

1.3 Wissensformen

In seinem Buch aus dem Jahr 1966 „The Tacit Dimension" etabliert der Biologe und Wissenschaftstheoretiker Michael Polanyi eine heute noch gültige und viel zitierte Unterscheidung zwischen explizitem und implizitem (tacit knowledge) Wissen. Explizites Wissen ist dabei „methodisch, systematisch und liegt in artikulierter Form vor. Es ist außerhalb der Köpfe einzelner Personen in Medien gespeichert (disembodied knowledge) und kann u.a. mit Mitteln der Informations- und Kommunikationstechnologie aufgenommen, übertragen und gespeichert werden."[17] Gemäß der oben getroffenen Definition des Wissensbegriffes

Explizites Wissen außerhalb der Köpfe

---

15 Davenport, Prusak 1997. S. 32
16 Ein wichtiges Kriterium dabei ist der sogenannte Reifegrad Ihrer Organisation und Ihrer Gesprächspartner. Erfahrungsgemäß ist das Teilchenmodell zunächst einmal deutlich einfacher zu „verdauen" und bietet gerade in den klassischen Managementmodellen geschulten Gesprächspartnern einen leichteren Einstieg in das Thema Wissen und Umgang mit Wissen.
17 North 1998. S. 49

wäre an dieser Stelle eher von Information bzw. je nach Ausprägung sogar nur von bloßen Daten zu sprechen denn von Wissen. Nichtsdestotrotz behalten wir im Folgenden diesen Begriff des expliziten Wissens als seit Jahren in der Wissensmanagementliteratur etablierten und viel referenzierten Terminus technicus bei.

Implizites Wissen: unbewusst und körperlich

Mit implizitem Wissen meint Polanyi, „dass jeder unserer Gedanken Komponenten umfasst, die wir nur mittelbar, nebenbei, unterhalb unseres eigentlichen Denkinhalts registrieren – und dass alles Denken aus dieser Unterlage, die gleichsam ein Teil unseres Körpers ist, hervorgeht"[18]. Das implizite Wissen ist, so Polanyi, die Grundlage des expliziten Wissens. Es stellt jenen Teil des Wissens dar, der nicht vollständig in Worten ausgedrückt werden kann. Es umfasst sowohl Wissen als auch Können, sowohl kognitive als auch körperliche Fertigkeiten.

Das implizite Wissen, wie Polanyi es definiert, beschreibt keinen Zustand (knowledge), sondern einen Prozess des Verstehens (knowing) im Sinne eines Erkennens, Denkens oder Wahrnehmens. Da nach Polanyi jedes explizite Wissen auf implizites Wissen, nämlich den Prozess des Erkennens, den Akt des Wissens, zurückzuführen ist, kann es kein vollständig explizites, d. h. objektives Wissen geben (s. o.). Damit bezeichnet der Begriff des impliziten Wissens das, was wir im Vorangegangenen für den Begriff des Wissens insgesamt festgehalten haben. Neue Aspekte, die Polanyi und in seiner Nachfolge vor allem die beiden Japaner Nonaka und Takeuchi[19] in die Diskussion einbringen, sind der Bezug zum Un- und Unterbewussten sowie die Betrachtung eines sogenannten Körperwissens.

Die Grundstruktur des impliziten Wissens ist dual; sie besteht aus dem zentralen Bewusstsein und dem unterstützenden Bewusstsein.

Unterstützendes Bewusstsein	Zentrales Bewusstsein
Körperwissen, Hintergrundwissen, erworbenes Wissen, auf das unbewusst aufgebaut wird (latent)	Gelenkte Aufmerksamkeit
Beispiel: Nagel einschlagen	
Gewicht des Hammers, Gefühl des Stiels in der Hand	Aufmerksamkeit richtet sich auf den Nagel

Das Erwerben von Routine bedeutet einen Übergang von explizitem Wissen in implizites Wissen; mit zunehmender Routinisierung wird das zentrale Bewusstsein geschwächt zugunsten des unterstützenden Bewusst-

---

18 Polanyi 1985. S. 10
19 Vgl. Nonaka 1997

seins. Unter Umständen kann dann das zentrale Bewusstsein sogar stören: Wer ein randvolles Glas trägt, wird mehr verschütten, wenn er seine Aufmerksamkeit sehr stark auf das Nichtverschütten lenkt, als wenn er seinem Körpergefühl, seinem Gleichgewichtssinn usw. vertraut.[20] Beispiel: Wir sind neu in eine uns noch fremde Stadt gezogen. Um uns zurechtzufinden, nutzen wir einen Stadtplan, also explizites, dokumentiertes Wissen. Mit der Zeit – schneller oder langsamer je nach persönlicher Begabung – benötigen wir diesen Stadtplan für diejenigen Wege, die wir häufig gehen, nicht mehr. Das Wissen um den „richtigen" Weg wird verinnerlicht, schreibt sich gleichsam in unseren Körper ein, teilweise so stark, dass wir Schwierigkeiten haben, einem Fremden genau diesen Weg zu erklären, d.h. aus einem routinisierten impliziten Wissen wieder ein rational verfügbares und explizierbares Wissen zu machen. Routinisierung ist folglich nicht unproblematisch: Was, wenn der gewohnte Weg einmal versperrt ist? Routinisiertes Wissen stellt sich uns oft in den Weg, wenn wir versuchen oder gezwungen sind, eingefahrene Wege zu verlassen.[21] Erfahrene Mitarbeiter oder auch Facharbeiter und Handwerker verfügen über einen sehr großen Teil an routinisiertem Körperwissen, an implizitem Wissen, der nur schwer fassbar und kaum zu dokumentieren ist. Oder nach Polanyi: „We know more than we know how to say."[22] Dem trägt unser aus dem Mittelalter stammendes Ausbildungssystem einer Meister-Lehrling-Beziehung Rechnung. Hier findet Ausbildung keineswegs nur über die Kommunikation expliziten Wissens statt, sondern stark auch über die Vermittlung impliziten Wissens durch Zuschauen, Nachahmen und Korrigieren. Oder wie haben Sie gelernt, Fahrrad zu fahren?

Ist diese Zweiteilung in explizites Wissen (Daten und Information) auf der einen und implizites Wissen auf der anderen Seite ausreichend für eine Diskussion des Umgangs mit Wissen im Unternehmen? Eine differenziertere Unterscheidung des impliziten Wissens, damit also eine dritte Art von Wissen, erweist sich als hilfreich: das stille oder auch stillschweigende Wissen. Dies ist Wissen, das formal artikulierbar ist, sich also durch Reflexion explizieren lässt, damit hinterfragt, diskutiert und eingeschränkt (s.o.) transferiert werden kann, das jedoch (zum betreffenden Zeitpunkt) nur im Kopf einer Person vorhanden ist.[23]

Die dritte Dimension des stillen Wissens

---

20 Vgl. http://www.teachsam.de/psy/psy_kog/lernth/wiss/wiss_2_2_1_2.htm (30.12.2005)
21 S. auch Kapitel 1.4 Wissen und Nichtwissen
22 Polanyi 1958. S. 12
23 Für Polanyi umfasst der Begriff des impliziten Wissens beide Dimensionen, sowohl die des explizierbaren „Wissens im Kopf" als auch die des nicht vollständig explizierbaren (wie die im Deutschen teilweise herrschende Begriffsverwirrung bei der Übersetzung seines eigentlichen Begriffes *tacit knowledge* deutlich macht). Eine weitere Unterscheidung in stilles Wissen und eigentlich implizites Wissen i. e. S. ist sinnvoll, um in Diskussionen zum Wissensmanagement in Organisationen eine größere Klarheit herzustellen und die mit den unterschiedlichen Wissensarten verbundenen Aufgabenstellungen deutlicher zu separieren. Gleichwohl sind diese Begriffe – außer in der Theorie – selten trennscharf.

Beispiel: Eine Mitarbeiterin hat die Aufgabe, die monatlichen Provisions-abrechnungen für die für das Unternehmen tätigen Handelsvertreter zu erstellen. Für diese Mitarbeiterin nach einigen Jahren eine reine Routine-aufgabe, deren Dokumentation sich – aus der Sicht dieser Mitarbeiterin – nicht lohnt. Das heißt, das Wissen über die einzelnen notwendigen Arbeitsschritte ist ein stilles Wissen bei dieser Mitarbeiterin. Fällt die Mit-arbeiterin aus, ist kein Kollege, zumindest nicht ohne Weiteres, in der Lage, die Provisionsabrechnungen zu erstellen, das dazu notwendige Know-how fehlt im Unternehmen. Dieses Know-how ließe sich jedoch zum größten Teil einfach und nachvollziehbar in einer kurzen Anleitung dokumentieren, also von stillem zu explizitem Wissen, das für andere im Unternehmen rezipierbar ist, überführen. Stilles Wissen bezeichnet damit Wissen, das zwar zu einem bestimmten Zeitpunkt *embodied knowledge* ist, gleichwohl aber in Worten ausgedrückt werden kann. Trotz dieser Arbeitsanleitung wäre die Mitarbeiterin, welche die Abrechnun-gen bereits seit einigen Jahren erstellt, schneller und ihr Arbeitsergebnis vermutlich weniger fehlerbehaftet. Trotz der Dokumentation, der Auf-nahme expliziten Wissens fehlte dem Nachahmer nämlich die Routine, das Erfahrungswissen. Dieser implizite Anteil am Wissen lässt sich in einer Arbeitsanleitung nicht fassen und somit auch nicht entpersonali-siert vermitteln.

Wenn wir also drei Wissensformen unterscheiden, explizites Wissen (Daten und Information), stilles Wissen und implizites Wissen, ergeben sich daraus drei Hauptaufgaben für den Umgang mit Wissen im Unter-nehmen:

- das vorhandene explizite Wissen besser nutzbar machen (Daten- und Informationsmanagement)
- das stille Wissen – wo notwendig und sinnvoll – in explizites Wissen überführen (Wissensdokumentation)
- den persönlichen Austausch des impliziten Wissens fördern und for-dern (Wissenskommunikation)

Aufgaben im Umgang mit Wissen Diese drei Schwerpunktaufgaben sind nun keine Entweder-oder-Auf-gaben, sondern Aufgaben, die allesamt zu einem bewussten Umgang mit Wissen, Informationen und Daten in einer Organisation gehören. Je nachdem, in welcher Form das erfolgskritische Wissen spezifisch in einer Organisation vorliegt, ist jedoch eine Fokussierung der Aktivitäten sinn-voll. So kann beispielsweise in einer Forschungs- und Entwicklungsabtei-lung die Förderung des Austausches von implizitem Wissen im Vorder-grund stehen, in einem Callcenter eher die Verfügbarkeit von Daten und Informationen.

Erfahrungswissen von Mitarbeitern dokumentieren: Lessons Learnt beim Rückbau des AKW Obrigheim durch die EnBW

Am 11. Mai 2005 ging das seit 1968 im Betrieb befindliche Kernkraftwerk Obrigheim in Baden-Württemberg vom Netz. Das Betreiberunternehmen EnBW steht damit vor einer völlig neuen Aufgabe, nämlich dem – voraussichtlich zehn Jahre dauernden – Rückbau einer solchen Anlage. Zwar waren die rein technischen Sachverhalte ausführlich dokumentiert, doch wurde deutlich, dass für die anstehende Aufgabe daneben auch das stille und implizite Erfahrungswissen der Mitarbeiter dringend erforderlich war: „Wie ist das damals gelaufen?", „Wo gab es Probleme?", „Wo muss man beim Rückbau eventuell aufpassen?" usw. Doch die Träger dieses Erfahrungswissens, zu einem großen Teil langjährige Mitarbeiter kurz vor der Altersgrenze, würden das Unternehmen nach und nach verlassen: Der Personalbestand im AKW sollte von 290 Mitarbeiter im Jahr 2005 auf 160 im Jahr 2007 abgebaut werden. Das relevante „Wissen in den Köpfen" muss also rechtzeitig und soweit möglich erfasst und damit für das Unternehmen gesichert werden. Dabei geht die Nutzung dieses Erfahrungswissens in zwei Richtungen: Einerseits muss das Wissen über die Betriebshistorie und die Erfahrungen aus dem Betrieb rechtzeitig bereits für die Planung jeder Rückbauphase aktiviert werden, darüber hinaus sollen die neuen Erfahrungen mit dem Rückbau selbst für weitere Rückbauprojekte reflektiert, kommuniziert und dokumentiert werden.

In einem ersten Schritt wurden von einem kleinen Projektteam rund um den Leiter des Obrigheimer Qualitätsmanagements die für den Rückbau relevanten Wissensgebiete identifiziert. Daraus ergab sich eine sogenannte Wissensstruktur aus insgesamt 13 Hauptfeldern. Diese Struktur wurde vom Führungskreis geprüft, gegebenenfalls ergänzt und freigegeben. Diese Struktur dient im Folgenden zur Verschlagwortung der entstehenden Inhalte, d. h. der Erfahrungsberichte.

Aus der Wissensstruktur ergab sich außerdem eine Liste der Mitarbeiter, mit denen sogenannte Debriefing-Gespräche geführt werden sollten.[24] Diese Gespräche wurden hauptsächlich vom Leiter Qualitätsmanagement geführt, unterstützt durch einen externen Berater. Die Debriefings waren als offene Gespräche angelegt, statt eines Standard-Fragebogens gab es lediglich einen groben Gesprächsleitfaden. So wurden zu Anfang des Gespräches der Ablauf und das Ziel des Gespräches kurz erläutert sowie dessen Grenzen. Dann wurde der Mitarbeiter in der Regel aufgefordert, etwas über seine Aufgabenstellung im Unternehmen und seinen beruflichen Werdegang zu erzählen – Anlass, vor dem Hintergrund der für beide Seiten transparenten Wissensstruktur in bestimmte Themen tiefer einzusteigen, z. B. die Historie des Baus eines Gebäudes im Jahr 1979, an dem der Mitarbeiter beteiligt war, nochmals aufzurollen. Hierbei lag es im Geschick des Gesprächsführers, einerseits das Geschichtenerzählen anzuregen, gleichzeitig aber auf ein klares Erkenntnisziel hinzuführen. Dem Mitarbeiter hat man zur Vorberei-

---

24 Teilweise mit Einzelpersonen, teilweise mit Kleingruppen

tung einige Stichworte zum intendierten Gesprächsthema und -ziel zukommen lassen, jedoch nicht zu ausführlich, um die gewollte situative Offenheit nicht durch ein zu starres Frage-Antwort-Schema zu konterkarieren. Ein wichtiger Erfolgsfaktor war darüber hinaus eine inhaltlich gute Vorbereitung des Gesprächsführers sowie dessen Geschick, Ton und Gesprächsstruktur dem Gegenüber – vom einfachen Kraftwerker bis zum ehemaligen Geschäftsführer – anzupassen.

Nach dem Gespräch wurde ein Protokoll erstellt, das dann gemeinsam mit den Beteiligten verdichtet wurde. Aus dieser Verdichtung entsteht ein komprimierter Extrakt, der dem Interviewten nochmals zur Prüfung vorgelegt wird.[25] Änderungswünsche, Ergänzungen und Kommentare werden gegebenenfalls eingearbeitet und der Erfahrungsbericht schließlich in eine standardisierte Form gebracht. Die eine DIN-A4-Seite umfassenden Erfahrungsberichte beinhalten die folgenden Elemente:

1. Thema
2. System/Gebäude
3. Zeitraum
4. Schlagwörter entsprechend der Wissensstruktur
5. Vertraulichkeitsstufen
6. Kurzbeschreibung des Ereignisses
7. Einschätzung der Relevanz für den Rückbau
8. ggf. zugeordnete Dokumentation, z.B. technische Zeichnungen, Berichte

Diese Erfahrungsberichte werden abschließend vom Leiter Qualitätsmanagement offiziell freigegeben und in eine eigens für die Verwaltung dieser Erfahrungsberichte implementierte Datenbank eingestellt. Darüber hinaus werden die Erfahrungsberichte direkt in der ansonsten vorhandenen Dokumentation, beispielsweise direkt in den Gebäudeplänen, per Link den Anwendern zugänglich gemacht.

Ein Nebenprodukt der Gespräche sind Expertenprofile, Gelbe Seiten, der Gesprächspartner. Auch diese werden in die Erfahrungsdatenbank eingestellt, sodass bei einer entsprechenden Stichwortsuche nicht nur die dazu gehörenden Erfahrungsberichte und darüber auch weiterführende relevante Dokumentationen gefunden werden können, sondern auch kompetente Ansprechpartner für mögliche vertiefende Fragen.

Neben dem Erfassen und dabei Reflektieren der Historie zielt das Projekt auch auf das zeitnahe Erfassen von Erfahrungswissen in Bezug auf die aktuelle Planung des Rückbaus. Hierzu werden ad hoc Debriefings zu bestimmten Planungsphasen dazwischengeschaltet, in der Regel angeregt durch den Leiter Qualitätsmanagement, der den Planungsprozess in allen Aspekten begleitet. Auch hier entstehen Erfahrungsberichte wie oben beschrieben.

---

25 Die Hoheit über das Gesprächsergebnis ist eine wichtige Voraussetzung für ein vertrauensvoll und offen geführtes Gespräch.

Das Projektteam ist bei den Debriefings auf eine hohe Motivation und Offenheit der befragte Mitarbeiter gestoßen. Woher rührt dies?

- Das Kernkraftwerk Obrigheim ist ein mittelständisches Unternehmen mit ungefähr 300 Mitarbeitern. Bei dieser Größe herrscht eine noch fast familiäre Atmosphäre, eine in der Regel enge Verbundenheit mit dem Unternehmen. Laut Aussage des Leiters Qualitätsmanagement empfanden die Mitarbeiter ihr Engage-ment in den Debriefings als Akt der Solidarität. Dieses Gefühl wurde sicher dadurch unterstützt, dass der Rückbau politisch motiviert und nicht auf eine Entscheidung des Unternehmens zurückzuführen ist; es gibt damit einen äußeren Zwang zur Veränderung, dem Unternehmen selbst kann kein Vorwurf gemacht werden – ein Sachverhalt, der ansonsten Trotzreaktionen hervorrufen kann.
- Das Projektteam hat den Mitarbeitern darüber hinaus vermittelt, dass auch ein solcher Rückbau eine Kompetenz sein kann, und zwar eine sehr exklusive, da Obrigheim und seine Mitarbeiter hier eindeutig eine Vorreiterrolle einnehmen.
- Der Leiter des Projektteams und der Gesprächsführer in vielen Gesprächen war der Leiter Qualitätsmanagement, also ein erfahrener und akzeptierter Kollege vom Fach, der Gespräche auf Augenhöhe führen konnte.
- Dabei waren Offenheit und Ehrlichkeit sowohl in den Gesprächen als auch im gesamten Projekt ein wichtiger und ernst genommener Anspruch.
- Die Gespräche selbst waren in ihrer Grundanlage so offen gestaltet, dass auf den jeweiligen Gesprächspartner und dessen Bedürfnisse spezifisch eingegangen werden konnte. Der Gesprächsleiter war inhaltlich gut vorbereitet, der Mitarbeiter fühlte sich ernst genommen. Der Zeitrahmen für die Gespräche bot ausreichend Raum für Reflexion und für die teilweise notwendige Bewusstwerdung vor allem seitens sehr routinierter Mitarbeiter über das eigene individuelle Know-how („Ich weiß doch nichts, habe 20 Jahre lang meine Arbeit gemacht, ist doch nur Routine").
- Zu guter Letzt lag der eigentliche dokumentatorische Aufwand, die Fleißarbeit, beim Projektteam, nicht bei den interviewten Kollegen, die trotzdem jedoch die „Hoheit" über ihre Erfahrungsberichte behielten, da sie das Ergebnis des Gespräches vor dessen Veröffentlichung nochmals prüfen und kommentieren konnten.

Das Projektteam selbst hat die folgenden Faktoren für das Gelingen dieses „Wissenssicherungsprojektes" identifiziert:[26]

- Zielsetzung und Umfang des Projekts sind klar definiert.
- „Persönliche Faktoren" (z.B. die spontane Bereitschaft der Ehemaligen zur Mitwirkung) sind wichtiger als IT-Details.
- Es gibt ein kompaktes Kernteam und kurze Entscheidungswege.
- Die IT ist bedarfsgerecht auf den definierten Anwenderkreis zugeschnitten (keine allumfassende Lösung).
- Die Konzentration liegt zuerst auf unbedingt Notwendigem und Machbarem.

(http://www.enbw.com/content/de/impulse/forschung_umwelt/kraftwerke_besichtigungen/kkw_origheim/index.jsp;jsessionid=7729626417A363272726E8DA59FD75FC.nbw10)

---

26 Quelle: EnBW AG

1.4 Wissen und Nichtwissen – die zwei Seiten einer Medaille

The desire of power in excess
caused angels to fall,
the desire of knowledge in excess
caused man to fall.

FRANCIS BACON

Wozu brauchen wir überhaupt Wissen? Unser Wissen versetzt uns in die Lage, zu handeln, Entscheidungen zu treffen. Wissen braucht jedoch das Wollen, um zum Können und damit zum Handeln zu werden. Nicht immer ist dies ein bewusster Akt des Entscheidens; das intuitive, gleichsam körperliche implizite Wissen kann auch unmittelbar auf unser Handeln wirken. Und vielleicht beruht unser Wollen auch nicht immer auf unserem (bewussten) Wissen. Unser Handeln wiederum wirkt als Erfahrung, also als Resultat von Erlebnis und daraus gewonnener Erkenntnis, auf unser Wissen zurück. Auch hier treffen wir wieder auf einen Zirkel der wechselseitigen Beeinflussung.

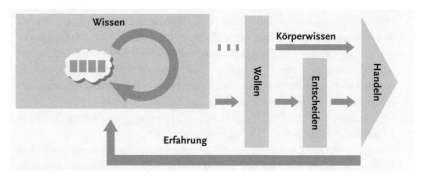

Abbildung 5: Wissen ist Grundlage unseres Handelns und wird durch dieses beeinflusst

Überinformiertheit führt zu Handlungsunfähigkeit

Heißt dies in der Konsequenz, dass mehr Wissen uns immer handlungsfähiger und Nichtwissen uns handlungsunfähig macht? Der Glaube an ein „Mehr wissen, besser entscheiden" führte in der Vergangenheit zu einem exzessiven „Wissensmanagement"[27], d.h., der Fokus lag auf dem Streben nach Bewahrung und Speicherung von Wissen. Die Idee einer solchen Vorratshaltung beruht der Auffassung von Wissen als einem statischen und entpersonalisierbaren Gut, nicht von Wissen als dynamischem Prozess. Die völlige Missachtung des Prozesscharakters von Wissen führte zu einer Speicherung von kontextfreien und damit per se „wertlosen" (s. o.) Daten und Informationen. Die Folge eines exzessiven Wissensmanagements sind damit weder das erhoffte Mehrwissen noch

---

27 Vgl. Ciesinger et al. 2005

eine Erhöhung der Handlungsfähigkeit, sondern lediglich eine Überinformiertheit, welche die Handlungsfähigkeit, vor allem schnelles und flexibles, veränderungsfähiges Handeln, sogar vermindert. Denn, wie der deutsche Schriftsteller Hans Kasper richtig feststellt: „Man kann so detailliert informiert sein, dass man das Ganze nicht mehr versteht." Dies bestätigt eine im Jahr 2003 vom Malik Management Zentrum St. Gallen durchgeführte Studie, die feststellt, dass Führungskräfte noch nie so gut informiert waren wie heute, die daraus resultierende Informationsflut jedoch zu einem Mangel an Orientierung und zu einer sinkenden Wahrnehmungsfähigkeit führt. Dabei bleibt eine wesentliche Eigenschaft in Zeiten schneller Veränderung auf der Strecke, nämlich gerade die frühe Wahrnehmung eben dieser Veränderung als Voraussetzung für rechtzeitiges Handeln.

Ziel eines bewussten Umganges mit der Ressource Wissen in Organisationen (und nicht nur dort) muss es sein, Entscheidungs- und Handlungsfähigkeit zu unterstützen und zu erhöhen. Es geht also auch beim Umgang mit Wissen um eine Konzentration auf Wesentliches. „Das Wesentliche ist, sich auf weniges zu beschränken, auf eine kleine Zahl von sorgfältig ausgesuchten Schwerpunkten, wenn man an Wirkung und Erfolg interessiert ist."[28] Es geht in einem „Weniger ist mehr" also vorrangig um das Wissen, das nutzen könnte, das Wissen, das die Organisation und deren Mitglieder handlungsfähig macht. Es geht um eine Selektion des relevanten Wissens.[29] Doch was ist das relevante Wissen? Es gibt keine allgemeingültige Relevanz, Relevanz ist systemabhängig; das Kriterium für Relevanz innerhalb einer Organisation liefern deren spezifische Ziele.[30] Dient doch der Ressourceneinsatz, und dazu gehört auch der Einsatz der Ressource Wissen, in einer Organisation dem Erreichen von Zielen. Ein Gesichtspunkt übrigens, der beim exzessiven Wissensmanagement und dessen Informiertheit (nicht Wissen!) um ihrer selbst willen allzu oft aus dem Blick geraten ist.

[*„Nützliches Wissen macht weiser als viel Wissen."* Aischylos]

Die Antworten auf die folgenden Fragen geben Hinweise auf das für eine Organisation oder auch eine Einzelperson relevante Wissen:

- Welches Wissen benötigen wir als Organisation oder ich als Individuum, um die gesteckten Ziele erreichen zu können?
- Welches Wissen davon steht uns bzw. steht mir heute schon zur Verfügung?

Die Organisationsziele bestimmen die Relevanz von Wissen

---

28 Malik 2001. S. 102

29 Ciesinger et al. sprechen an dieser Stelle von einem selektiven Wissensmanagement als Gegenbewegung zum exzessiven Wissensmanagement. Vgl. Ciesinger et al. 2005

30 Dies gilt nicht nur für Organisationen, sondern auch für Individuen. Gerade als Einzelpersonen sollten wir Mechanismen der Selektion entwickeln, um uns vor der Informationsflut zu schützen.

- Wo fehlt uns bzw. mir noch Wissen, das wir bzw. ich erwerben oder aufbauen muss? (Lernen)
- Welches in der Organisation oder in meiner Person vorhandene Wissen benötigen wir bzw. ich nicht (mehr), um die Ziele zu erreichen? (Entlernen)

Das Erkennen von Wissensrelevanzen führt nicht nur zum Erkennen von Wissenslücken und in der Folge weiterem gezielten Wissensaufbau, sondern auch zum Erkennen von unnützen, irrelevanten Wissensbeständen. Ursula Schneider[31] spricht in diesem Zusammenhang auch von positiver Ignoranz[32], dem Wissen darum, was man nicht zu wissen braucht als bewusste Abstinenz gegen Überinformiertheit.

Auf das sogenannte *focussing*, die Definition des Wesentlichen und in der Folge die Konzentration darauf, folgt dann ein *clearing*, ein bewusstes Entlernen und Vergessen, um Platz zu schaffen für Neues. Denn auch wenn technischer Speicherplatz heute günstig zu haben und daher fast unbegrenzt erweiterbar ist, der menschliche Speicherplatz ist es nicht, wie schon Sherlock Holmes in einem Kamingespräch mit Dr. Watson darlegt: „Nur ein Narr nimmt allen Plunder auf, über den er stolpert, sodass das Wissen, das ihm nutzen könnte, von der übrigen Menge verdrängt wird." Für Organisationen kann dies bedeuten, bestimmte Daten und Informationen nicht mehr zur Verfügung zu stellen oder gar nicht mehr vorzuhalten, bestimmte Qualifizierungsmaßnahmen nicht mehr anzubieten, das erlaubte Vergessen bestimmter Inhalte an die Mitglieder zu kommunizieren, sich von Organisationsmitgliedern mit einem bestimmten Fachwissen zu trennen oder auch durch das bewusste Vorleben und Einüben neuer Paradigmen alte zu überlagern. Eine solche gewollte Veränderung der organisationalen Wissensbasis kann unterstützt werden, indem der individuell oder organisational eigene Aufmerksamkeits- und Interpretationshorizont durch die Konfrontation mit anderen, ungewohnten Horizonten aufgebrochen und hinterfragt wird, beispielsweise im Kontakt mit neuen externen Partnern.

Entlernen und Vergessen schaffen in einer schöpferischen Zerstörung alter Strukturen à la Schumpeter Räume des kreativen und Innovation fördernden Nichtwissens. Die Nutzung der Ressource Nichtwissen als weitere Aufgabe im Umgang mit Wissen, Nichtwissen als Voraussetzung für die Generierung neuen Wissens, dieser Gedanke läutet einen Paradigmenwechsel im traditionellen „Wissensmanagement" ein, eine Verschiebung des Fokus weg von der Betrachtung des Vorhandenen hin

---

31 Vgl. Schneider 2005

32 Die positive Ignoranz ist eine Form von Ignoranz, daneben gibt es auch z. B. die manipulierte Ignoranz, das bewusste Vorenthalten von Information, oder die gefährliche ignorierte Ignoranz, d. h. das Nichtwissen um Wissenslücken. Vgl. Schneider 2005. S. 34

zur Konzentration auf das Neue – mit allen damit verbundenen Risiken, auch dem Risiko, Fehlentscheidungen zu treffen und Fehler zu machen: „Aus Gründen der Innovation und Motivation zur Innovation brauchen wir also anscheinend ebenfalls ein Stück Ignoranz – und damit ein Menschenrecht auf eigene Experimente, eigene Fehler, eigene Erkenntnisse."[33]

Die permanente Bezugnahme auf vorhandene Informations- und Wissensbestände kann innovationshemmend wirken und zur Veränderungsresistenz führen, zu defensiven Routinen des „Das haben wir schon immer so gemacht" und zur Verkennung des Neuen und Unbekannten, weil die Aufmerksamkeit durch die Beschäftigung mit dem Vorhandenen absorbiert wird. Erst wo durch die Entsorgung von Wissensmüll Freiraum entsteht, wird Platz für die von Gross sogenannte Oszillation, d.h. das Überschreiten festgelegter Vorstellungshorizonte und das Öffnen von Operationsräumen für Unkonventionelles, Ungeplantes, Zufälliges und Intuitives.[34]

Entlernen und Vergessen als Quellen der Kreativität

Fazit: Nichtwissen ist die andere Seite der Medaille, es ist untrennbar mit dem Wissen verbunden. Dabei stellt Nichtwissen nicht per se ein Problem dar, das es durch exzessive Anhäufung vermeintlichen Wissens zu beseitigen gilt – zumindest nicht, solange wir bewusst mit dem Nichtwissen umgehen und es nicht etwa ignorieren. In der bewussten Konzentration auf das Wesentliche kann die positive Ignoranz zu einem Motor unserer Handlungs- und Entscheidungsfähigkeit, unserer Kreativität und Innovation werden.

Abbildung 6: Bewusstes Entlernen und Vergessen, um Platz zu schaffen für neue Gedanken[35]

Stoff zum Nachdenken und Anregungen zum Handeln
1. Sensibilisieren Sie die Mitglieder Ihrer Organisation für die Bedeutung von Wissen, z. B. durch kleine Workshops, Impulsreferate, in persönlichen Gesprächen usw. Vermitteln Sie dabei die wichtige Erkenntnis, dass Wissen nicht in Datenbanken, sondern in den Köpfen steckt.

---

33 Schneider 2005. S. 30
34 Vgl. Gross 1999. S. 27
35 Grafik freundlicherweise überlassen von Anke Meyer-Grashorn, www.freiheit.de

2. Machen Sie sich – gemeinsam mit anderen – Gedanken über das erfolgsrelevante Wissen sowie die Wissens- und Lernziele Ihrer Organisation, d.h. über das Wissen, das Sie zum Erreichen Ihrer Ziele benötigen. Identifizieren Sie dabei Wissenslücken und die relevanten Informationsbestände und Wissensquellen in Ihrem Unternehmen. Übrigens: Das können Sie auch bezogen auf Ihre Person oder Ihr Team machen.

3. Gibt es in Ihrer Organisation Informations- und Wissensballast? Hinterfragen Sie auch die „Eh da"- und „Immer schon so gemacht"-Orthodoxien in Ihrer Organisation.

2 Wissensarbeit

„Die Wissensarbeiter der modernen Gesellschaft,
das Kognitariat,
verfügen selbst über ihre Produktionsmittel:
Wissen, Information, Einschätzung."

ALVIN TOFFLER

Abstract

Wissensarbeit nutzt nicht nur vorhandenes Wissen als Grundlage des Handelns, sondern transformiert dieses Wissen und entwickelt es kreativ weiter. Dadurch spielen das implizite Wissen und das Nichtwissen als kreatives Potenzial eine wichtige Rolle in der Wissensarbeit. Die Generierung neuen Wissens ist ein gemeinschaftlicher Prozess, Wissensarbeit daher in entscheidendem Maße immer auch Kommunikationsarbeit. Der Prozess der Wissensarbeit ist unsichtbar, kaum zu steuern und zu planen sowie in seinem Ergebnis nur schwer vorhersagbar. Im Unterschied zum klassischen Industriearbeiter verfügen Wissensarbeiter daher über einen hohen Grad an Autonomie gegenüber Organisationen; sie sind also durch den Inhalt der Arbeit selbst motivierte Ich-Unternehmer dabei aber gleichzeitig einer erhöhten Unsicherheit ausgesetzt.

2.1 Wissensarbeit: der Versuch einer Definition

Wovon sprechen wir, wenn wir von Wissensarbeit sprechen? Woran erkennt man den Wissensarbeiter? Ist es die einfache Trennung zwischen *blue collar workers* und *white collar workers,* also zwischen jenen, die sich die Hände beim Arbeiten schmutzig machen, die körperlich arbeiten, und denen am Schreibtisch? Ist der Wissensarbeiter derjenige mit einer anspruchsvollen ggf. akademischen Ausbildung, also mit einer vergleichsweise hohen fachlichen Qualifizierung?

[*Knowledge work = non-production work* OECD 1996]

Leider ist es nicht ganz so einfach! Bei der Definition des Wissensbegriffes hatten wir festgestellt, dass es im Grunde keine menschliche Tätigkeit gibt, die nicht auf Wissen beruht. So gesehen, setzt auch der einfache Hilfsarbeiter in der Produktion Wissen, nämlich sein Erfahrungs-, Körper- und Routinewissen sowie darauf basierende Intuition, für sein Tun ein. Berücksichtigen wir außerdem die Prozesshaftigkeit des Wissens (s. o.), kann auch der einmalige Erwerb eines definierten Fachwissens noch nicht zum Wissensarbeiter qualifizieren. Wissensarbeit besteht nicht (ausschließlich) im Anwenden von Wissen – darin liegt kein Unterscheidungsmerkmal, denn jeder, der tätig ist, wendet dabei auch Wissen – eines unterschiedlichen Abstraktions- und Bewusstseinsgrades – an.

Willke definiert Wissensarbeit dann auch weniger vor dem Hintergrund eines bestimmten Qualifikationsniveaus als in Bezug auf einen aktiven, tätigen Umgang mit der Ressource Wissen selbst: „Der Begriff Wissensarbeit (...) kennzeichnet Tätigkeiten (Kommunikationen, Transaktionen, Interaktionen), die dadurch gekennzeichnet sind, dass das erforderliche Wissen nicht einmal im Leben durch Erfahrung, Initiation, Lehre, Fachausbildung oder Professionalisierung erworben und dann angewendet wird. Vielmehr erfordert Wissensarbeit im hier gemeinten Sinn, dass das relevante Wissen (1) kontinuierlich revidiert, (2) permanent als verbesserungsfähig angesehen, (3) prinzipiell nicht als Wahrheit, sondern als Ressource betrachtet wird und untrennbar mit Nichtwissen gekoppelt ist, sodass mit Wissensarbeit spezifische Risiken verbunden sind."[36]

Wissensarbeit wendet Wissen nicht nur an, sie bearbeitet das Wissen selbst und verändert es dabei. Willke unterscheidet daher wissensbasierte von wissensintensiver Arbeit und schließlich der eigentlichen Wissensarbeit:

- *Wissensbasierte Arbeit*
  Tätigkeiten, bei denen Erfahrung und Wissen eine Rolle spielen (letztlich fast alle menschlichen Tätigkeiten)
- *Wissensintensive Arbeit*
  Tätigkeiten, die eine umfassende Ausbildung bzw. langjährige Erfahrung in einem bestimmten Fachgebiet voraussetzen
- *Wissensarbeit*
  Tätigkeiten, bei denen das einmal erworbene Fachwissen nicht ausreicht

Wissensarbeit unterscheidet sich von wissensbasierter oder -intensiver Arbeit wie folgt:

Wissensarbeit	Wissensbasierte, -intensive Arbeit
Vielfältige, schwer vorhersagbare Ergebnisse	Definiertes Arbeitsergebnis
Spontaneität, Flexibilität, Anpassungsfähigkeit	Kontinuität, definierter Arbeitsprozess
Geringe Abhängigkeit von vorhandenen Informationen	Abhängigkeit von vorhandenen Informationen
Dynamische Kooperations- und Kommunikationsbeziehungen	Organisationsstrukturen mit festen Verantwortlichkeiten und geringen Spielräumen

36 Wilke 2001. S. 4

Wissensarbeit lässt sich weder an Berufen oder Positionen noch eindeutig am Qualifikationsniveau der Beschäftigten allein festmachen.

Überlesen wir zunächst einmal Davenports Konzentration auf Bereiche mit hoch qualifizierten Tätigkeiten, so hebt auch er in seiner Definition der *knowledge work* ab auf den schöpferischen und dynamischen Umgang mit der Ressource Wissen: „(...) nach unserer Definition besteht die Hauptaufgabe eines Wissensarbeiters im *Erwerben, Erzeugen,* Bündeln oder Anwenden von Wissen. Wissensarbeit *ist weniger durch Routine als vielmehr durch Vielfalt und Ausnahmen* gekennzeichnet und wird von Angehörigen freier Berufe und Fachkräften ausgeführt, die über ein hohes Maß an Fertigkeiten und Kompetenzen verfügen. Wissensarbeit beinhaltet Tätigkeiten wie Forschen, Entwickeln, Werben, Lehren sowie Dienstleistungen im Bereich Recht, Wirtschaftsprüfung und Unternehmensberatung. Wir fassen darunter auch Managementprozesse wie Strategieentwicklung und Planung.“[37]

Nichtsdestotrotz beruht die Definition von Davenport noch stark auf der Dichotomie von *blue collar* versus *white collar*. Nicht zu bezweifeln ist, dass bei zahlreichen Berufen, zum Beispiel im Bereich der Forschung und Entwicklung, Wissensarbeit ein zentraler Bestandteil der Tätigkeit ist. Ein Forscher muss sein eigenes Wissen ständig transzendieren, um neues Wissen zu generieren, ein Berater muss Methoden abwandeln und neu kombinieren, um zu für das jeweilige Unternehmen passenden individuellen Lösungen zu kommen. Doch längst nicht alles, was Experten machen, ist Wissensarbeit. Vieles ist auch hier Routine oder lediglich wissensintensive oder wissensbasierte Arbeit, so muss auch ein Forscher ein Dokument formatieren, ein Berater eine neue Software auf seinem Notebook installieren, ein Rechtsanwalt ein Formular ausfüllen usw. Experten verrichten also nur teilweise Wissensarbeit, denn nur zu einem Teil ihrer Arbeitszeit trifft die folgende Definition auf ihre Tätigkeit zu (auch wenn genau hier natürlich der eigentliche Fokus ihrer Tätigkeit liegt): „Wissensarbeit leistet, wer Wissen erwirbt oder bestehende Wissensinhalte so umwandelt und kombiniert, dass neue Einsichten und Erkenntnisse entstehen.“[38] Zur Wissensarbeit gehört die Transformation von Wissen beispielsweise durch das Konkretisieren oder Abstrahieren von Beispielen, das Generalisieren oder Einschränken von Heuristiken und das Erklären von Ereignissen. Wissensarbeit ist über die reine Transformation hinaus außerdem eng verknüpft nicht nur mit dem Wissen, sondern auch mit dem Nichtwissen, ja sie erschließt sich Nichtwissen produktiv, als kreativen Freiraum für die Generierung neuen Wissens.

---

37 Davenport et al. 1996. S. 54, Hervorhebungen durch die Autorin
38 Hermann et al. 2005

Betrachten wir Wissensarbeit also als einen kreativen Akt der Wissens-transformation und Wissensgenerierung, gewinnt das implizite Wissen für diese Art der Tätigkeit an Bedeutung. In Relation zum Grad der Wis-sensintensivierung von der wissensbasierten Arbeit über die wissensin-tensive Arbeit bis zur Wissensarbeit lässt sich kein lineares Anwachsen der Bedeutung der beiden Wissensformen, explizites und implizites Wis-sen, für die jeweilige Ausübung der Tätigkeit feststellen. Vielmehr beru-hen sowohl die wissensbasierte Arbeit als auch die Wissensarbeit stark auf dem impliziten Wissen, einmal als Körper-, Erfahrungs- und Routine-wissen, einmal als schöpferisches, intuitives Wissen, wohingegen die wissensintensive Tätigkeit stark auf das explizite Wissen, das Fach- und Faktenwissen, rekurriert.

Abbildung 7: Bedeutung der Wissensformen, explizites Wissen, implizites Wissen, in Anhängigkeit von der Wissensintensität

Temporäre Wissensarbeit Mit einer zunehmenden Bedeutung von Wissensarbeit in unserem Wirt-schaftsleben und unserer Gesellschaft rückt das schwer fassbare implizite Wissen in den Vordergrund. Eine Herausforderung für das sogenannte Managen von Wissen. Doch hierzu in späteren Kapiteln mehr ...

Wenn wir die Definition von Wissensarbeit als einer kontinuierlichen Wis-senstransformation ernst nehmen, erwächst daraus neben der Einschrän-kung sogenannter Expertenarbeit noch eine zweite Konsequenz: Auch Personen, die in der Regel wissensbasierte Arbeit, also standardisierte Tätigkeiten, ausführen, können in die Situation kommen, Wissensarbeit leisten zu müssen. Nämlich immer dann, wenn das eigene (Routine-)Wis-sen plötzlich nicht mehr ausreicht, erweitert oder verändert werden muss, zum Beispiel weil die Produktpalette erweitert wird, Reorganisationsmaß-nahmen umgesetzt werden oder neue Arbeitswerkzeuge und damit verän-derte Arbeitsprozesse eingeführt werden. Durch solche Veränderungen klafft plötzlich eine Lücke zwischen den Anforderungen der Arbeit und den Kompetenzen und Fertigkeiten der Person. Es findet eine Wissensintensivierung der Arbeit statt hin zur Wissensarbeit. Diese Intensivierung ist in der Regel zeitlich begrenzt auf die Dauer des Lernprozesses, durch den die Lücke zwischen Anforderung und persönlicher Voraussetzung wieder geschlossen wird. Sie kann aber auch zu einer grundlegenden Veränderung des Charakters der Arbeit führen.

		Zeitliche Dimension der Wissensintensivierung		
		Temporär	Permanent	
	Kontextgebundenes Wissen	Neue Prozesse und Methoden müssen gelernt werden	Aufgaben, die das Entwickeln von Problemlösungen und das Generieren neuen Wissens zum Inhalt haben, kommen hinzu	Sehr anspruchsvolle Wissensarbeit
Art des Wissens	Dekontextualisiertes Wissen	Die theoretischen Kenntnisse im eigenen Fachbereich müssen aufgefrischt werden Begriffe und Konzepte aus anderen Fachbereichen müssen erworben werden	Aufgaben, die das Erfassen und Weitergeben von Wissen beinhalten, kommen hinzu	Anspruchsvolle Wissensarbeit
		Wissensarbeit ist so lange zu leisten, bis die Lücke zwischen Arbeitsanforderung und vorhandener Kompetenz geschlossen ist	Wissensarbeit wird zu einer Kernaufgabe	

Abbildung 8: Formen der Wissensintensivierung[39]

So wie es zu einer (temporären) Intensivierung wissensbasierter oder auch wissensintensiver Tätigkeit hin zur eigentlichen Wissensarbeit kommen kann, lässt sich auch die gegenläufige Bewegung einer Wissensextensivierung beobachten, in der Regel mittels Standardisierung. Diese wird dann interessant, wenn vergleichbare Aufgaben immer wieder oder an unterschiedlichen Stellen einer Organisation vorkommen. Dann kann es sinnvoll sein, die auf der Grundlage impliziten Wissens entstandene

---

39 Hermann et al. 2005. S. 9

Problemlösung, das Ergebnis von kreativer Wissensarbeit, zu explizieren und in Form von beispielsweise Heuristiken, Werkzeugen oder Arbeitsanweisungen der Gesamtorganisation zur Verfügung zu stellen. Wissensarbeit ersinnt Lösungen, die wissensintensives oder wissensbasiertes Arbeiten erst ermöglichen.

Um nachhaltige Konzepte zur Gestaltung von Wissensarbeit entwickeln zu können, muss die zweifache Dynamik der Wissensintensivierung, aber auch -extensivierung berücksichtigt werden: Arbeitsinhalte und die damit verbundenen Wissensanforderungen können zu- und auch wieder abnehmen; das Wissen der Menschen erweitert sich oder geht verloren, wenn das Gelernte nicht angewendet werden kann.

Fassen wir zusammen:
- Wissensarbeit ist Arbeit mit und an der Ressource Wissen selbst.
- Das Wissen wird dabei verändert.
- Neues Wissen entsteht.
- Wissensarbeit kann temporär oder permanent sein.
- Wissensarbeit ist nicht auf bestimmte Tätigkeiten oder Qualifikationsniveaus beschränkt.

2.2 Wie neues Wissen entsteht

Im Fokus der Wissensarbeit stehen die kreative Verarbeitung von Wissen und die Schaffung neuen Wissens. Mit der Frage der Wissensentstehung. In Organisationen haben sich in den 90er Jahren die Japaner Nonaka und Takeuchi auseinandergesetzt.[40] Sie wenden sich dabei gegen die Vorstellung, Wissen entstehe in einem simplen linearen Prozess der Informationsverarbeitung. Vielmehr stellen sie den Begriff des impliziten Wissens in den Mittelpunkt ihres Modells der Wissensschaffung, stellen diesen jedoch in einen dynamischen Zusammenhang mit dem expliziten Wissen: Die eigentliche Wissensgenerierung verläuft nach Nonaka und Takeuchi in einer aufsteigenden Helix über vier Wissenstransformationen:

1. Sozialisation: Implizites Wissen wird gleichsam schweigend weitergegeben und als implizites Wissen aufgenommen (Meister-Schüler-Beziehung).
2. Externalisierung: Implizites Wissen wird explizit, z. B. über Analogien, Metaphern, Modelle.
3. Kombination: Bestehendes (explizites) Wissen wird kombiniert; aus dieser Kombination entsteht neues Wissen.
4. Internalisierung: Explizites Wissen wird zu individuellem impliziten Wissen, d. h., der Einzelne eignet sich Wissen an.

---

40 Vgl. Nonaka, Takeuchi 1997

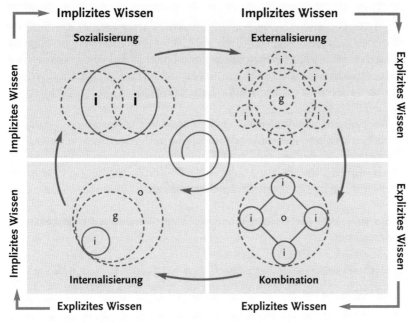

i: Individuum   g: Gruppe   o: Organisation

Abbildung 9: Wie neues Wissen entsteht: Wissensspirale nach Nonaka und Takeuchi[41]

Implizites Wissen muss dabei zur Weitergabe nicht zwangsweise explizit gemacht werden. Vielmehr liege das höchste Kreativitäts- und Innovationspotenzial in der Transformationsstufe „Sozialisation".

[*„Reden erzeugt Wissen."* George Por, London School of Economics]

Die Helix der Wissenstransformation ist eingebettet in ein Fünf-Phasen-Modell der Wissensschaffung:

- Wissen austauschen
- Konzepte schaffen
- Konzepte erklären
- einen Archetyp bilden
- Wissen übertragen

Wissensgenerierung ist ein gemeinschaftlicher Prozess

Entscheidend im Ansatz von Nonaka und Takeuchi ist die Tatsache, dass die Wissensgenerierung als gemeinschaftlicher Prozess des Austausches und der Interaktion zu verstehen ist. Dies widerspricht unserem westlichen Bild vom genialen Erfinder, der in einem stillen Kämmerlein für sich alleine denkt und dabei erleuchtet wird (oder auch nicht). Vielmehr machen Nonaka und Takeuchi am Beispiel japanischer Produktentwick-

41   Vgl. Nonaka, Konno 1998. S. 43

ler deutlich, dass qualitativ hochwertige und erfolgreiche Neuentwicklungen dort entstehen, wo der Standpunkt des anderen (des Kunden, vor allem des Kunden auf ausländischen Märkten) buchstäblich am eigenen Leib erfahren und der wahrgenommene Unterschied in der Gruppe explizit gemacht wird. Diese Erkenntnis ernüchtert im Hinblick auf virtuelle Kooperation und globalen Informationsaustausch via Intranet usw.

Darüber hinaus wenden sie sich gegen die unser cartesianisch geprägtes westliches Denken bestimmenden Dichotomien wie Körper versus Geist, Individuum versus Gemeinschaft (Organisation, Unternehmen), explizit versus implizit. Kreativität, erfolgreiche Wissensarbeit liegt gerade in der Überwindung dieser scheinbaren Gegensätze.

Zusammenwirken von implizitem und explizitem Wissen: der Brotbackautomat von Matsushita

„Ein zentrales Problem in der Entwicklung eines Brotautomaten in den späten Achtzigerjahren war die Mechanisierung des Teigknetens. Der Knetprozess gehört zum impliziten Wissensvorrat von Bäckermeistern, und so verglich man anhand von Röntgenaufnahmen den gekneteten Teig eines Bäckers mit dem eines Automaten, ohne zu irgendwelchen Erkenntnissen zu gelangen. Ikuko Tanaka, die Leiterin der Abteilung Softwareentwicklung, wusste, dass es das beste Brot der Gegend im Osaka International Hotel gab. Um sich das implizite Wissen über den Knetvorgang anzueignen, gingen sie und mehrere Ingenieure beim Chefbäcker des Hotels in die Lehre. Es war nicht leicht, sein Geheimnis zu ergründen. Eines Tages bemerkte sie jedoch, dass der Bäcker den Teig nicht nur dehnte, sondern auch drehte. Durch Beobachtung, Nachahmung und Praxis hatte Ikuko Tanaka des Rätsels Lösung gefunden."[42]

2.3 Gesucht: der Wissensarbeiter

> „In a knowledge society everyone is a volunteer."
> PETER DRUCKER

Wissensarbeit wird von Wissensarbeitern[43] geleistet. Dabei handelt es sich keineswegs um eine neue Spezies. Bereits 1959 führt Peter Drucker den Begriff des *knowledge workers* in seinem Buch *Landmarks of Tomorrow* ein. Aber noch gute 40 Jahre später beklagt er die mangelnde Aufmerk-

---

42 Nonaka, Takeuchi 1997. S. 76

43 Oder vielleicht eher von Wissensarbeiterinnen? Der Zukunftsforscher Matthias Horz weist in zahlreichen Vorträgen auf den Megatrend Frauen hin und darauf, dass Frauen häufiger über für die Wissensarbeit zentralen Schlüsselqualifikationen wie z.B. kommunikative und soziale Kompetenz verfügen und außerdem bereits heute über bessere Bildungspotenziale als die Männer. Wir bleiben im Folgenden trotzdem bei der Bezeichnung „Wissensarbeiter", die geschlechtsneutral verstanden sein will.

samkeit für diesen Typus des (Mit-)Arbeiters: „The productivity of the knowledge worker is still abysmally low. It has probably not improved in the past 100 or even 200 years-for the simple reason that nobody has worked at improving the productivity. All our work on productivity has been on the productivity of the manual worker ...“[44]

Bevor wir über Möglichkeiten nachdenken, wie sich die Produktivität von Wissensarbeitern positiv beeinflussen lässt, sollten wir uns diesen Wissensarbeiter[45] einmal vor Augen führen: Was zeichnet ihn aus? Was unterscheidet ihn vom traditionellen Industriearbeiter?

Eine schöne Definition des Wissensarbeiters liefern die Western Management Consultants: „A worker who sources between his ears.“[46] Der Wissensarbeiter nutzt nicht primär die Ressourcen, die ihm die Organisation zur Verfügung stellt, sondern er nutzt in erster Linie eigene Ressourcen, sein Wissen, seine Lernfähigkeit, seine Problemlösekompetenz und Kreativität, seine Motivation. Er verfügt damit über einen wesentlich höheren Grad an Autonomie als der Industriearbeiter.

Der Wissensarbeiter als autonome Ich-AG

Ein Wissensarbeiter ist daher, auch als Angestellter (was er immer seltener tatsächlich dauerhaft ist), immer Ich-Unternehmer, der sich weitestgehend frei dafür (oder dagegen) entscheidet, Wissen und Leistung in eine Organisation zu investieren.[47] Diese Investitionen sind seitens der Organisation kaum zu kontrollieren oder zu steuern, da die Tätigkeit des Wissensarbeiters gleichsam unsichtbar und der Output wenig vorhersagbar und messbar ist: „We haven't formally examined the flow of work, we have no benchmarks, and there is no accountability for the cost and time these activities consume. As a result, we have little sense of whether they could do better.“[48]

Wissensarbeiter verstehen sich als Subjekte ihrer Arbeit. Sie verhalten sich daher eher gegenüber ihrer Arbeit und deren Inhalten loyal als gegenüber der Organisation, für die sie arbeiten. Wissensarbeiter sind in der Folge in der Regel mobil: Sei es, sie werden nur zur Lösung eines bestimmten Problems als externe Experten beauftragt oder als interne Experten angestellt, sei es, sie verlassen aus eigenem Antrieb die Organisation nach Lösung eines Problems, um neue Herausforderungen und damit neue Lern- und Entwicklungsmöglichkeiten in anderen Kontexten zu finden. Wissensarbeit ist in der Regel Projektarbeit.

---

44 Drucker 1998
45 Im Folgenden bezeichnet „Wissensarbeiter" Mitarbeiter, die dauerhaft Wissensarbeit leisten, nicht solche, die lediglich temporär Wissensarbeit leisten.
46 Zit. n. http://www.nelh.nhs.uk/knowledge_management/km3/knowledge_worker.asp (03.01.2006)
47 Vgl. Stewart 1998; Davenport 1999; Kelloway & Barling 2000
48 Davenport 2003

Das hohe Interesse am Inhalt der eigenen Arbeit bedingt in der Regel eine starke intrinsische Motivation von Wissensarbeitern. Dies hängt zusammen mit der Wahrnehmung der eigenen Arbeit und der daraus resultierenden Zufriedenheit mit dieser Arbeit. Hackman und Oldman[49] definieren fünf hauptsächliche Ursachen für Arbeitszufriedenheit:

- Abwechslungsreichtum (skill variety)
- Ganzheitlichkeit (task identity)
- Bedeutung der Aufgabe (task significance)
- Selbstständigkeit (autonomy)
- Rückmeldung (job feedback)

Wissensarbeit ist motivierend   Wissensarbeit ist in der Regel abwechslungsreich und ganzheitlich, vor allem dort, wo es um die Generierung neuen Wissens geht. Ist dieser kreative Prozess erfolgreich, ist eine Rückmeldung inhärent. Autonomie ist gegeben, da der Prozess der Wissensarbeit von außen schwer zu steuern ist. Als bedeutungsvoll oder auch sinnvoll wird die Aufgabe dann erlebt, wenn individuelle und organisationale Ziele übereinstimmen.[50] Wissensarbeit wirkt per se motivierend auf Wissensarbeiter. Ein gutes Beispiel dafür sind Open-Source-Programmierer, die angetrieben durch das Interesse an der Programmierung selbst und am (gemeinschaftlichen) Entwickeln neuer Lösungen Zeit, Kreativität und Intellekt investieren, ohne dafür eine monetäre Entlohnung zu erhalten. Der Lohn liegt im Produkt selbst und im Weg dorthin.

Autonomie und Zufriedenheit sind die eine Seite der Medaille, deren andere eine hohe Unsicherheit ist: Die Situation von Wissensarbeitern ist geprägt von Unsicherheit sowohl in Bezug auf den Inhalt und die Ergebnisse ihrer Arbeit als auch auf deren Dauer und Ort: „Many gold-collar workers (Kelleys Bezeichnung für Wissensarbeiter, *Anm. d. Autorin*) don't know what they will do next, when they will do it, or sometimes even where."[51]

Der Ort der Tätigkeit verliert zunehmend an Bedeutung. Da Wissensarbeiter die Hauptressource ihrer Tätigkeit mit sich herumtragen, sind sie scheinbar nicht mehr auf eine Organisation angewiesen, die ihnen die notwendigen Arbeitsmittel zur Verfügung stellt. Braucht ein Industriearbeiter noch eine Organisation, welche ihm eine Werkhalle, Maschinen, Rohstoffe und einen Arbeitsprozess zur Verfügung stellt, in den er sich einbringen kann, um seine Ressource „Arbeit" überhaupt nutzen zu können, benötigt der Wissensarbeiter eine Organisation in diesem Sinne nicht mehr, nicht in ihrer materiellen Manifestation.

---

49 Vgl. Hackman, Oldman 1980
50 Mehr zum Thema Wissensarbeit und Motivation: Kapitel 4.2.4 Managementaufgabe: richtig düngen
51 Kelley 1985. S. 8

Der Wissensarbeiter entzieht sich folglich weitgehend „den etablierten Formen kollektiver Arbeits-, Leistungs- und Interessenregulation"[52]. Eine Studie der gewerkschaftsnahen Hans-Böckler-Stiftung[53] untersuchte im Jahr 2004 die Auswirkungen dieser Entwicklung und kam zu den folgenden Schlussfolgerungen:

- Arbeitszeit verliert als bestimmendes Regulativ an Bedeutung.
- Arbeits- und Leistungsziele werden individuell ausgehandelt zwischen Auftraggeber und Auftragnehmer (eher als Arbeitgeber und Arbeitnehmer). Dadurch wird die Leistungsregulation dezentralisiert und entstandardisiert.
- Formale Verträge (die bei Wissensarbeit gar nicht mehr alle Eventualitäten vorhersehen und regeln können) werden durch psychologische Verträge ergänzt. Diese Verträge beinhalten die wechselseitigen Erwartungen der Partner und sind geprägt durch deren Werthaltungen und emotionalen Befindlichkeiten.
- Der Arbeitgeber räumt dem Wissensarbeiter verantwortliche Autonomie ein.

Trotz aller Autonomie sind Wissensarbeiter jedoch auf Organisationen angewiesen, denn ihre Tätigkeit ist keineswegs eine vollkommen individualisierte; sie brauchen Organisationen, die es ihnen erlauben, ihr Wissen optimal einzubringen und zu nutzen sowie weiterzuentwickeln. Die Herausforderung für die Organisation besteht nun darin, genau dies zu ermöglichen. Aufgabeninhalte der Wissensarbeit nach Taylor sind:[54]

- Networking, promoting, socializing
- Finding the data needed to produce the knowledge
- Creating what others have probably already created when this would take less time than to search, find, and appropriate what has been produced by others[55]
- Truly original knowledge work – creating what has not been created before
- Communicating what has been produced or learned

Soziale Netzwerke, menschliche Interaktion und Kommunikation, Kommunikation, Kommunikation sind wesentliche Bestandteile der Tätigkeit eines Wissensarbeiters, sowohl um Rohstoff für sein eigenes Denken und Wissen zu erhalten, um dieses in der Interaktion mit anderen weiterzuentwickeln, als auch um die Ergebnisse dieses Prozesses zu transferieren und damit erst zu manifestieren.

Wissensarbeiter: Individualisten im Team

---

52 Kalkowski 2004. S. 56
53 Studie „Projektorganisation im Bereich qualifizierter Dienstleistungsarbeit". Hans-Böckler-Stiftung 2004. S. a. http://boeckler.de/cps/rde/xchg/SID-3D0AB75D-B955B587/hbs/hs.xsl/show_project_fofoe.html?projectfile=S-2002-387-2.xml (26. Mai 2006)
54 Vgl. Taylor 1998
55 Auch dies ein wichtiger und oft vernachlässigter Aspekt zum Thema der positiven Ignoranz (s. 1.4 Wissen und Nichtwissen)

Der Wissensarbeiter ist weitgehend autonom und sieht sich selbst als Subjekt seiner Arbeit, gleichzeitig ist er aber auf andere, auf ein Team, angewiesen: „The understanding of teams, the performance capacities of different kinds of teams; their strengths; their limitations; the trade-offs between various kinds of teams, thus, increasingly, will become central concerns in the performance of people. The individual knowledge worker will also have to learn something that today practically no one has learned: how to switch from one kind of team to another; how to integrate oneself into a team; what to expect of a team; and, in turn, what to contribute to a team."[56]

Wissensarbeit ist in der Regel ein Produkt aus menschlicher Interaktion. Neben dem eigentlichen Fachwissen und der Bereitschaft, dieses Wissen immer auf dem neuesten Stand zu halten, verlangt dies vom Wissensarbeiter eine Vielzahl sozialer Kompetenzen, zum Beispiel Teamorientierung, Selbststeuerungs- und Kommunikationskompetenzen. Der Wissensarbeiter mobilisiert seine gesamte Persönlichkeit und bringt diese als Ressource in den Arbeitsprozess ein.

Walter Glißmann spricht in diesem Zusammenhang gar von einer „Ökonomisierung der Ressource Ich"[57], die durchaus nicht nur positiv zu bewerten ist: Dem relativen Autonomiegewinn stehen eine hohe Selbstkontrolle, Selbstdisziplinierung und in der Regel ein massiver Leistungsdruck gegenüber.

Wissensarbeiter sind Spezialisten der Wissensarbeit

Druck entsteht darüber hinaus durch die Tatsache, dass „fortgeschrittenes Wissen von heute (...) das Unwissen von morgen"[58] ist. Das Schlagwort vom „lebenslangen Lernen" trifft auf Wissensarbeiter in besonderem Maße zu: Einerseits weil natürlich deren eingesetztes Wissen permanent veraltet, andererseits weil gerade die Weiterentwicklung dieses Wissens und die Generierung neuen Wissens der eigentliche Arbeitsinhalt ist. Dabei muss das lebenslange Lernen durchaus differenziert betrachtet werden. Dietrich Dörner weist darauf hin, dass ältere Menschen nicht mehr so schnell Neues erlernen wie junge Menschen und plädiert daher für eine Arbeitsteilung: „Wir fordern heute unabhängig von Alter und Fähigkeiten allen das Gleiche ab. Das ist falsch. Ältere Menschen sind nicht einfach junge, die ein paar Jahre mehr auf dem Buckel haben. Sie können sich Neues nicht so schnell aneignen. Andererseits, das wissen wir auch, nützt einem 20-Jährigen die Fähigkeit, schnell zu denken und Neues aufzunehmen, wenig, wenn er sie nicht mit der Erfahrung, der Expertise erfahrener älterer Menschen verbinden kann. Am besten ist es, wenn die Jungen die Innovation vorantreiben und die Älteren sie

---

56 Drucker 1994
57 Zit. n. Natour 2002. S. 24
58 Drucker 2000. S. 9

beraten, ihnen ihre reiche Erfahrung anbieten. (...) wir brauchen Ältestenräte, die ein ganz wichtiges Korrektiv sind."[59]

Wissensarbeit ist also nicht gleich Wissensarbeit, es braucht auch hier eine Diversifizierung. Allerdings weniger in Bezug auf ein rein fachliches ausgeprägtes Spezialistentum. Wissensarbeiter sind zwar in der Regel Experten auf einem Fachgebiet, sie verfügen aber über wichtige weitere persönliche Kompetenzen (s. o.), und sie müssen in der Lage sein, das komplexe Ganze zu verstehen, um Problemlösungen konzipieren, neues Wissen entwickeln zu können. Eine Gartner-Studie aus dem Jahr 2005 postuliert, dass beispielsweise IT-Fachkräfte zunehmend über Wissen jenseits der Technik verfügen müssen, um für potenzielle Arbeitgeber interessant zu sein: „Good technical skills won't be enough for workers who want to hold onto their jobs in IT, as staff need to show off new business skills to attract employers. Scepticism about the effectiveness of IT, increasing automation and offshoring will lead to the emergence of a new breed of IT professionals who combine technical aptitude, local knowledge, knowledge of industry processes and leadership ability."[60] Wissensarbeiter müssen über ihr Spezialistentum hinaus zu vernetztem Denken fähig sein und in der Lage, sowohl eigenes als auch neues Wissen in sich verändernde Zusammenhänge zu integrieren.

Effektivitätssteigerung durch Spezialisierung: die Software-Fabrik der incowia GmbH

Die incowia GmbH, ein mittelständisches Software-Unternehmen im thüringischen Ilmenau, entwickelte die Software-Fabrik, um die Produktivität der Wissensarbeiter in einer Balance aus Spezialistentum und Verständnis des komplexen Ganzen zu steigern.

Den Anstoß für die Entwicklung der Software-Fabrik im Jahr 2000 gab, dass die Projekte aus Sicht des Unternehmens nicht effizient genug waren: Arbeitsschritte wurden häufig „neu erfunden", das Projektmanagement kämpfte damit, Mitarbeiterinnen und Mitarbeiter nicht flexibel zwischen Projekten austauschen zu können, jedes Projekt lief anders ab, weil jeder Projektleiter anders vorging, jedes Ausscheiden von Fachkräften ging mit Wissensverlust einher.

Die Grundidee der Software-Fabrik ist die einer Arbeitsteilung nach Projektphasen. Es wurden Ablaufbausteine identifiziert, die in jedem Projekt gleich sind. Diese Bausteine waren Projektmanagement, Projektsupport, Konzeption, Realisierung, Qualitätssicherung und Infrastruktur. Drei dieser Bausteine (Projektmanagement und -support sowie Qualitätssicherung) werden über den gesamten Ablauf des Projektes bearbeitet; die übrigen bilden aufeinanderfolgende Schritte.

---

59   Dietrich Dörner in einem Interview mit der Zeitschrift brandeins 01/2006
60   http://management.silicon.com/careers/0,39024671,39154129,00.htm (16.01.2006)

Für jede Projektphase gibt es ein spezialisiertes Team, das sich nur noch um eine Teilphase einer Projektdurchführung kümmert. Die einzelnen Teilphasen sind vergleichbar dem Fließband in einer tatsächlichen Fabrik miteinander verknüpft, der gesamte Standardverlauf eines Projektes ist für die Mitarbeiter grafisch dargestellt. Anhand dieser grafischen Darstellung wurde während der gemeinschaftlichen Entwicklung der Software-Fabrik geklärt, wie und mit welchen internen Dienstleistungen eine Gruppe das Gesamtprojekt und die anderen Teams unterstützen kann. Jedes Team bearbeitet zwar nur noch seinen Baustein, gibt jedoch den anderen Teams Hilfestellung – nicht nur nach den definierten Dienstleistungen, sondern auch übergreifend.

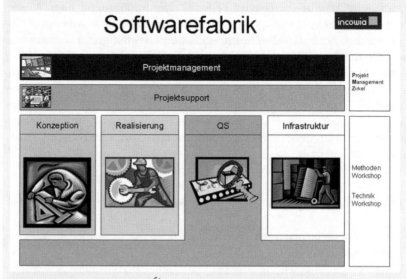

Abbildung 10: incowia-Software-Fabrik[61]

Eine Wiki-Datenbank enthält alle Daten aus vergangenen und laufenden Projekten. Sie ist für jeden Firmenangehörigen über das Intranet nicht nur leicht erreichbar, sie beinhaltet darüber hinaus ein Forum, in dem sich die Mitarbeiter über Probleme aktiv austauschen. Wichtig dabei: Zeit für eine Diskussion im Wiki verrechnet man im Projekt und bekommt sie somit bezahlt – die aktive Teilnahme am Forum macht bis zu 15% der Arbeitszeit aus, abhängig von Auslastung und Projekten.

Daneben steht den Mitarbeitern mit dem sogenannten Knowledge Ocean eine Datenbank zur Verfügung, die alles aufnimmt, was für das Unternehmen interessant ist: offizielle Vorlagen, Projektzusammenfassungen, Newsletter, Daten der Ansprechpartner bei den Kunden – bis hin zu Wetterberichten und Mensaspeiseplänen. Die Inhalte sind ansprechend und locker aufbereitet. Die meisten Inhalte kann jeder Mitarbeiter selbst auf einfache Weise pflegen.

---

61   Quelle: incowia

Geeignete Zielvereinbarungen schaffen ein allseitiges Interesse am Erfolg und vergrößern außerdem den Anreiz zur Teilnahme an Knowledge Ocean und Wiki-Datenbank.

www.incowia.com

Effektivitätssteigerung durch Verbreiterung der Wissensbasis: die Mehr-Ebenen-Qualifizierung der Schweizer Electronic AG

Die Schweizer Electronic AG (SEAG) im Schwarzwald ist einer der führenden Hersteller von starren Leiterplatten in Europa. Das im Jahr 1849 gegründete mittelständische Unternehmen beschäftigt 815[62] Mitarbeiter.

Im Markt für Leiterplatten herrscht hoher Konkurrenzdruck durch Massenproduktion aus asiatischen Billiglohnländern; Unternehmen mit Standort Deutschland sind gefährdet. Um im Wettbewerb zu bestehen, hat SEAG seinen Fokus verlagert – von der Massenproduktion auf die kundenspezifische Fertigung von Hightech-Produkten, auf differenzierte Problemlösungen und Nischenprodukte. Voraussetzung dafür sind permanente Innovation und eine hohe Problemlösekompetenz im Unternehmen sowie eine hohe Kundenorientierung basierend auf vertieftem Wissen um die konkreten Bedürfnisse der Kunden.

Im Jahr 2004 hat SEAG sich entschlossen, den Wissensfluss entlang dem Innovationsprozess effizienter und die Wissensarbeit in den betroffenen Bereichen Vertrieb, technische Entwicklung und Produktion effektiver zu gestalten. Grundvoraussetzung: die Überwindung der Wissensgrenzen entlang den Abteilungsgrenzen. Entwickelt wurde eine integrative Mehr-Ebenen-Qualifikation, deren Ziel der Aufbau bereichsübergreifender Kompetenzen entlang der Innovationskette in Theorie und Praxis ist.

Die Qualifizierung gliedert sich in drei Module:
1. Projektmanagement-Fachmann/-frau (GPM), PMF
2. Innovationsbetreuer/-in (produktionsorientiert), IBP
3. Innovationsbetreuer/-in (vertriebsorientiert)/Hochschule Mittweida (FH), IBV

In jedem Qualifizierungsbereich werden auch sogenannte Nahtstellenkompetenzen der beiden anderen Module vermittelt, beispielsweise:
- Umgang mit Projektarbeit
- Arbeitszeitmodelle und deren potenzielle Wissensverluste (etwa beim Schichtwechsel)
- Optimale Gestaltung von Hochlaufphasen
- Kundenentwicklungsplantechnik (Download-Formblatt Kundenentwicklungsplan)
- Vertriebs- und Produktionskennzahlen
- Preispolitik
- Beschwerdemanagement

---

62 Stand 2005

Dadurch verknüpft das Unternehmen seine verschiedenen Bereiche weitgehend. Die Mitarbeiter entwickeln ein ganzheitliches Verständnis des Innovationsprozesses, indem sie sich Kenntnisse über die jeweils anderen Bereiche aneignen.

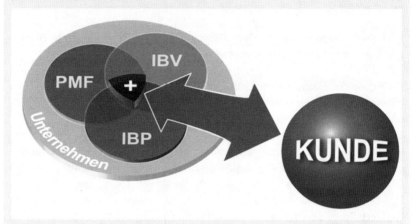

Abbildung 11: Die Grundidee der integrativen Mehr-Ebenen-Qualifizierung[63]

Jedes Modul beinhaltet sowohl eine Zwischenprüfung als auch eine unabhängige, anerkannte Abschlussprüfung: Dies erhöht die Lernmotivation der Teilnehmer zusätzlich.

Die Teilnahme an den Qualifizierungen ist freiwillig. Und obwohl die Zeit des Lehrgangs nicht als Arbeitszeit gilt, ist das Interesse seitens der Mitarbeiter an dieser übergreifenden Qualifizierung groß. Prinzipiell kann jeder Mitarbeiter, unabhängig von der Art seiner Tätigkeit, jedes der Qualifizierungsmodule besuchen. Die Lehrgänge werden im Unternehmen öffentlich ausgeschrieben. Die Zahl der Teilnehmer ist jedoch auf 12 pro Kurs begrenzt. Falls erforderlich, entscheidet ein Eignungstest (IBP) oder Gespräche mit dem direkten Vorgesetzten über die Auswahl.

Referenten und Betreuer der Lehrgänge sind, neben einigen externen Trainern, die jeweiligen Hauptabteilungsleiter, Abteilungsleiter und Schichtführer. Die externen Referenten stimmen die Inhalte ihrer Kurse im Vorfeld eng ab, sodass eine zielgerichtete Qualifizierung im Sinne des Unternehmens gewährleistet ist.

Neben den eigenen Mitarbeitern sind zu den Lehrgängen auch Mitarbeiter von Fremdunternehmen, hauptsächlich aus der eigenen Region, zugelassen – und bewusst auch Kunden und Mitbewerber.

Diesen Anteil externer Teilnehmer nutzt SEAG als Benchmark, um sich selbst im Vergleich mit Fremdunternehmen zu bewerten, sich kontinuierlich zu verbessern

---

63   Quelle: Schweizer Electronic AG

und Kundenwissen unmittelbar ins Unternehmen zu holen. Es entsteht ein Wissensnetzwerk, durch das aus den Erfahrungen und Problemen der anderen gelernt werden kann.

Befragt nach dem Nutzen der integrativen Mehr-Ebenen-Qualifizierung für das Unternehmen, führt SEAG die folgenden Punkte an:

- *Prozessoptimierung durch Nivellierung des Wissensniveaus*
  Durch die Verknüpfung der thematischen Ausbildung in den Bereichen Vertrieb, Entwicklung und Serienanlauf wird das Wissensniveau im gesamten Innovationsprozess angeglichen. Ein besseres gegenseitiges Verständnis der in den Innovationsprozess involvierten Bereiche verbessert den Prozessablauf insgesamt und verkürzt dadurch die Zeitspanne zwischen Produktidee und Marktfähigkeit. Die Schnittstellenproblematik hat sich deutlich verbessert, was die Effizienz steigert und die Produktivität erhöht. Die raschere Marktfähigkeit der neuen Produkte und deren größere Passgenauigkeit (gemessen an den Kundenanforderungen) resultieren nachweislich in höheren Kostendeckungsbeiträgen.
- *Qualitätsverbesserung*
  Zu verzeichnen sind außerdem ein erhöhtes Qualitätsbewusstsein sowie – aufgrund des vergleichbaren Wissensniveaus der Mitarbeiter – zielgerichteter verlaufende Projektbesprechungen im Unternehmen. Der Nutzen für die Führungskräfte liegt in einer schnelleren und besseren Delegation und einem besseren Verständnis der übertragenen Aufgaben – dank der jetzt einheitlichen Wissensbasis und Kompetenz in puncto grundlegender Werkzeuge, etwa des Projektmanagements.
- *Imagegewinn beim Kunden*
  Das auch in technischer Hinsicht qualifiziert auftretende Personal bringt einen Imagegewinn beim Kunden: Vertriebsmitarbeiter mit Kenntnissen aus Entwicklung und Produktion können mit einem technisch orientierten Kunden auf Augenhöhe kommunizieren. Zudem erfassen sie die Kundenanforderungen besser und transferieren Kundenwissen effektiver ins Unternehmen.
- *Erhöhen der Mitarbeitermotivation*
  Die Motivation der Mitarbeiter steigt durch die Aussicht auf einen anerkannten Titel und die besseren Karrierechancen im Unternehmen zur Teilnahme am Lehrgang – obgleich damit kein explizites Karriereversprechen seitens des Unternehmens verbunden ist.

(www.seag.de)

Vor allem sind Wissensarbeiter also Spezialisten der Wissensarbeit, d.h. des Prozesses des Wahrnehmens, Erkennens, der Informations- und Wissenstransformation. Und hier liegt auch das Hauptunterscheidungsmerkmal zum Industriearbeiter verborgen: Wissensarbeiter sind Herren eines Prozesses, der sich der Steuerung durch eine Organisation weitestgehend entzieht. Hieraus rührt das Paradoxon des Wissensarbeiters: Als erfolgsentscheidende Produktivkraft ist er schon vor Jahren in den Fokus gerückt, trotzdem wird wenig für die Förderung seiner Produktivität getan. Organisationen, wie wir sie kennen, und Management, wie wir es (noch) verstehen, konzentrieren sich auf diejenigen Aspekte, die messbar, kontrollierbar und steuerbar sind. Und dazu gehören weder die Wissensarbeit noch der Wissensarbeiter.

Stoff zum Nachdenken und Anregungen zum Handeln

1. Sind Sie selbst ein Wissensarbeiter?
   - Das Lösen von Problemen und das Entwickeln neuen Wissens stehen bei meiner Arbeit im Vordergrund.
   - Die Ergebnisse meiner Arbeit sind vielfältig und nur schwer vorhersagbar.
   - Das Erfassen, Aufbereiten und Weitergeben von Wissen ist Bestandteil meiner Tätigkeit.
   - Ich bin kaum in definierte, stabile Arbeitsprozesse eingebunden.
   - Ich bin in nur geringem Maße von vorhandenen Informationen abhängig.
   - Ich bin stark eingebunden in unterschiedliche Kollaborations- und Kommunikationsbeziehungen.
2. Beantworten Sie die Frage nach der Wissensarbeit auch einmal für Ihre Organisation: Wie viele der Mitarbeiter leisten Wissensarbeit? Steht die Wissensarbeit in Ihrer Organisation im Vordergrund?
3. Wie stark oder schwach ist die Abhängigkeit der Wissensarbeiter von Ihrer Organisation? Wie gut ist die Bindung an Ihre Organisation und wodurch entsteht diese Bindung?

3 Wissensarbeit in der Organisation, Organisation der Wissensarbeit

*It is only the organization that can
convert the specialized knowledge
of the knowledge worker
into performance.*
PETER DRUCKER[64]

Abstract

Wissensarbeiter sind einerseits relativ unabhängig von Organisationen, brauchen andererseits jedoch Organisationen, um ihr Potenzial, ihr Wissen nutzbringend einsetzen und weiterentwickeln zu können. Viele unserer heutigen Organisationen sind nach tayloristischem Vorbild hierarchisch-arbeitsteilig strukturiert, komplizierte Gebilde ähnlich einem starren Mechanismus, deren Ziel Stabilität ist und die daher nur eingeschränkt lern- und veränderungsfähig sind. Tayloristisch-mechanische Organisationen sind angelegt, die Arbeit von Industriearbeitern produktiv zu gestalten, ihre Maßnahmen der Produktivitätssteigerung sind jedoch der Unterstützung von Wissensarbeit nicht angemessen. Das Gegenbild zur mechanischen ist die organische Organisation, die sich durch eine permanente, selbstgesteuerte Anpassung an sich verändernde Umweltbedingungen auszeichnet. Möglich wird dies, weil sie wachsam gegenüber ihrer Umwelt ist und weil eine organische Organisation das Lernen sowohl auf individueller als auch auf sozialer und organisationaler Ebene ermöglicht und unterstützt. Doch eine rein organische Organisation birgt durch ihre relative Strukturlosigkeit auch Nachteile, vor allem in Bezug auf eine zielgerichtete und ergebnisorientierte Wissenskommunikation. Nachteile, die durch eine Synthese von mechanischer und organischer Organisation, der Hypertextorganisation, teilweise überwunden werden können. Eine Hypertextorganisation kombiniert eine hierarchische Geschäftssystemschicht mit einer wandelbaren Projektteamschicht und der alles verbindenden Wissensbasisschicht. In der Wissensbasisschicht, dem Sitz des organisationalen Gedächtnisses, eröffnen sich Wissensräume, Orte gemeinsamen Verstehens und Lernens, Orte des Wissensaustausches und der Wissensgenerierung. Beispiele für solche Wissensräume sind so genannte Communities of Practice oder – über die Grenzen der Organisation hinausgehend – externe Netzwerke.

---

64 Edwin L. Godkin Lecture at Harvard University's John F. Kennedy School of Government, 4. Mai 1994

3.1 Der Begriff der Organisation

Unser Begriff der Organisation leitet sich ab vom griechischen *organon*, Werkzeug. Organisation meint zunächst einmal schlicht Bewerkstelligung, also die Planung und anschließende Durchführung eines Vorhabens. Organisation ist in diesem Sinne zu verstehen als Prozess des Organisierens.

Daneben bezeichnet Organisation ein für bestimmte Zwecke eingerichtetes soziales Gebilde mit formell geregelter Mitgliedschaft und institutionellen Regeln. Doch auch die Organisation als Institution ist nicht eindeutig, können wir doch zum Beispiel mit Blick auf die Unternehmung sowohl davon sprechen, dass (1) eine Unternehmung eine Organisation *hat* als auch dass (2) eine Unternehmung eine Organisation *ist*. Beide Betrachtungsweisen lassen sich in einer Synthese zusammenführen: Die Organisation als Prozess hat zum Ziel, Aufgaben und Aufgabenträger zu differenzieren und zu integrieren (Ablauforganisation und Aufbauorganisation); Ergebnis dieses Prozesses ist eine Struktur, „d.h. ein relativ invariantes Beziehungsmuster als Mittel zur Reduktion von Unternehmensproblemen[65].

Der Wissensarbeiter hat durch die Einbindung in eine Organisation Vor- und Nachteile

Das organisierte Zusammenwirken der Teile innerhalb einer Organisation ermöglicht, eine Aufgabe in koordinierter und kollaborativer Art und Weise zu lösen. Durch diese koordinierte Zusammenarbeit kann die Organisation Aufgaben lösen, die über die Möglichkeiten ihrer Mitglieder als Einzelwesen hinausgehen. Der Preis, den die Mitglieder für die erhöhte Effektivität zahlen, ist die Einschränkung ihrer Freiheit durch Unterwerfung unter die die Organisation bedingenden institutionellen Regeln.

Die Vorteile einer Organisation sind:
- Verstärkung durch Quantität
- Ergänzung durch die Kombination verschiedener Qualitäten
- Ausdehnung in Zeit und Raum (Kontinuität)

Für den Wissensarbeiter stellt vor allem die Ergänzung ein entscheidendes Argument pro Organisation dar, erlaubt ihm doch erst die Kombination seines Wissens sowohl mit dem expliziten Wissen, den Informationsbeständen einer Organisation, als auch mit dem stillen und dem impliziten Wissen der anderen Organisationsmitglieder, sein eigenes Wissen zu manifestieren, zu nutzen und kontinuierlich weiterzuentwickeln.

---

65 Hoffmann 1976. S. 64 f.

Diesem Vorteil stehen jedoch nicht zu vernachlässigende Nachteile gegenüber:

- die Trägheit der Organisation bedingt durch den notwendigen Koordinationsaufwand
- der Verlust von Selbstbestimmtheit, Freiheit in der Wahrnehmung des Einzelnen

Wie können wir die Rolle der Organisation für die Wissensarbeit und die Wissensarbeiter definieren?

Die Organisation ermöglicht dem Wissensarbeiter, sein Wissen zu nutzen und nutzbar zu machen sowie kontinuierlich weiterzuentwickeln, indem sie ihm Zugang zu expliziten Wissensbeständen verschafft, die ihm als Einzelperson nicht zur Verfügung stehen, Interaktion mit anderen Wissensträgern ermöglicht und angemessene Freiräume zur persönlichen und zur kollektiven Wissensentwicklung zur Verfügung stellt. Ziel des Wissensarbeiters ist es, sein Wissen anwenden, in fassbaren Arbeitsergebnissen manifestieren und dabei kontinuierlich erweitern zu können. Ziel der Organisation ist es, das Wissen der Wissensarbeiter zu nutzen und in innovativen Lösungen und neuen Produkten zu manifestieren.

Das Zusammenspiel von Organisation auf der einen und Wissensarbeiter auf der anderen Seite ist prekärer als das Zusammenspiel zwischen Organisation und Industriearbeiter, da die Abhängigkeit des Wissensarbeiters von der Organisation geringer ist (s.o.). So besteht für einen Berater beispielsweise prinzipiell immer die Möglichkeit, sein Wissen als Freiberufler außerhalb einer Organisation, ja gar als deren direkter Konkurrent auf dem Markt anzubieten und einzusetzen. Das Verhältnis zwischen Organisation und Wissensarbeiter beruht auf einer sogenannten Win-win-Situation, d.h., beide Seiten ziehen ihren Vorteil aus der Beziehung. Doch wann und unter welchen Umständen empfindet ein Wissensarbeiter seine Einbindung in eine Organisation als Nutzen, der groß genug ist, die Einschränkung der persönlichen Freiheit aufzuheben? Wann und unter welchen Umständen kann eine Organisation Wissensarbeit so unterstützen, dass diese eine Effektivitätssteigerung erfährt? Werfen wir zunächst einen Blick auf die heute in Wirtschaftsunternehmen weitverbreitete Organisationsform der tayloristischen Organisation.

3.2 Die mechanische Organisation

Die Frage, welcher der Arbeitswissenschaftler Frederick Winslow Taylor Ende des 19. Jahrhunderts nachging, war, wie man die Arbeiter (bei gleichem Lohn) zu mehr Arbeit bewegen könnte. Wie uns ging es also auch ihm um eine Produktivitätssteigerung der Arbeit, allerdings nicht der geistigen Wissens-, sondern der manuellen Industriearbeit.

Seine Erkenntnisse sind geprägt von für seine Zeit typischen Auffassungen:

- In Organisationen herrscht prinzipiell ein Machtkampf zwischen Arbeitern und Management. Dieser Kampf wird so lange von den Arbeitern gewonnen, solange nur diese ihre Arbeit kennen und damit auch beherrschen.
- Das Prinzip eines alles durchdringenden Rationalismus führte Taylor darüber hinaus zu einer mechanischen Sicht des einzelnen Arbeiters: „Arbeiter gehorchen ähnlichen Gesetzen wie Teile einer Maschine."[66] Daraus leitet sich zwangsläufig die Annahme ab, Menschen seien analytisch berechenbar und exakt steuerbar.
- Das Verhalten des Ganzen, der Organisation, erklärt sich dann aus dem Verhalten seiner Einzelteile; das Ganze ist die Summe seiner Einzelteile.

Taylors Verständnis einer Organisation war das eines riesigen Mechanismus – übrigens kongenial in Bilder übersetzt von Charlie Chaplin in dessen Film „Moderne Zeiten" –, der durch definierte Regeln absolut beherrschbar und steuerbar ist. Es galt also, nun im Rahmen eines *Scientific Management*[67] genau diese Regeln zu erforschen.

[*Ein **Mechanismus** ist die innere funktionelle Einrichtung einer Maschine aus beweglichen Einzelteilen (z. B. Triebwerk oder Schaltwerk). Quelle: www.wissen.de, 20.01.2006*]

Entsprechend dem daraus abgeleiteten Managementprinzip des Taylorismus beruht das Funktionieren des Mechanismus „Organisation" auf drei grundlegenden Prinzipien:

1. Es gibt immer einen besten Weg, eine Arbeit zu verrichten (*One-best-way*-Prinzip). Damit dieser „beste Weg" einheitlich in der Organisation umgesetzt wird, muss Arbeit auf präzisen Anleitungen basieren, die das Management vorgibt.
2. Nun können jedoch nur kleine, überschaubare Arbeitsvorgänge im Detail vom Management analysiert und beschrieben werden. Das *One-best-way*-Prinzip kann also nur durch ein zweites Prinzip einer hohen Arbeitsteilung realisiert werden.
3. Da eine extrem arbeitsteilige Arbeit selbst für den Arbeiter keinen fassbaren Sinn und damit in der Regel auch keine Motivation mehr in sich birgt, wird Geld als Motivationsfaktor eingesetzt; die Bezahlung wird von der erbrachten Leistung abhängig gemacht (Akkordarbeit, Prämienlöhne usw.).

---

66 F. W. Taylor; Quelle unbekannt
67 Vgl. Taylor 1911

Der Taylorismus führte zu einer stark zunehmenden Rationalisierung in den Betrieben, die nach Meinung vieler Experten einen erheblichen Anteil zur Produktivitätssteigerung der US-amerikanischen Wirtschaft nach dem Zweiten Weltkrieg beitrug. Die Fließbandfertigung von Automobilen, wie sie Henry Ford als Erster einsetzte, wäre ohne den Taylorismus kaum denkbar.

Taylorismus als Voraussetzung für Rationalisierung

Für die Arbeiter sind diese Entwicklungen durchaus zwiespältig zu betrachten: So verbesserten sich die physischen Arbeitsbedingungen; die Arbeiter bekamen eine normgerechte, später dann auch immer ergonomischere Umgebung mit standardisierter Beleuchtung, Werkzeugen und Betriebsabläufen. Hinzu kamen die wachsende soziale Sicherheit und die beruhigende Stabilität der Organisation, in welcher der Arbeiter eingebunden ist. Im Gegenzug spricht der Taylorismus dem Arbeiter jedoch ein selbstbestimmtes Handeln ab, ist er doch in einem weitgehend entfremdeten Arbeitsprozess nur noch für die Ausführung einer klar definierten Handarbeit zuständig, nicht mehr aber für die Lösung von Problemen.

Taylor begründet eine klare Zweiteilung innerhalb einer Organisation: auf der einen Seite die lediglich ausführende Handarbeit, streng abgeschieden auf der anderen Seite von der Kopfarbeit in Gestalt eines definitionsmächtigen und problemlösenden Managements.[68] In der tayloristischen Organisation spielt eine klar definierte Hierarchie eine wichtige Rolle; sie ist gleichsam das Skelett, das dem Gesamtkonstrukt Stabilität verleiht. So wird beispielsweise davon ausgegangen, dass Konflikte, die in der Organisation entstehen, von der nächsthöheren Stelle in der Hierarchie „gelöst" werden.

Eine mechanische Organisation schafft künstliche Stabilität

Und Stabilität ist wichtig für eine mechanische Organisation, die bereits per definitionem Dynamik negiert – ist ein Mechanismus erst einmal konstruiert, so funktioniert er in der Folge ausschließlich gemäß dieser Konstruktion. (Ungewollte, fehlerbedingte) Änderungen der Konstruktion führen zu einem Stillstand des Mechanismus. In der Folge müssen eigendynamische Veränderungen ausgeschlossen, ja geradezu verhindert werden. Externe Veränderungen der Umwelt müssen ignoriert oder mittels vorprogrammierter Verhaltensweisen reaktiv absorbiert werden. „Im neunzehnten Jahrhundert hat man Organisationen als soziale Systeme konzipiert, die sich daran hindern zu lernen. In Organisationen geht es ja um die Einhaltung von Routinen. Sie sollen routiniert arbeiten und entscheiden, gleichgültig was um sie herum und in ihnen sonst noch so

---

68 Entgegen der nachdrücklichen Feststellung seitens Taylor, dass seine Prinzipien lediglich auf die Handarbeit anzuwenden seien, wurden diese im letzten Jahrhundert häufig auch auf das Management übertragen und damit ganze Organisationen „taylorisiert".

alles passiert (...) Die Nichtirritierbarkeit der Organisation ist ihre Arbeitsprämisse."[69] Eine mechanisch konzipierte Organisation kann damit nur innerhalb einer stabilen Umwelt funktionieren. Da sie in ihrer reinen Ausprägung lernunfähig ist, ist sie in einer dynamisch sich verändernden Umwelt im Grunde nicht lebensfähig.

3.3 Die organische Organisation

Wie aber müsste nun eine Organisation aussehen, die in einem dynamischen Umfeld überlebensfähig, d. h. anpassungs- und lernfähig ist? Das Gegenbild einer mechanischen Organisation wäre eine organische Organisation. Wie müssen wir uns diese vorstellen?

> Der **Organismus** ist ein materielles System, das in ständigem Stoffaustausch mit seiner Umgebung steht und laufend die materiellen Bestandteile verändert und ersetzt (sich im Fließgleichgewicht erhält). Quelle: www.wissen.de, 20.01.2006

Ein Organismus zeichnet sich gegenüber einem Mechanismus durch seine kontinuierliche, selbstgesteuerte Anpassung an die jeweils herrschenden Umweltbedingungen aus. Dadurch ist ein Organismus lebensfähig. Möglich wird diese Anpassung durch eine permanente Kommunikation des Organismus mit der Umwelt, durch die Aufnahme und Verarbeitung von Stimuli sowie durch die vielfältige Kommunikation der einzelnen Teile des Organismus untereinander. Durch diese Kommunikation ist in einem Organismus das Ganze mehr als die Summe seiner Teile. Dies wiederum bedingt Komplexität: „Komplexität bezieht sich auf den Reichtum an Beziehungen innerhalb des Systems sowie zwischen dem System und seiner Umwelt."[70]

Kompliziert und komplex Ein **Mechanismus** kann **kompliziert** sein, nämlich dann, wenn er aus einer Vielzahl von Einzelteilen besteht. Die Beziehung der Einzelteile untereinander ist jedoch linear und stabil. Ein kompliziertes Gebilde kann daher abschließend analysiert und dokumentiert werden. Ein Flugzeug z. B. mittels eines Bauplans.

Ein **Organismus** ist in der Regel **komplex**. Ein komplexes Gebilde ist vielfältig verknüpft und verflochten, wobei die Beziehungen der einzelnen Teile untereinander veränderbar sind. Lineares Ursache-Wirkungs-Denken reicht nicht mehr aus; es kann kaum abschließend analysiert und dokumentiert werden.

---

69 Baecker, Kluge 2003. S. 3772
70 Hill et al. 1994. S. 22

Somit wäre eine organische Organisation eine Organisation, die mit ihrer Umwelt in Verbindung steht und sich dieser durch eine (evolutionäre) Veränderung ihrer Strukturen, d.h. dem regulierten Zusammenwirken ihrer Einzelteile, dynamisch anpasst. Eigenschaften einer organischen Organisation sind:

- Komplexität
- Nichtlinearität
- Selektivität
- Anpassungsfähigkeit
- Autopoiese[71]
- Negentropie[72]

Bereits Anfang der 1970er-Jahre hat der Betriebswirtschaftler Edmund Heinen die Organisation in einem organischen Sinne charakterisiert als „ein zeitgerechtes Sozialsystem, das Informationen gewinnt und verarbeitet"[73].

Die Analogie von Organisation und Organismus erweist sich als hilfreich, um zu einem neuen Verständnis von Organisation zu gelangen. Dieses neue Verständnis unterscheidet sich von der traditionellen Auffassung vor allem durch eine neue Bewertung der Beziehung zwischen Organisation und Umwelt: „Soziale Systeme sind (...) unausweichlich zu einer Anpassung an die spezifischen Bedingungen ihrer Umwelt gezwungen, wobei die Umweltbedingungen als Selektionsfaktoren wirken, denen das soziale System durch sein Systemverhalten genügen muss."[74]

Organisationen müssen sich den sich verändernden Umgebungsbedingungen anpassen

Doch der Analogie zwischen Organismus und Organisation sind auch Grenzen gesetzt in den wesentlichen Unterschieden zwischen einem Organismus und einer Organisation, d.h. einem „sozialen Organismus"[75]:

---

71 Autopoiese bezeichnet die Vorstellung, dass Organismen sowohl ihre Grenze zur Außenwelt als auch ihre inneren Komponenten selbst produzieren. Dabei stellt sich ein logischer Zirkel ein: Der Organismus produziert seine Grenze. Die Grenze ist es jedoch, die den Organismus von seiner Außenwelt abtrennt und ihn somit erst als etwas von der Umwelt Verschiedenes definiert. (Quelle: www.wikipedia.de, 23.01.2006)

72 Negentropie (negative Entropie) bezeichnet den Grad der Ordnung, zu der sich Teile eines Systems zusammenfinden. Negentropie beschreibt, mit welcher „Deutlichkeit" sich Strukturen ausprägen. Mit Blick auf Information bedeutet Negentropie die Fähigkeit, aus einer Informationsquelle einen mittleren Informationsgehalt zu beziehen und daraus Ordnung abzuleiten.

73 Heinen 1972. S. 49

74 Segler 1985. S. 119

75 Vgl. Lembke 1997

Organismus	Organisation
Entwicklung ist entsprechend einem genetischen Codes mit „programmiertem" Entwicklungsziel vorgegeben.	Entwicklungsrichtung ist frei gestaltbar.
Lebenszeit ist endlich.	Lebenszeit ist theoretisch unendlich.
Zusammenspiel der einzelnen Systemelemente ist festgelegt.	Zusammenspiel der einzelnen Systemelemente ist gestaltbar, muss koordiniert und kann optimiert werden.
Die einzelnen Teile des Organismus verfügen nicht über einen eigenen Willen.	Die Teile des sozialen Organismus sind Menschen, die über einen eigenen Willen und eigene Zielvorstellungen verfügen.
Reaktion auf externe Stimuli erfolgt spontan.	Reaktion auf externe Stimuli muss bewusst, aktiv erarbeitet werden.

Was eine organische Organisation von einem Organismus unterscheidet, ist ein höherer Grad an Bewusstheit und Freiheit, d.h. in der Folge Gestaltbarkeit.

Im Gegensatz zu mechanischen Organisationen zeichnen sich organische Organisationen im Verhältnis zu ihrer Umwelt durch Intelligenz aus, d.h., sie sind in der Lage, Umweltveränderungen zu erkennen und zu verarbeiten und daraus überlebensnotwenige Änderungen des eigenen Systemverhaltens abzuleiten. Voraussetzung dafür ist, dass diese Organisationen lernen.

[*Mit dem Begriff „**Intelligenz**" bezeichnen wir, vereinfacht ausgedrückt, die Fähigkeit, Zusammenhänge zu erkennen und dadurch Probleme und Aufgaben effektiv und schnell zu lösen und sich auch in ungewohnten Situationen zurechtzufinden.*]

Der Begriff des Lernens lässt sich zurückführen auf die indogermanische Wurzel „*lais", Spur, Bahn, Furche. Lernen hinterlässt also Spuren; folglich setzt Lernen ein Gedächtnis voraus: „Lernen bedeutet einen durch Wahrnehmung und Selektion initiierten Prozess, welcher durch eine differenzierte Interpretation von Umweltsignalen schließlich in eine Handlung mündet. Für den Lernerfolg sind das Gedächtnis und das in ihm gespeicherte Wissen unabdingbare Bausteine."[76]

[*„**Lernen**" bezeichnet den individuellen Erwerb von Kenntnissen und sowohl körperlichen als auch geistigen Fähigkeiten. Lernen manifestiert sich in einer systematischen Änderung des Verhaltens aufgrund*

---

76   Vgl. Lembke 1997

der Wahrnehmung von Veränderungen in der Umwelt. Lernen ist eine Grundvoraussetzung für das Überleben von Individuen.]

Die Vorstellung einer intelligenten und damit auch lernenden Organisation setzt die Annahme eines organisationalen Gedächtnisses und einer organisationalen Wissensbasis voraus. Letztere besteht aus mehreren Schichten, einer aktuellen sowie einer nur latenten Wissensbasis. Das Kriterium für eine Unterscheidung in aktuelle und latente Wissensbasis ist die unterschiedlich hohe Wahrscheinlichkeit, mit der diese Basis für Entscheidungsprozesse herangezogen wird bzw. herangezogen werden kann.

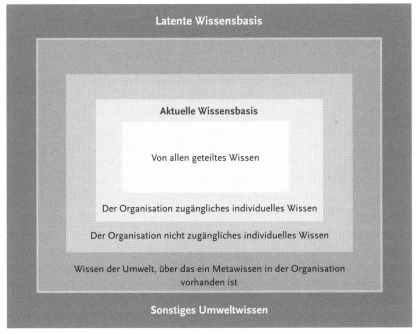

Abbildung 12: Schichtmodell der organisationalen Wissensbasis

Auch bei der organisationalen Wissensbasis gilt: Das Ganze ist mehr als die Summe seiner Teile: Die organisationale Wissensbasis kann nicht einfach verstanden werden als eine Summe aller individuellen Wissensbasen innerhalb der Organisation. Ebenso wenig kann die organisationale Wissensbasis, losgelöst von den stillen und impliziten Wissensbeständen innerhalb der Organisation, reduziert werden auf das in der Organisation verfügbare explizite Wissen, den sogenannten Artefakten in Form von Informationsdatenbanken, dokumentierten Prozessen und Arbeitsabläufen usw. Vielmehr beruht sie auf einem permanenten und dynamischen Wechselspiel zwischen dem in der Organisation vorhandenen, teilweise verfügbaren, teilweise aber auch für die Organisation selbst nicht verfügbaren expliziten, stillen und impliziten Wissen.

Die Wissensbasis einer Organisation ist mehr als ihre Informations- und Datenartefakte

Die Wissensbasis beeinflusst unsere Entscheidungsprozesse, und zwar einerseits vordergründig über die expliziten Wissensbestände, d. h. die Informationsbasis einer Entscheidung, sowie über die Strukturen und definierten Prozesse innerhalb der Organisation, darüber hinaus jedoch auch ganz entscheidend über weniger bewusste Entscheidungsmomente wie z. B. die herrschende Unternehmenskultur, versteckt gültige Heuristiken[77], implizite Routinen sowie Meinungsbilder der Organisation, welche die selektive Wahrnehmung und Interpretation der Umwelt bestimmen – und zwar auch, je nach Persönlichkeit, in stärkerem oder schwächerem Maße die jeweils individuelle Wahrnehmung der Organisationsmitglieder. Denn die Wissensbasis einer Organisation ist eigensinnig, hier ist der Ort der organisationsspezifischen Sinnbildung, sie beeinflusst entscheidend die Wahrnehmungsfilter und Interpretationsraster der Organisation und deren Mitglieder, sie konstruiert deren Bild von sich selbst und von der umgebenden Umwelt.

Das Gedächtnis der Organisation Wie die organisationale Wissensbasis ist auch das organisationale Gedächtnis nicht gleichzusetzen mit der Summe der individuellen „Gedächtnisse" der einzelnen Organisationsmitglieder. Wäre dies so, könnte eine Organisation kaum unabhängig von ihren Mitgliedern existieren. Bevor wir uns dem organisationalen Gedächtnis nähern, stellen wir uns die Frage nach dem menschlichen Gedächtnis: Das menschliche Gehirn besteht aus vielen Bereichen, die durch ein Netz von Neuronen miteinander verbunden sind. Dieses Netz bildet in seiner Komplexität die Gedächtnisstrukturen des Individuums.

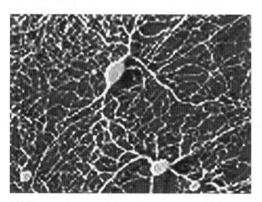

Abbildung 13: Das neuronale Netz: Sitz unseres Gedächtnisses

Lernen hinterlässt nun Spuren in diesem Netz, indem zwischen den Neuronen stabile Konstellationen entstehen. Übertragen auf eine Organisation bedeutet dies, das Gedächtnis einer Organisation liegt in ihren in-

---

77 Heuristiken sind Faustregeln kognitiver Strategien, die eine schnelle Problemlösung ermöglichen.

ternen Strukturen, den offensichtlichen der Aufbau- und der Ablauforganisation und den oft nicht so offensichtlichen (und teilweise auch nicht „offiziellen") der sozialen Netzwerke und der Kommunikationswege zwischen den einzelnen (Wissens-)Elementen der Organisation. „Organizations do not have brains, but they have cognitive systems and memories. As individuals develop their personalities, personal habits, and beliefs over time, organizations develop world views and ideologies. Members come and go, and leadership changes, but organizations' memories preserve certain behaviours, mental maps, norms and values over time."[78] Organisationales Lernen bedeutet dann, dass sich eben diese Strukturen neu ausbilden bzw. verändern.

Eine Organisation konstituiert sich kontinuierlich in der Abhängigkeit und in der Emanzipation von ihren Mitgliedern. Eine intelligente Organisation lernt daher nicht nur auf der Ebene der Organisation selbst (organisationales Lernen), sondern auch auf der Ebene des Individuums und der Gruppe.

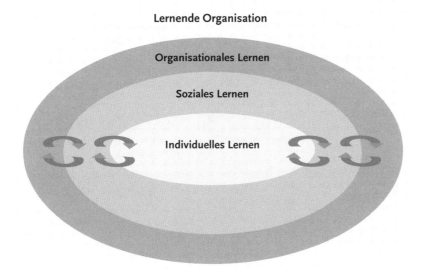

Abbildung 14: Lerndimensionen der intelligenten Organisation

3.3.1 Individuelles Lernen
Individuelle Lernprozesse innerhalb der Organisation sind eine unabdingbare Voraussetzung für das Lernen höherer Ordnung: „(...) individuals are the primary learning entity in firms, and it is individuals which create organizational forms hat enables learning in ways which facilitate organizational transformation."[79]

---

78 Hedberg 1981. S. 6
79 Dodgson 1993. S. 378

Individuelles Lernen findet auf unterschiedlichen Ebenen statt:
1. reaktives Lernen
2. kognitives Lernen
3. selbstreflexives Lernen

Lernen manifestiert sich in geändertem Verhalten

Als Individuen lernen wir, indem wir uns mit unserer Umwelt auseinandersetzen. Dabei selektieren wir aus dem uns umgebenden Umweltrauschen diejenigen Reize heraus, die wir überhaupt als Informationen wahrnehmen und die dann das Potenzial haben, unsere Handlungen zu beeinflussen. Dem Lernprozess gehen sowohl ein Selektionsprozess voraus als auch ein Verlernprozess, der es uns erst ermöglicht, neue Informationen, neue Lerninhalte in unserem Gedächtnis zu speichern. In einer ersten Stufe des Lernens reagieren wir spontan, d.h. instinktiv auf Stimuli aus unserer Umwelt durch eine Verhaltensänderung (Stimulus-Response-Theorie).

In der nächsthöheren Stufe des sogenannten kognitiven Lernens abstrahieren wir unsere Umweltbeobachtungen und erkennen die beherrschenden Regeln „dahinter", die sich wiederum übertragen lassen auf andere Situationen, wobei wir von gewissen Erwartungen über eine künftige Realität geleitet werden. Diese Erwartungen werden bestimmt von unseren Erfahrungen, aber auch von internen Standards, z.B. unseren Werten.

Unsere darauf aufbauenden Handlungen schaffen nun in der Regel Differenzen zwischen diesen Erwartungen und der Realität. Diese Differenzen veranlassen uns dazu, unsere Handlungen zu reflektieren: Was habe ich getan? Warum habe ich es getan? Mit welchen Erwartungen? Mit welchen realen Folgen? Warum weichen diese von den Erwartungen ab? Was hätte ich anders machen können/kann ich das nächste Mal anders machen?

Voraussetzungen für individuelles Lernen sind:
• individuelle Lernfähigkeit (Gedächtnis und Wissensbasis)
• Möglichkeit zur Wahrnehmung externer Stimuli
• Individuelle Lernbereitschaft (Motivation, Arbeitszufriedenheit)
• Möglichkeiten zur Verhaltensänderung auf Basis des Gelernten
• Möglichkeit zur Selbstreflexion

Die Voraussetzungen für individuelles Lernen zu schaffen liegt teilweise beim Individuum selbst, teilweise jedoch auch bei der Organisation, zu dessen Mitgliedern das Individuum gehört, z.B. wenn es darum geht, das Wahrnehmen und Verarbeiten der Umwelt und daraus abgeleitete Verhaltensänderungen zu ermöglichen. Mit Blick auf den Arbeiter in der tayloristischen Organisation ist beispielsweise schon dies nicht möglich und auch nicht gewünscht (s.o.).

Wissen spielerisch vermitteln: Game Based Learning bei EnBW

Die EnBW Energie Baden-Württemberg AG mit Hauptsitz in Karlsruhe ist mit rund fünf Millionen Kunden das drittgrößte deutsche Energieunternehmen. Mit ungefähr 17.800 Mitarbeitern[80] hat die EnBW 2005 einen Jahresumsatz von 10.769,3 Millionen Euro erzielt. Die Kernaktivitäten konzentrieren sich auf die Geschäftsfelder Strom, Gas sowie Energie- und Umweltdienstleistungen.

Das Unternehmen EnBW nutzt die allzu menschliche Lust am Spiel, um Wissen zu vermitteln und dabei gleichzeitig das neue Konzernthema Wissensmanagement bei den Mitarbeitern zu verankern. Dazu wurde über das EnBW-Intranet allen Mitarbeitern ein Wissensspiel angeboten: der EnBW Wissens Cup.

Der EnBW Wissens Cup geht über vier Etappen mit jeweils fünfzehn Fragen aus allen Bereichen des EnBW-Konzerns, beispielsweise dem Personalwesen, dem Marketing, der internen Kommunikation und dem Wissensmanagement. Beispiele: Wie hat sich der Konzernüberschuss im Jahr 2005 gegenüber 2004 entwickelt? Wofür steht die Abkürzung EBT? Wie hoch ist der durchschnittliche Emissionswert, den EnBW je erzeugter Kilowattstunde verursacht?

Abbildung 15: Begrüßung zum EnBW Wissens Cup

Alle Fragen werden jeweils mit vier Antwortmöglichkeiten, davon eine richtige, angeboten. Die Reihenfolge der Fragen und auch die Reihenfolge der Antworten verändern sich. Die Mitarbeiter können sich folglich keine Tipps in der Form „Bei Frage eins ist Antwort drei richtig" geben, sie können aber die eigentlichen Inhalte untereinander kommunizieren, d.h. Frage und richtige Antwort im konkreten

---

80 Stand Mai 2006

Wortlaut. Damit soll weniger ein „Schummeln" unterbunden als ein Wissensaustausch zwischen den Mitarbeitern angeregt werden. Die Fragen sind darüber hinaus aus dem EnBW-Intranet oder der jeweils aktuellen Ausgabe der Mitarbeiterzeitung zu beantworten, um bei den Mitarbeitern für die Nutzung dieser internen Informationsmedien zu werben.

Die Spieler haben bei einer falschen Antwort noch eine zweite Chance, doch wirkt diese sich auf den Punktestand aus: Wird eine Frage schon im ersten Wurf richtig beantwortet, gibt es dafür bis zu 20 Punkte; ist die Antwort erst beim zweiten Mal richtig, gibt es nur noch 10 Punkte. Die möglichen Gewinnpunkte werden außerdem im Zeitverlauf reduziert. Wer eine Antwort also schnell weiß, bekommt mehr Punkte, als wer erst noch überlegt oder in einem der EnBW-Medien nachschlagen muss. Damit aus den Ranglisten im Spiel kein Rückschluss auf Mitarbeiter gezogen werden kann, wird das Spiel unter einem sogenannten Nickname gespielt.

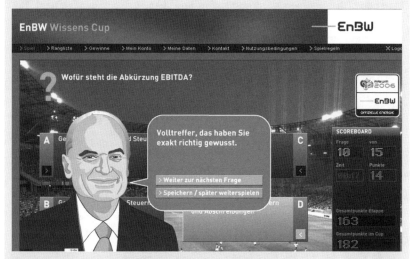

Abbildung 16: Die Antwort war richtig – ein Volltreffer im EnBW Wissens Cup

Bei einer geplanten regelmäßigen Wiederholung des EnBW Wissens Cup[81] sollen neben neuen Fragen auch Fragen aus früheren Etappen wieder aufgegriffen werden. Durch einen Vergleich der Ergebnisse erhofft man sich Erkenntnisse zur tatsächlichen Verbesserung des Wissensstands bei den Mitarbeitern: Ein Mitarbeiter, der bei der ersten Runde nur wenige Punkte bei einer Frage bekommen hat und in der zweiten Runde dann mehr Punkte erhält, hat offensichtlich seinen Wissensstand zu diesem Thema verbessert.

Um die Mitarbeiter für den EnBW Wissens Cup zu motivieren, wurden bei der ersten Durchführung im Frühjahr 2006 unter den besten Teilnehmern zweimal

---

81 Zum Zeitpunkt der Erstellung dieses Textes war der EnBW Wissens Cup einmal durchgeführt worden.

zwei Karten für die Fußball-Weltmeisterschaft in Deutschland verlost sowie unter allen anderen Spielern nochmals achtmal zwei Karten, um bei allen nach der ersten Etappe die Lust am Weiterspielen zu erhalten. Für Motivation sorgte außerdem der Sponsor, Personalvorstand Dr. Bernhard Beck. Dieser fungierte in Form einer kleinen witzigen Karikatur als Moderator im Wissensspiel.

In der ersten Runde des EnBW Wissens Cup haben sich etwas mehr als zweitausend Mitarbeiter beteiligt von insgesamt neuntausend möglichen Mitspielern mit Zugang zum EnBW-Intranet. Über alle vier Etappen des Spiels haben eintausendachthundert Mitspieler durchgehalten.

(www.enbw.com)

3.3.2 Soziales Lernen

Nicht nur Individuen können Träger von Lernen sein, sondern auch Gruppen. Ja, in der Regel lernen wir als Individuen in den meisten Fällen innerhalb von Gruppen.

Das Lernen in der Gruppe ist bestimmt durch die Qualität der Kommunikationsprozesse und die Interaktion innerhalb der Gruppe: „(...) je ‚besser' die kommunikativen Prozesse (dargestellt durch Inhalt und Umfang der Dialogfähigkeit), desto besser die kollektive Lernfähigkeit"[82]. Kommunikation und Interaktion beeinflussen dabei nicht nur das Lernen der Gruppe selbst, also den Aufbau von kollektivem Wissen innerhalb der Gruppe, sondern auch das Lernen jedes Individuums innerhalb dieser Gruppe. Soziales Lernen umfasst folglich das individuelle Lernen innerhalb einer Gruppe und das eigentlich kollektive Lernen, das Lernen als Gruppe.

Das soziale Lernen hinterlässt Spuren im kollektiven Gedächtnis, indem durch intensive und langfristige Interaktionen stabile Verbindungen zwischen den Gruppenmitgliedern aufgebaut werden. Das durch das soziale Lernen im Dialog und in der Interaktion aufgebaute kollektive Wissen ist ein weiteres Mal mehr als die Summe seiner Teile, denn es spiegelt die Werte und Erwartungen aller Gruppenmitglieder wider, wodurch „die strukturelle Beschränktheit individueller Wissensbestände (überwunden) wird"[83].

Kollektives Wissen ist mehr als die Summe seiner Teile

Soziale Lernprozesse basieren auf Kommunikation. Wissen, vor allem Erfahrungswissen, wird im Gespräch, oft im Erzählen von Geschichten weitergegeben. Vor allem komplexe Sachverhalte können von anderen oft dann besser nachvollzogen werden, wenn diese Leistungen ganzheitlich betrachtet werden, d.h., neben dem reinen Sachverhalt werden auch

Wissenskommunikation

---

82 Probst 1994. S. 64
83 Probst 1994. S. 64

die dahinterstehende Persönlichkeit und die „Geschichte" der Entstehung ins Auge gefasst: Wie haben wir damals gearbeitet? Unter welchen Bedingungen? Mit welchen Zielen und Einstellungen? Warum wurden bestimmte Dinge in einer bestimmten Art und Weise getan/entschieden? Usw.

Ob dabei ein erfolgreicher Wissenstransfer zustande kommt, hängt von mehreren Parametern ab:

- Der Wissens- und Informationsbedarf der Lernenden ist transparent.
- Der Wissensträger ist in der Lage, auf diesen Bedarf zu antworten.
- Der Wissensträger ist in der Lage, seine Erfahrungen verständlich und verstehbar zu kommunizieren.
- Der Lernende ist in der Lage, das kommunizierte Erfahrungswissen aufzunehmen und zu verstehen.

Die eigentliche Wissenskommunikation ist stark dialogisch ausgerichtet. Denn Menschen folgen unterschiedlichen mentalen Modellen, welche die Art der Wahrnehmung, der Erfahrung, des Wissens und der Kommunikation prägen. Die Botschaft „A" des Senders kommt nicht unbedingt als „A" beim Empfänger an. In einem eng geführten Dialog stellen Rückfragen zum Verständnis („Ist das Ihre Frage? Ihr Erkenntnisinteresse?", „Haben Sie mich verstanden?") und Bitten um Reformulierung („Wiederholen Sie die Aussage bitte in Ihren eigenen Worten!") sicher, dass sich Sender und Empfänger tatsächlich verstehen. Durch das Feedback wird die Kommunikation zwar stark entschleunigt, Missverständnisse werden aber vermieden, und der Aufbau einer tatsächlich kollektiven, von allen geteilten Wissensbasis wird unterstützt.

Voraussetzungen für soziales Lernen sind:

- Funktionierende (Wissens-)Kommunikation innerhalb der Gruppe
- Mitteilungsbereitschaft
- Zeit/Freiraum
- Vertrauen/Offenheit
- Stabilität/Kontinuität der Beziehungen
- Freiraum für soziale Interaktion

Ähnlich wie beim individuellen Lernen liegen auch die Voraussetzungen für das soziale Lernen teilweise in der Macht des Individuums, teilweise in der Macht der Organisation, innerhalb derer die Gruppe angesiedelt ist, z. B. wenn es um die notwendigen (zeitlichen) Freiräume geht, aber auch hinsichtlich des Vertrauens und der Offenheit innerhalb der Gruppe. Letzteres entsteht in der Regel nicht losgelöst von der Kultur der Gesamtorganisation.

3.3.3 Organisationales Lernen

Lernen manifestiert sich in Änderungen des Verhaltens. Organisationales Lernen zeigt sich demzufolge in Änderungen des Verhaltens einer Organisation. Das Verhalten einer Organisation sowohl nach innen als auch nach außen wird in der Regel durch eine kleine Gruppe innerhalb der Organisation bestimmt, die Gruppe der Führungskräfte bzw. das Management.

Dort, wo Verhaltensänderungen der Organisation zurückzuführen sind auf ein individuelles oder auch kollektives Lernen des Managements können wir von einem stellvertretenden Lernen *für* die Organisation sprechen. Daneben gibt es jedoch ein tatsächlich selbstständiges Lernen der Organisation. Dieses manifestiert sich in der Regel weniger in äußerlich wahrnehmbarem Verhalten als in der Veränderung eines von allen Organisationsmitgliedern geteilten Wissens, d.h. der organisationalen Wissensbasis und des organisationalen Gedächtnisses (s.o.).

Organisationales Lernen benötigt Strukturen, es setzt eine organisationale Wissensbasis voraus und ist eingebettet in eine lernförderliche und lernwillige Organisationskultur. Organisationales Lernen ist ohne individuelles und soziales Lernen nicht möglich. Dieses individuelle und soziale Lernen muss jedoch in der Tiefenstruktur der Organisation eingebettet sein, um überhaupt in ein organisationales Lernen zu überführen.

Dieses kann – je nach Reifegrad einer Organisation – auf unterschiedlichen Lernniveaus stattfinden:
- Single-Loop-Learning
- Double-Loop-Learning[84]
- Deutero-Learning

Man spricht von Single-Loop-Learning, wenn Störungen in der Organisation ermittelt und behoben werden, ohne dass dies eine grundlegendere Änderung der Tätigkeit der Organisation oder der herrschenden Managementphilosophie (*theory in use*) zur Folge hat. Das Single-Loop-Learning ist kein strategisches, sondern ein reaktives Lernen. Damit entspricht es am ehesten dem individuellen Stimulus-Response-Lernen (s.o.). Ziel des Single-Loop-Learning ist die Wahrung der Stabilität der Organisation und ihrer herrschenden Strukturen; es entspricht daher dem Lernverhalten mechanischer Organisationen.

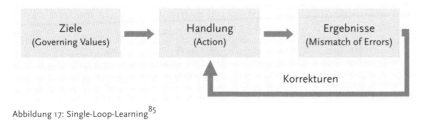

Abbildung 17: Single-Loop-Learning[85]

---

84 Die Begriffe Single-Loop-Learning und Double-Loop-Learning wurden von Chris Argyris und Donald Schön 1978 in ihrem Buch „Organizational Learning. A Theory of Action Perspective" eingeführt.
85 Quelle: Probst 1994. S. 35

Mit Double-Loop-Learning kann man bereits von einem strategischen Lernen der Organisation sprechen: Störungen führen nicht nur zu reaktiven Anpassungen des Verhaltens, sondern zu einer Hinterfragung und gegebenenfalls Änderung der *theories in use*, d.h. der herrschenden Normen und Verfahren, der Politik und der Zielsetzungen, der Kontexte, Erfahrungen und Hypothesen.

Das Lernen von Organisationen muss oft erst erstritten werden

Double-Loop-Learning setzt einen höheren Reifegrad einer Organisation im Sinne von Veränderungs- und Anpassungsfähigkeit voraus. Nichtsdestotrotz muss es unter Umständen in einer Organisation erstritten werden. Da es Anpassungen der geltenden Handlungstheorien zur Folge haben kann, wird es nicht von allen Organisationsmitgliedern gerne gesehen. Ob ein Double-Loop-Learning stattfindet, hängt von der Durchsetzungskraft der lernwilligen Gruppe innerhalb der Gesamtorganisation ab.

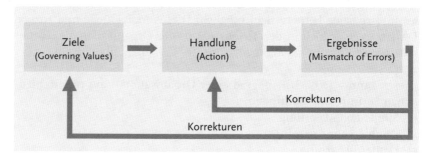

Abbildung 18: Double-Loop-Learning[86]

Die höchste Stufe des organisationalen Lernens ist das Deutero-Learning. Deutero-Learning ist ein *Lernen über das Lernen* und ermöglicht durch das darin erworbene Metawissen die Verbesserung sowohl des Single-Loop-Learning als auch des Double-Loop-Learning, indem Lerninhalte, Lernprozesse und Lernergebnisse selbst einer kritischen Überprüfung unterzogen werden. Eine Hauptaufgabe besteht beim Deutero-Lernen in der Überwindung defensiver Routinen, die zur Ignorierung von Fehlern und zur Vermeidung von Diskussionen über Verhaltensweisen führen. „Somit müssen eingefahrene Lernroutinen, die Lernen verhindern, zunächst einmal abgebaut werden, um Lernpotenziale freisetzen zu können."[87]

Lernen wird damit zu einem kontinuierlichen, sich selbst wandelnden Prozess; die Organisation wird empfindlicher für äußere und innere Änderungsstimuli, sie nähert sich der Idealvorstellung einer organischen, d.h. einer sich intelligent und weitgehend selbstorganisierend an sich verändernde Umweltbedingungen anpassenden Organisation an.

---

86 Quelle: ebenda
87 Klimecki et al. 1991. S. 133

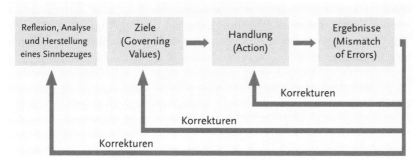

Abbildung 19: Deutero-Learning[88]

Das organisationale Lernen umfasst alle drei Lernniveaus. Auf allen drei Niveaus gilt es Strukturen zu schaffen, die das Lernen sowohl als Anpassung an das Neue als auch eine normative und eine kognitive Reflexion ermöglichen und unterstützen. Ziel des organisationalen Lernens ist es, die herrschenden *theories in use* kontinuierlich anzupassen und weiterzuentwickeln und dadurch das organisationale Problemlösungspotenzial zu verbessern. Gespeichert werden diese *theories* im organisationalen Gedächtnis. Dort sind sie Grundlage von Hypothesen, welche die Beziehungen der Organisation zu ihrer externen Umwelt bestimmen.[89]

Die intelligente Organisation ermöglicht Lernen auf allen Ebenen

Eine intelligente, also lernende Organisation ist vor diesem Hintergrund eine Organisation, in der individuelles, soziales und organisationales Lernen möglich sind und durch entsprechende Rahmenbedingungen unterstützt werden. Nach Mike Pedler et al. ist eine lernende Organisation „eine Organisation, die das Lernen sämtlicher Organisationsmitglieder ermöglicht und die sich selbst transformiert"[90]. Konkret kann das so aussehen: Ein Mitglied der Organisation in der Rolle eines Sensors eben dieser Organisation hat einen Stimulus aus der Umwelt wahrgenommen und interpretiert (individuelles Lernen) und schlägt daraufhin eine neue *theory in use* bzw. die Modifikation der bereits herrschenden vor. Dieser Vorschlag wird in der Regel innerhalb der Organisation diskutiert und gegebenenfalls in modifizierter Form der Organisation anverwandelt, d.h. in die kollektive Wissensbasis übernommen (kollektives Lernen) und in der Organisation selbst durch Institutionalisierung verankert (organisationales Lernen).

Doch lassen wir uns durch diese prozesshafte Darstellung nicht täuschen: Lernen in der Organisation besteht in einem Nebeneinander zahlreicher Lernprozesse auf allen Ebenen. So hat in unserem Beispiel zwar das Organisationsmitglied einen Stimulus wahrgenommen, dass es die-

---

88 Probst 1994. S. 35
89 Vgl. Lembke 1997
90 Pedler 1991. S. 60

sen aber als distinkte Umweltinformation überhaupt hat wahrnehmen können, ist wiederum bedingt durch die von der Organisation geprägten Wahrnehmungsmuster, das kollektiv geprägte Wirklichkeits- und Wahrheitskonstrukt.

Stellen Sie sich selbst einmal ein paar Fragen (ohne Anspruch auf Vollständigkeit), um herauszufinden, wie lernfähig Ihre Organisation ist:

Individuelles Lernen	Stimmt	Stimmt nicht
1. Ich beobachte die Umwelt unserer Organisation wach und kritisch.		
2. Ich hinterfrage regelmäßig die Prozesse in unserer Organisation.		
3. Ich entwickle regelmäßig kreative Lösungen für anstehende Aufgaben/Probleme.		
4. Ich bin neugierig auf Neues und begreife Veränderung als Chance.		
5. Ich breche immer wieder mit alten Denkmustern.		
6. Ich diskutiere neue Ideen mit Kollegen und entwickle sie ggf. gemeinsam weiter.		
7. Ich erkenne die relevanten Zusammenhänge in der Informationsflut.		
8. Ich überprüfe neue Informationen und Erkenntnisse hinsichtlich ihrer Bedeutung für die Organisation.		
9. Ich handle in der Regel zielorientiert.		
10. Ich kenne meine Fähigkeiten und weiß auch, wo ich mich noch weiterentwickeln muss/möchte.		
11. Ich habe die Muse, zu lernen und neue Ideen zu entwickeln.		

Soziales Lernen		
1. In Diskussionen im Team entstehen regelmäßig wertvolle neue Ideen, die dann auch gemeinsam weiterentwickelt werden.		
2. In unserem Team werden neue Ideen oder Erkenntnisse regelmäßig umgesetzt.		
3. Wir sprechen offen über Fehler und versuchen, gemeinsam daraus zu lernen.		
4. Wir können im Team unseren eigenen Standpunkt offen vertreten.		
5. Wir sind in der Regel auch bereit, den jeweils eigenen Standpunkt zu überdenken.		
6. Bei Entscheidungen zählen die besseren Argumente mehr als Hierarchien.		
7. Wir haben als Team den notwendigen Freiraum für den Wissens- und Ideenaustausch.		

Organisationales Lernen	Stimmt	Stimmt nicht
1. Wir haben definierte Ziele und wissen, welches Wissen wir für deren Erreichung benötigen.		
2. Unsere Strukturen und Prozesse werden im Bedarfsfall neuen Gegebenheiten angepasst.		
3. Fehlendes Wissen holen wir von außen in die Organisation.		
4. Wir pflegen den Austausch über die Grenzen unserer Organisation hinweg.		
5. Wir verfügen über eine verlässliche, dynamisch wachsende und für jeden zugängliche Informationsbasis.		
6. Unsere Unternehmenskultur fördert das Lernen, den Austausch, Kommunikation und Zusammenarbeit.		
7. Wir leben unsere Unternehmenskultur in allen Bereichen und allen Hierarchieebenen.		
8. Wir kommunizieren auch über die „Grenzen" von Bereichen in unserer Organisation hinweg.		

Das Lernen in der Organisation ist immer eingebettet in strukturelle und kulturelle Kontexte. Zu den strukturellen Kontexten zählt beispielsweise das Schaffen von physischen Lern- und Kommunikationsorten sowie von Denkfreiräumen innerhalb des zeitlichen Tagesablaufs, aber auch die in der Aufbauorganisation manifeste Führungsstruktur und -politik: Hierarchische Strukturen bieten oft wenig Raum für individuelles und soziales Lernen auf allen Organisationsebenen sowie für Veränderungen sowohl in Bezug auf die Individuen als auch auf die Organisation. Vielmehr suggerieren sie eine Stabilität und Unabhängigkeit der Organisation von der Dynamik und Wandelbarkeit der Umwelt, die ein Lernen auf allen Ebenen wenig notwendig erscheinen lässt. „Systeme haben generell Schwierigkeiten, die Relevanz von Umweltbedingungen für ihr Überleben zur Kenntnis zu nehmen. Mit ihrer Entstehung und Ausdifferenzierung haben sie das zentrale Problem ihrer eigenen Möglichkeit ja bereits gelöst – ihre Existenz ist der beste und durch nichts überbietbare Beweis dafür, dass sie an ihre Umwelt angepasst sind und diese Umwelt ihnen grundsätzlich wohlgesonnen ist, welche Gefahren auch immer im Einzelnen in dieser Umwelt lauern. Deswegen fallen uns zwar dramatische Veränderungen der Umwelt, nicht aber schleichende Veränderungen auf. Für Letztere sind wir nicht misstrauisch genug."[91]

Hierarchische Organisationen suggerieren Stabilität

---

91 Baecker 2003. S. 67

Mangelndes Misstrauen und mangelnde Wachheit gegenüber (schleichenden) Veränderungen rührt daher, dass traditionell mechanisch hierarchische Organisationen sich auf den eigenen Organisationskern konzentrieren, der sich über das in der Organisation vorhandene Wissen, vorhandene und eingesetzte Kompetenzen konstituiert. Je weiter wir uns den Rändern der Organisation nähern und Entfernung zu diesem Kern aufbauen, nehmen diese organisational verfügbaren Kompetenzen und Erfahrungen immer weiter ab, Sicherheit wird zu Unsicherheit. In der Konzentration auf den Organisationskern wendet sich die mechanische Organisation jedoch von diesen Rändern ab, wird die dort verortete Verunsicherung ignoriert oder gar negiert. Intelligente Organisationen hingegen haben wir uns per se als wache und misstrauische Organisationen vorzustellen, sie dekonzentrieren sich auf eben diese Ränder, lenken ihre Wahrnehmung an die Grenze zwischen innen und außen, zwischen organisationalem Wissen und (Noch-)Nichtwissen. Stabilität – oder doch zumindest den Eindruck von Stabilität – gewinnen diese Organisationen nicht im Sichabwenden von den instabilen Rändern, sondern im Entwickeln sinnvoller Synergien und Interaktionen zwischen dem Organisationskern und den emergenten Rändern.

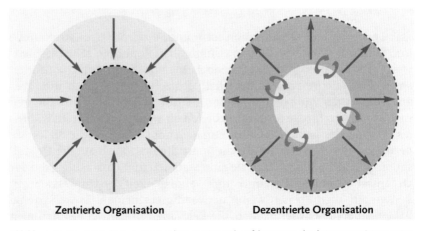

Zentrierte Organisation   **Dezentrierte Organisation**

Abbildung 20: Die zentrierte Organisation konzentriert sich auf ihren Kern, die dezentrierte Organisation lenkt die Wahrnehmung zu den Rändern der Unsicherheit und des Nichtwissens

In der dezentrierten Organisation gewinnt die spezifische Kultur als Stabilitäts- und Identitätsfaktor an Bedeutung. „Kultur, das sind geistig-sinnhafte Muster, die materielle oder substanzielle Muster überlagern und ergänzen."[92] Zur Kultur zählen Normen und Regeln einer Organisation ebenso wie deren Mythen, Weltbilder, Paradigmen und Sinnmodelle sowie, nicht zu vergessen, die Persönlichkeiten der Organisationsmitglieder.

---

92 Baecker 2003. S. 67

Die Frage von (scheinbarer) Kontinuität und Stabilität auf der einen und der Bereitschaft zum permanenten Wandel auf der anderen Seite ist zunächst einmal eine kulturell bedingte Entscheidung, die sich dann in konkreten Organisationsstrukturen manifestiert. Struktur und Kultur sind nicht voneinander unabhängig, vielmehr bedingen sie sich gegenseitig. Hinzu kommt als dritter relativer Einflussfaktor die Strategie, die zusammen mit Kultur und Struktur das Spannungsfeld bildet, in dem sich die intelligente Organisation bewegt und wandelt.

Eine intelligente Organisation schafft spezifische Rahmenbedingungen innerhalb des oben beschriebenen Spannungsfeldes. Zunächst mit Fokus auf das Lernen der Organisation und innerhalb dieser können wir diese Rahmenbedingungen wie folgt beschreiben: In einer intelligenten Organisation ...

- ... wird das kontinuierliche Lernen der Organisationsmitglieder gefordert und gefördert. Individuelles Lernen wird ermöglicht, z.B. durch das Schaffen einer Lerninfrastruktur oder eine entsprechende Gestaltung der Arbeitsplätze.
- ... werden die Organisationsmitglieder dazu ermuntert, die Umwelt, aber auch die eigene Organisation und deren Regeln und Normen zu beobachten, nachzufragen, zu hinterfragen, zu diskutieren und eigene Ideen zu entwickeln. Dazu gehören sowohl die notwendigen organisatorischen Freiräume (Struktur) als auch Vertrauen und Offenheit (Kultur).
- ... wollen und können die Organisationsmitglieder ihr Wissen in eine gemeinsame Wissensbasis einbringen.
- ... werden das kollektive Lernen sowie Kommunikation und Interaktion in Gruppen gefordert und gefördert. Auch diese Anforderung beinhaltet sowohl strukturelle als auch kulturelle Aspekte (s.o.).
- ... ist die Organisation selbst wach nach innen und außen, nimmt Stimuli auf und verarbeitet diese.
- ... wird neu generiertes Wissen institutionalisiert, indem es zu neuen konkreten Handlungsregeln (*theories in use*) in der Organisation führt.
- ... werden neue Regeln von den Mitgliedern der Organisation akzeptiert und inkorporiert. Voraussetzung dafür ist ein klares Erkennen der Sinnhaftigkeit, unterstützt durch ein starkes Gefühl einer *Corporate Identity*.
- ... werden neue Handlungsregeln dann auch in Handlung umgesetzt.
- ... ist Lernen eher ein selbstorganisatorischer als ein verordneter Prozess auf allen Ebenen.
- ... spielt Macht eine untergeordnete Rolle.
- ... wird der Lernprozess selbst reflektiert (Deutero-Learning).

Neben dem Lernen ist die Fähigkeit, sich selbst zu transformieren, ein wichtiges Merkmal einer intelligenten Organisation.

Die US-Amerikaner Karl E. Weick und Kathleen M. Sutcliffe haben in
einer Studie aus dem Jahr 2001 die Frage gestellt, was Organisationen
auszeichne, die über einen langen Zeitraum im Umgang mit hoher Komplexität und unerwarteten Gefährdungslagen ein konstantes Leistungsni-
veau halten.[93] Die beiden Wissenschaftler haben solche Organisationen
untersucht und dabei fünf Merkmalsbündel identifiziert. Ihr Zusammenwirken begründet den Erfolg der von den Autoren sogenannten *High Reliability Organizations* (HRO):

1. *Preoccupation with failure*
   HRO nehmen Abweichungen wahr und nutzen sie zu einer Überprüfung des eigenen Systemzustands. Das setzt eine vertrauensvolle und
   intensive Kommunikation zwischen Funktionsträgern auf allen Hier-
   archieebenen voraus. Dabei ist es jedem erlaubt, eigene Wahrnehmungen in den Prozess der gemeinsamen Realitätsüberprüfung einzubringen.

2. *Reluctance to simplify interpretations*
   HRO versuchen nicht, Stabilität und Kontrolle vorzutäuschen, indem
   Sachverhalte einfach geredet werden, sondern arbeiten mit komplexen mentalen Modellen in der Beobachtung von Ereignissen und
   deren Interpretation.

3. *Sensitivity to operations*
   HRO konzentrieren ihre Energie auf die Kernleistungsprozesse. Auch
   das Topmanagement hält Nähe zu diesen Prozessen und trifft keine
   Entscheidung, in die nicht das Wissen der Basis einfließt.

4. *Commitment to resilience*
   HRO verfügen über die Fähigkeit, in Krisenzeiten zusätzliche Leis-
   tungspotenziale und Ressourcen zu mobilisieren. Dies basiert auf gut
   eingespielten netzwerkförmigen Abstimmungsmechanismen zwischen Experten aus unterschiedlichen Unternehmensbereichen und
   Fachgebieten.

5. *Deference to expertise*
   Autorität wandert in HRO dorthin, wo das Fachwissen und die erfor-
   derlichen Informationen verfügbar sind – mal zentral, mal dezentral.

Aus den von Weick und Sutcliffe identifizierten fünf Merkmalsbündeln
lassen sich Anforderungen ableiten, die wie schon beim Aspekt des Lernens in intelligenten Organisationen sowohl auf Struktur und als auch
Kultur innerhalb der Organisation zielen. Auf die daraus resultierenden
Herausforderungen für das Management einer solchen Organisation
gehen wir an anderer Stelle ein.

Doch zurück zu unserem Ausgangspunkt: der Wissensarbeit. Wissensarbeit gedeiht in organischen, intelligenten Organisationen; tayloristisch-

---

93 Vgl. Weick, Sutcliffe 2001

mechanische Organisationen sind einer effektiven Wissensarbeit abträglich – so weit die These. Um diese zu überprüfen, stellen wir abschließend einige Axiome des Taylorismus und der mechanischen Organisation Axiomen aus dem Kontext der Wissensarbeit und der organischen Organisation gegenüber:

Mechanische Organisation Tayloristische Arbeit	Organische Organisation Wissensarbeit
Machtkampf zwischen Arbeitern und Management	Win-win-Situation
Organisation ist ein komplizierter und damit beherrschbarer Mechanismus	Organisation ähnelt einem komplexen Organismus mit nicht immer vorhersagbarem Verhalten
Arbeiter sind Teile eines Mechanismus	Arbeiter sind Individuen
Das Ganze ist die Summe seiner Teile	Das Ganze ist mehr als die Summe seiner Teile
Prinzip des besten Weges	Komplexe Aufgaben eröffnen immer mehrere Lösungsmöglichkeiten, Ergebnis und der Weg dorthin sind nicht vorhersagbar
Prinzip der Arbeitsteilung	Arbeit lässt sich nicht teilen
Motivation durch Geld	Motivation durch Sinn
Klare Zuständigkeitsbereiche	Verantwortungsbereiche und Denk(frei)räume
Hierarchie mit klaren Grenzen, Bürokratie	Projektarbeit, Teamarbeit, Netzwerk
Hierarchische Kommunikation (Anweisung)	Dialogische Kommunikation (Aushandlung)
Zentralisation von Entscheidungsbefugnissen	Dezentralisation von Entscheidungsbefugnissen
Macht	Wissen
Rationalität	Soziabilität
Monokausalität	Multikausalität
Unterstellung einer stabilen Umwelt	Misstrauen gegenüber einer dynamischen Umwelt
Ausklammern dynamischer Aspekte, scheinbare Stabilität	Inkorporieren der Dynamik, Wandel
Grenzen zur Außenwelt sind fest definiert	Grenzen zur Außenwelt sind gestaltbar (Autopoiese)
Gewissheit	Selbstreflexion, kritisches Hinterfragen
Organisation als Erzwinger	Organisation als *enabler*

[*Übrigens: Der Begriff „Organismus" geht auf die gleiche Wurzel, das griechische* **organon** *(Werkzeug), zurück wie der Begriff „Organisation".*]

Wissensarbeit ist nicht kompliziert, sie ist komplex: Ziel und Weg sind kaum vorhersagbar, die Arbeit als solche ist nicht teilbar, es lassen sich kaum sinnvolle Abschnitte für eine mögliche sequenzielle Übergabe finden. Mechanische Organisationen jedoch stellen lediglich komplizierte Strukturen dar, weil zwar die Anzahl der Elemente hoch sein kann, deren Verbindung untereinander jedoch stabil ist. Existenzgrundlage der mechanischen Organisation ist die Reduktion von Komplexität zugunsten von Stabilität, Vorhersagbarkeit und Beherrschbarkeit auf Kosten von Flexibilität, Anpassungsfähigkeit und autonomer Intelligenz.

Wissensarbeit in mechanischen Organisationen heißt nun, einen per se komplexen Prozess anzusiedeln in einer Umgebung, welche genau diese Komplexität ausblendet und dadurch dieser Komplexität nicht den ihr notwendigen Raum lässt. Nehmen wir nur einmal die fünf Merkmale, die Nonaka und Takeuchi für eine der Wissensgenerierung förderliche Umgebung definieren. Es sind dies:
- Intention
- Autonomie
- Kreatives Chaos (Fluktuation)
- Redundanz
- Vielfalt der Arbeitsumgebung

Allesamt Merkmale, die zu verwirklichen eine mechanische Organisation nicht den Raum bietet, da diese genau solche Zustände vermeiden muss. Damit wird Wissensarbeit in einer mechanischen Organisation zu einem Paradoxon, einem Widerspruch in sich.

Ist also Komplexitätssteigerung des Rätsels Lösung? Müssen wir uns die wissensförderliche, die intelligente Organisation gar als amorphes, gleichsam grenzen- und strukturloses Gebilde vorstellen?

3.4 Die Struktur der intelligenten Organisation: die Hypertextorganisation

Um die Beschränkungen einer hierarchisch-linearen Organisation hin zu einer kreativen nicht linearen Organisation im Sinne einer intelligenten, wissens- und lernförderlichen Organisation zu überwinden, proklamierte der traditionsreiche dänische Hörgerätehersteller Oticon im Jahr 1991 seinen Umbau zur sogenannten Spaghetti-Organisation. North beschreibt die dem Begriff „Spaghetti-Organisation" zugrunde liegende Idee wie folgt: „Man schichte rohe, ungekochte Spaghetti auf einen Teller auf, und man erhält ein starres, mikadoähnliches Gebilde. Man überlege nun, wie Spaghetto 77 und Spaghetto 23 miteinander reden sollen. Weil sich diese zwei Einzelspaghetti nicht direkt berühren, muss Spaghetto 77 den Kollegen 23 via No. 92, 98 und 95 erreichen. So fließen Informationen über Umwege und über Mittelsmänner in einem hierarchischen System; Wissen wird nicht direkt eingetauscht. Man wiederhole das Experiment mit gekochten Spaghetti: Spaghetto 77 berührt irgendwie im wirren Spaghetti-Knäuel Spaghetto 23, und viele andere können gleich mithören und mitdiskutieren, wenn die beiden Spaghetti miteinander kommunizieren. Die Anzahl von Berührungspunkten und Ansprechpartnern im Spaghetti-Knäuel sind um ein Vielfaches höher als bei ungekochten Spaghetti."[94]

Mit dem Bild der Spaghetti-Organisation hat Oticon ein sprechendes Gegenbild zur starren hierarchischen Organisation entworfen. Wie viele andere radikale Entwürfe ist jedoch auch die Spaghetti-Organisation an den Pragmatismus heischenden Anforderungen der Realität gescheitert; zwar wurde Oticon noch im Jahr 2003 von der Vereinigung der europäischen Wirtschaftspresse zum „Europäischen Unternehmen des Jahres" gekürt, allerdings mit einem schon deutlich modifizierten Ansatz – ganz so weich gekocht waren die Spaghetti nicht mehr. Vor allem bei den Mitarbeitern stieß das kommunikative Chaos des Spaghetti-Knäuels auf Widerstand: Nachdem sich die erste Euphorie gelegt hatte, wurde deutlich, dass durch die fehlende hierarchische Struktur den Mitarbeitern die Wichtigkeit ihrer Arbeit nur mehr schlecht vermittelt werden konnte. Unsicherheit machte sich breit, vor allem auch weil viele der Projekte, an denen gearbeitet wurde, oft umgeworfen oder nicht vollendet wurden. Hinzu kommt ein Effizienzverlust durch ungesteuerte, aleatorische Redundanzen: Zwar ist die Anzahl der Berührungspunkte in einem Haufen gekochter Spaghetti höher als in einem Haufen roher Spaghetti, doch lässt sich kaum steuern, dass genau diejenigen Spaghetti, die miteinander kommunizieren sollen, dies auch können. Im Gegenteil, das Herstellen einer eventuell notwendigen indirekten Kommunikation über Mittelsmänner ist aufgrund der unklaren Strukturen eher schwieriger als in der starren, rohen Struktur.

Intelligente Organisationen kommunizieren zielgerichtet und ergebnisorientiert

Intelligente Organisationen benötigen jedoch eine funktionierende Kommunikation. Dies betonen auch Weick und Sutcliff mit Blick auf die von Ihnen untersuchten *High Reliability Organizations:* Eine kontinuierliche, dezentrale und vor allem ziel- und ergebnisorientierte Kommunikation zwischen Mitarbeitern und Führungskräften, aber auch gegenüber Kun-

---

94 North 1998. S. 73

den, Partnern und Lieferanten gilt dort als wesentlicher Erfolgsfaktor zur Bewältigung des kontinuierlichen Wandels. Der klassische Dreischritt der Veränderung *Erfassung – Analyse – Neustrukturierung* wird zu einem kontinuierlichen, in Teilen selbstorganisierten Prozess innerhalb des Unternehmens. Kommunikation muss sich dabei jedoch auf das Wesentliche konzentrieren, nur dann lassen sich daraus Veränderungsprozesse mit der erforderlich hohen Dynamik anstoßen. Die Kommunikation innerhalb einer reinen Spaghetti-Organisation kann die Ansprüche der Ziel- und Ergebnisorientierung sowie der Konzentration auf das Wesentliche in der Kommunikation nicht einlösen.

Wie so oft erweist sich der gangbare Weg auch hier als weder schwarz noch weiß, sondern von einem heiteren Grau:

Die Japaner Nonaka und Takeuchi haben im Kontext ihrer Fragestellung nach den Rahmenbedingungen für die Generierung von neuem Wissen in Organisationen die Vorstellung der Hypertextorganisation entwickelt.[95]

> [*Hypertext ist eine nicht lineare Organisation von Objekten, deren netzartige Struktur durch logische Verbindungen (Verweise, Links) zwischen Wissenseinheiten (Knoten, z. B. Texten oder Textteilen) hergestellt wird (Verweis-Knoten-Konzept).[96]*]

Mit der Hypertextorganisation wird das traditionell hierarchisch-lineare Verständnis nicht komplett abgelöst, vielmehr spielen in der Hypertextorganisation zentrale und dezentrale Organisationsstrukturen zusammen. So werden vergleichbar dem Modell der Matrixorganisation Bürokratie und Projektgruppen als komplementäre Instrumente verstanden, welche die Erreichung zweier eben gerade nicht sich ausschließender Ziele einer Organisation unterstützen, nämlich die Effizienz der Unternehmenszentrale ebenso zu steigern wie die dezentrale Flexibilität. Bürokratie verleiht dauerhaft Stabilität und ermöglicht Routine dort, wo dies notwendig ist, die Projektorganisation eröffnet temporäre, objektorientierte Kommunikations- und Kollaborationsräume dort, wo diese die (Wissens-)Arbeit sinnvoll unterstützen.

Matrixorganisation   Die **Matrixorganisation** ist ein Mehrliniensystem mit gleichzeitiger Gliederung nach Funktionsbereichen, wie beispielsweise Beschaffung, Produktion, Marketing, und Objektgliederung, beispielsweise die Gliederung nach Märkten, Produkten oder Regionen. Erstere bildet typischerweise die vertikale Dimension (Linieninstanz), Letztere die horizontale Dimension (Matrixinstanz).

---

95   Vgl. Nonaka, Takeuchi 1997
96   http://de.wikipedia.org/wiki/Hypertext (24.01.2006)

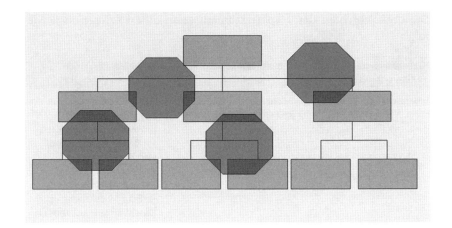

Im Gegensatz zu einer Matrixorganisation wird die Hypertextorganisation noch durch eine dritte Ebene ergänzt, sie besteht damit aus insgesamt drei miteinander verbundenen Schichten:

- Geschäftssystemschicht (Linienorganisation)
- Projektteamschicht (Objektgliederung)
- Wissensbasisschicht

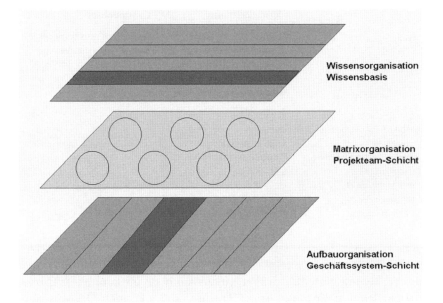

Abbildung 21: Matrixorganisation und Hypertextorganisation[97]

---

97   Abbildung Hypertextorganisation nach Schütt 4/2001

Die drei Schichten der Hypertextorganisation differenzieren sich wie folgt:

Geschäftssystemschicht Aufbauorganisation	Projektteamschicht Matrixorganisation	Wissensbasisschicht Wissensorganisation
Hierarchische Struktur	Nicht hierarchische, selbstorganisierende Struktur	Keine eigenständige Organisationseinheit, präsent in gemeinsamen Visionen, Werten, Kultur und Zielen sowie in Anwendungen der Informationstechnologie (z. B. unternehmensweite Datenbanken, Kollaborations- und Kommunikationsplattformen)
Zentralisation von Entscheidungsbefugnissen	Dezentralisation von Entscheidungsbefugnissen	Keine Entscheidungsbefugnisse
Mitarbeiter sind in Abteilungen eingebunden und befassen sich mit Routinearbeiten	Zusammenarbeit mit Mitarbeitern aus anderen Bereichen des Geschäftssystems für einen definierten Zeitraum	Kommunikation in bereichs- und teamübergreifenden, themenorientierten Netzwerken und Communities
	Austausch und Generierung von aufgabenbezogenen Meinungen, Ideen, Erfahrungen und Wissen	Austausch und Generierung von themenbezogenen Meinungen, Ideen, Erfahrungen und Wissen
Kennzeichen: Stabile Rahmenbedingungen Bürokratische Kontrolle Effizienzdenken Formalisierung/ Standardisierung Spezialisierung	Kennzeichen: Dynamik Anpassungsfähigkeit Flexibilität Effektivität Hohe Entscheidungsautonomie Hohe Innovationsfähigkeit	

In der Wissensbasis wird das in den anderen beiden Schichten generierte Wissen über alle Projekte und Abteilungen hinweg aufbewahrt und zur Verfügung gestellt. Darüber hinaus kann sie im Rahmen von hier anzusiedelnden *Communities of Practice* (s. 3.5.2) auch Ort von rein themenbezogenem Wissensaustausch und einer eigenständigen Wissensgenerierung sein. Die Wissensbasis als dritte und die beiden anderen Schichten ergänzende Dimension sorgt dafür, dass organisationales Wissen sowohl in der Geschäftssystem- als auch in der Projektteamschicht für künftige Problemlösungserfordernisse und Entscheidungen abgerufen werden kann. Die Schicht der Wissensbasis ist damit als konstitutiv für das System anzusehen, sie ist der Sitz des organisationalen

Gedächtnisses. Doch sie ist mehr als das: In der dritten Dimension der Wissensbasis gelingt es einer intelligenten Organisation, einen gemeinsamen konsistenten Erfahrungskontext zu schaffen und lebendig zu erhalten. Erst dieser geteilte Erfahrungskontext ermöglicht es, neue Informationen sinnvoll im Gesamtgefüge zu verorten, durch Kombination Cluster zu erzeugen und dadurch neues sowohl individuelles als auch organisationales Wissen zu generieren. Ohne diesen gemeinsamen Erfahrungskontext in der dritten Dimension ist ein bloßes Aufbewahren von Informationen nutzlos: „Informationsaustausch wird dann möglich, wenn er in den noch anspruchsvolleren Kontext gemeinsamen Lernens eingebettet ist. Wer auf der Ebene des isolierten Informations‚austausches‘ bleibt, läuft gegen eine unüberwindbare Mauer der Nichtkompatibilität."[98]

Ein Repräsentant des Wissensraumes: der Kümmerer beim Bremer Werk für Montagesysteme GmbH

Ein Wissensraum kann unter Umständen von nur einem Mitarbeiter im Unternehmen aufgespannt werden. Dies zeigt das Beispiel des Bremer Werks für Montagesysteme (BWM), einem 1961 gegründeten Maschinenbauunternehmen mit 100[99] Mitarbeitern.

Die BWM GmbH setzt an der Schnittstelle zwischen Konstruktion und Werkstatt einen im Unternehmen sogenannten Kümmerer ein, einen Mitarbeiter, dessen Aufgabe es ist, den Wissenstransfer zwischen diesen beiden Bereichen zu kanalisieren und zu optimieren. Dadurch können die Rückfragen aus der Fertigung an die Konstruktion deutlich reduziert werden, die Konstrukteure können sich in der Folge ungestört auf ihre Arbeit konzentrieren. Gleichzeitig verstärkt der Kümmerer die wichtige Kommunikation während der Planungsphase neuer Systeme.

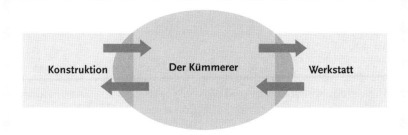

Abbildung 22: Der Kümmerer als Kommunikationsschnittstelle[100]

---

98 Willke 2001. S. 17
99 Stand Januar 2006
100 Quelle: BWM

Bei der Auswahl des Mitarbeiters für diese Position hat BWM das folgende Anforderungsprofil zugrunde gelegt:

- langjährige Erfahrung im Unternehmen
- soziale Kompetenz
- kulturelle Kompetenz
- fachliche Kompetenz
- Kommunikationsfähigkeit

Der langjährige Mitarbeiter, der bei BWM heute diese Aufgabe wahrnimmt, ist in der Konstruktion beschäftigt, hat seine Laufbahn bei BWM jedoch in der Montage begonnen; er erfährt dadurch Akzeptanz auf beiden Seiten und versteht die Sprache beider Seiten.

(www.bwm-gmbh.de)

Hypertextorga-
nisation: Stabilität
in der Veränderung

Die Hypertextorganisation stellt eine Synthese zentraler und dezentraler Strukturen dar und kann durch eben diese Kombination die jeweiligen Nachteile eines einseitigen Ansatzes ausgleichen. So bietet sie einerseits Stabilität, kann gleichzeitig aber auch laufend Prozesse der Veränderung anstoßen, um sich wechselnden Anforderungen flexibel anzupassen. Darüber hinaus kann die Hypertextorganisation die Entscheidungsqualität verbessern: Durch eine permanent mögliche Nutzung des vorhandenen Wissens sowie die stete Interaktion der Projektteams sowohl untereinander als auch mit den Bereichen der Linienorganisation aufgrund der gleichzeitigen Eingebundenheit der Mitarbeiter in beide Strukturen können verschiedene Perspektiven interdisziplinär Berücksichtigung finden, was gegebenenfalls die Unsicherheit bei der Entscheidungsfindung, vor allem bei komplexen Entscheidungen, reduziert.

Die hierarchischen Strukturen unterstützen das Organisieren von Kommunikation und die Speicherung von Wissen in der Wissensbasis; gleichzeitig werden diese Strukturen – die ja gewissermaßen das Halt und Gestalt gebende Skelett der Organisation darstellen – durch das Vorhandensein der beiden anderen Schichten ständig reflektiert und in ihrem Status quo hinterfragt.

Durch den Wechsel der Mitarbeiter zwischen den drei Kontexten Geschäftssystem, Projektteam und Wissensbasis können Entscheidungsbefugnisse in einer Hypertextorganisation in der Regel lediglich an die jeweilige Rolle der Person, nicht an die Person als solche gebunden sein. So kann ein Abteilungsleiter innerhalb der Linienorganisation eine führende Entscheidungsrolle einnehmen und sich ein anderes Mal innerhalb der Projektteamschicht in einer untergeordneten Position befinden und dort kaum über Entscheidungsbefugnisse verfügen. Diese Rollenflexibilität ist systemimmanent. Funktioniert sie, führt sie dazu, dass die Mitarbeiter den Beitrag zum Unternehmenserfolg als das Wichtigste betrachten und der Bereichsegoismus an Stellenwert verliert.

An dieser Stelle sollten wir nun aber so langsam wieder unsere Skeptikerbrille aufsetzen und die dargestellten Vorteile einer Hypertextorganisation vor dem Hintergrund der herrschenden Unternehmensrealitäten ein wenig relativieren: Organisationen bestehen nun einmal zuförderst aus Menschen, und auch in innovativen Organisationsstrukturen zeigen sich Menschen oft unveränderlich altmodisch. So haben Mitarbeiter aller Organisationsebenen beispielsweise Schwierigkeiten, sich mit wechselnden Über- und Unterordnungsverhältnissen, u. a. in Bezug auf Entscheidungsbefugnisse, zurechtzufinden. Gerade für Führungskräfte bedeuten die wechselnden Führungskontexte oft eine Doppelbelastung. Die absolute Rollenflexibilität, auf der die gesamte Idee der Hypertextorganisation wesentlich beruht, lässt sich in der Regel in der dargestellten Radikalität kaum verwirklichen.

Ist die intelligente Organisation eine Hypertextorganisation?

Nichtsdestotrotz erweist sich nach Meinung der Autorin das Modell der Hypertextorganisation – zumindest zum heutigen Stand der Forschung – als geeignete strukturelle Umsetzung einer intelligenten Organisation, als zwar nicht ideale, aber doch zumindest „beste aller möglichen Welten" (Leibniz). Doch auch hier gilt, wie für jedes andere theoretische Modell, dass von einer übereifrigen und eiligen Anwendung in der Praxis eher abzuraten ist. „(...) although it might be tempting to apply the presented concepts directly and quickly, this should be done with extreme caution and with thorough preparation. But this is only a problem if one does not recognize it as one. Understanding this, one can capture the generalizable concepts and apply them." [101]

Auch Oticon musste diese Lektion lernen und hat sein theoretisches Modell der Spaghetti-Organisation der Realität angenähert. Entstanden ist eine i. w. S. Hypertextorganisation: Oticon hat die ursprüngliche Organisation um sogenannte *Competence Centers* erweitert. Diese agieren im Sinne einer Wissensbasis zwischen den Projekten. Ebenso wurde die Beständigkeit der Zusammensetzung organisationaler Einheiten wieder erhöht, indem diese in einen klaren hierarchischen Rahmen eingeordnet wurden. Das Beispiel Oticon zeigt, dass es *die* optimale Organisation nicht gibt, sondern sich eine optimale Organisation immer nur im konkreten Einzelfall unter Berücksichtung der Betriebs- und Mitarbeitersituation, des Reifegrades einer Organisation dynamisch entwickeln kann.

3.5 Die dritte Dimension: der Wissensraum

Die Hypertextorganisation ist eine dreidimensionale Organisation, wobei die dritte Dimension die im Modell der Hypertextorganisation sogenann-

---

101 Hauptman, Neuriger 1997. S. 101

te Wissensbasis oder Wissensorganisation einnimmt. Beide Begrifflichkeiten suggerieren eine Konkretheit, die dem Wesen dieser dritten Dimension kaum gerecht wird. Erinnern wir uns: „Die Wissensbasis stellt keine eigenständige Organisationseinheit dar. Sie ist präsent in gemeinsamen Visionen, Werten, Kultur und Zielen sowie in Anwendungen der Informationstechnologie (z. B. unternehmensweite Datenbanken, Kollaborations- und Kommunikationsplattformen)" (s. o.). Der konkret-unkonkrete Begriff *Wissensraum* belässt die dritte Dimension zunächst noch stärker im Diffusen, gleichzeitig ermöglicht er eine konzeptionelle Annäherung, da er uns zwei interessante Gedankenmodelle näherbringt: das Konzept des *Ba* von Ikujiro Nonaka[102] und das Konzept des *Cynefin* von Dave Snowden[103].

Wissensräume sind Institutionen innerhalb der Organisation

Bevor wir uns in diesem Kapitel jedoch das Wissensraumkonzept *Ba* sowie die *Communities of Practice* als eine konkrete Ausformung des Wissensraumes etwas genauer anschauen, an dieser Stelle noch einige Gedanken zur Bedeutung des Wissensraumes für die Wissensarbeit in Organisationen.

Wissensarbeit ist weitgehend autonom und selbstorganisiert (s. o.); sie braucht folglich Räume zur Selbstorganisation, um ihren Nutzen für den Einzelnen und für die Organisation entfalten zu können – Wissensräume. Es genügt nun jedoch nicht, uns Wissensräume als quasi „regelfreie" und strukturlose Vakua vorzustellen, vielmehr stellen sie Institutionen im eigentlichen Sinne[104] innerhalb der Organisation dar. Auf Institutionen treffen wir nach Berger und Luckmann dort, wo sich reziproke Erwartungen über das Auftreten bestimmter Handlungsweisen herausgebildet haben.[105] Reziproke Erwartungshaltungen schaffen Sicherheit im eigenen Handeln durch die mögliche Antizipation des Handeln des jeweils anderen, sie ermöglichen somit überhaupt erst Interaktion und Kollaboration, unterstützen also wesentlich die Wissensarbeit. Institutionen manifestieren sich in Strukturen, die durch typisierte Handlung entstehen; diese Strukturen beeinflussen dann als Erwartungshaltung in einer Wechselwirkung wiederum das Handeln innerhalb der Institution. Institutionalisierte Handlung kann Wissensarbeit fördern, beispielsweise dann, wenn die institutionalisierte Handlung, die von der Gruppe erwartete Handlung also im Sinne eines Wissensraumes die der offenen Kommunikation und des Wissensaustausches ist. Die bewusste Förderung

---

102 Vgl. Nonaka, Konno 1998
103 Vgl. www.cynefin.net. Mehr zum Konzept Cynefin als strategischem Steuerungsinstrument: Kapitel 4.3.1
104 Im alltäglichen Sprachgebrauch setzen wir den Begriff Institution oft gleich mit Organisation im Sinne von Aufbauorganisation, also definierte äußerliche Strukturen. Im Folgenden werden Institutionen als verinnerlichte Erwartungsstrukturen verstanden.
105 Vgl. Berger, Luckmann 2004

von Wissensräumen in einer Organisation unterstützt die Produktivität von Wissensarbeit.[106]

> **Institution** *bezeichnet eine soziale Wirklichkeit, die gekennzeichnet ist durch bestimmte Handlungsrechte und -pflichten sowie Normen und durch die Gruppen und Gemeinschaften nach innen und nach außen hin verbindlich geltend handeln. Beispiele für Institutionen sind geltendes Recht, DIN-Normen, Sitten und Gebräuche, aber auch beispielsweise die Ehe.*

3.5.1 Wissensraum Ba

Das Konzept des *Ba* geht zurück auf die beiden japanischen Philosophen Kitaro Nishida und Shimizu und bezeichnet einen gemeinsamen Raum für aufkommende Beziehungen. Dieser Raum muss nicht notwendigerweise physisch sein, er kann ebenso nur mental oder virtuell sein oder jede Form der Kombination dieser drei Zustände.

Nonaka versteht *Ba* als „a context which harbors meaning"[107]. Wenn wir davon ausgehen, dass (1) Wissen eine subjektive, selbstreferenzielle Konstruktion ist und (2) Wissensgenerierung ein interaktiver Prozess, so wird *Ba* als *bedeutungsvoller* Kontext zu einer wesentlichen Voraussetzung der Wissensgenerierung. Denn Wissenskommunikation und Interaktion setzen ein geteiltes Verständnis, damit geteilte Bedeutung voraus – ansonsten reden wir aneinander vorbei. Bedeutung ist jedoch nicht einfach per se in der Welt und damit allgemeingültig, da wir uns unsere jeweils subjektiven Realitäten und Bedeutungen jeweils individuell konstruieren. Das heißt ein geteiltes Verständnis jeweils individuell konstruierter Bedeutungen und Realitäten muss erarbeitet werden. Überall dort, wo wir unsere subjektiven Konstruktionen transzendieren zu einer geteilten Wahrnehmung und einer kollektiven Bedeutung, ist *Ba*. Und genau dort ist dann auch die Schaffung neuen Wissens, d.h. Wissensarbeit, möglich. „To participate in a *ba* means to get involved and transcend one own's limited perspective or boundary. This exploration is necessary in order to profit from the ‚magic synthesis' of rationality and intuition that produces creativity. (...) Within ba, real-time knowledge creation is achieved through self-transcendence."[108]

Ba ist der Raum von gemeinsamem Verständnis und geteilter Bedeutung

Das Überschreiten des eigenen Wissens, damit auch die Öffnung hin zum (Noch-)Nichtwissen (s.o.), dem *Alter*-Wissen, wird hier verstanden als Quelle der Kreativität. Wissen jedoch ist ein verderbliches Gut, denn es ist dynamisch, grenzenlos und nicht fassbar. Um in seiner Überschrei-

---

106 S. auch Kapitel 4.2.2 „Managementaufgabe: den richtigen Standort vorbereiten"
107 Nonaka, Konno 1998. S. 40
108 Nonaka, Konno 1998. S. 41 ff.

tung und Kombination tatsächlich zu einer Quelle von Kreativität und Innovation zu werden, muss es zu einer bestimmten Zeit an einem bestimmten Ort mobilisiert werden können. *Ba* versteht sich als diesen Ort der „resource concentration"[109], an dem sowohl individuelles als auch kollektives und organisationales Wissen, implizites, stilles und explizites Wissen zusammenkommen und in eine dynamische Wechselwirkung treten. *Ba* wird damit auch zu einem Ort, an dem Lernen auf allen Ebenen, individuelles Lernen, kollektives Lernen und organisationales Lernen, möglich wird.

Mit Blick auf sein Modell der Wissensspirale, das sogenannte SECI-Modell (s. o.), unterscheidet Nonaka vier Zustände des Wissensraums:
- Im *originating ba* teilen die Individuen Emotionen, Erfahrungen und mentale Modelle. Hier gilt weniger Descartes' „cogito ergo sum" (Ich denke, also bin ich) als Nishidas „Ich liebe, also bin ich". Das *originating ba* ist ein Raum der Empathie, wo Vertrauen und Verbundenheit entstehen – notwendige Voraussetzungen für eine offene Wissenskommunikation. Im Mittelpunkt steht die persönliche Begegnung, der zwischenmenschliche Kontakt. Das *originating ba* ist selten bewusst konstruiert, wir sind vielmehr, frei nach Heidegger, in es geworfen.
- Das *interacting ba* ist bewusster konstruiert; hier treffen Personen aufeinander, die mit Blick auf ihre spezifischen Fähigkeiten für dieses Aufeinandertreffen ausgewählt wurden. An die Stelle der Empathie tritt der Dialog, mittels dessen individuelle mentale Modelle und Fertigkeiten zu gemeinsamen Begriffen und Konzepten werden. Emotion und Ratio interagieren. Dabei teilen Individuen ihre eigenen Modelle mit anderen und analysieren und hinterfragen gleichzeitig die eigenen. In innovativen und wissensorientierten Unternehmen, die den Wissensaustausch bewusst fördern, ist das *interacting ba* in der Unternehmenskultur verankert, beispielsweise in einer kulturkonstituierenden Aussage wie der folgenden des Papiermaschinenherstellers Voith: „In 130 Jahren ist noch nie eine Idee am Geld gescheitert, wenn wir an sie geglaubt haben."[110]
- Das virtuelle *cyber ba* beschreibt die Welt der Informationssysteme einer Organisation, in denen explizites Wissen, Informationen und Daten, gesammelt, verwaltet und mit anderen Informationen und Daten zusammengeführt und wieder zur Verfügung gestellt wird.
- *Das Exercising ba* ist der Ort des individuellen Lernens, an dem neues Wissen internalisiert wird, und zwar vor allem durch Aktion, d.h. durch ein *learning by doing*.

---

109 Nonaka, Konno 1998. S. 41
110 Zitat des Voith-Vorstandsvorsitzenden Hermut Kormann. In: Frankfurter Allgemeine Sonntagszeitung, 15. Januar 2006. S. 36

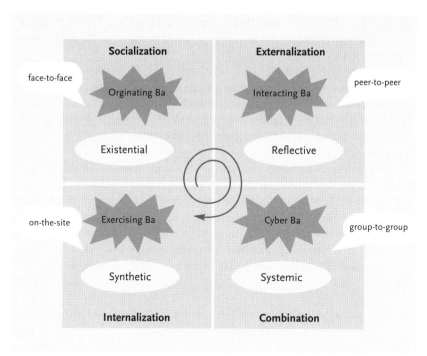

Abbildung 23: Die vier Formen von Ba[111]

Ein virtueller Ba: die Community World der ThyssenKrupp AG

Der ThyssenKrupp-Konzern besteht aus mehr als 700 Tochterunternehmen mit einem Produktportfolio von mehreren Tausend verschiedenen Produkten und beschäftigt mehr als 180.000 Mitarbeiter, verteilt über die ganze Welt. Innerhalb des Konzerns gibt es also unzählige Wissensträger: einzelne Personen, sogenannte Communities, Abteilungen, Konzernunternehmen, ganze Business Units oder Unternehmensbereiche bzw. Segmente. Alle verfügen über wertvolles Wissen, das „wertschöpfend als Produktionsfaktor eingesetzt werden soll". Die Herausforderung: Wie kann in einem weltumspannenden Konzern ein Wissensraum geschaffen werden, in dem Wissensaustausch und vor allem Wissensgenerierung stattfinden können?

Seit Februar 2004 steht den Mitarbeitern von ThyssenKrupp ein solcher Wissensraum, ein virtueller *Ba,* in Form einer unternehmensweiten IT-Plattform, der ThyssenKrupp CommunityWorld, kurz ComWorld, zur Verfügung.

Die ComWorld bietet ihren Nutzern die Möglichkeit, Dokumente (explizites Wissen) abzulegen und damit konzernweit zugänglich zu machen. Sie dient somit bereits als *cyber ba.* Doch ist dies nur ein Mittel zum Zweck, denn vorrangiges Ziel

---

111 Nonaka, Konno 1998. S. 46

der ComWorld ist es, das Herstellen, Pflegen und Nutzen von Beziehungen zwischen den Wissensträgern im Konzern zu ermöglichen, einen Raum für ebendiese Beziehungen zu bieten.

Die Nutzer der ComWorld beschreiben ihre Kompetenzen in einem persönlichen Profil und können damit bereits als potenzielle Ansprechpartner zu den genannten Themen identifiziert werden. Fragen, die in der ComWorld gestellt werden, können nun auch an diese Nutzer weitergeleitet werden.

Möchte der Nutzer sich nicht nur als Experte „outen", sondern sein Wissen und gegebenenfalls auch damit verbundene Dienstleistungen umfassender im Konzern anbieten, gründet er – eventuell gemeinsam mit anderen – einen sogenannten *Community Shop*. Ein *Community Shop* widmet sich in der Regel einem Thema und bietet Artikel sowie Diskussionen zu diesem Thema. Die Qualität des Angebotes wird dadurch gewährleistet, dass nur die am Shop aktiv Beteiligten (Shopbesitzer und Shopteilhaber) das Recht haben, dort Informationen einzustellen.

Der *Community Shop* bietet einer Gemeinschaft an Experten und Interessierten an einem Thema einen gemeinsamen Raum, eine Heimat. Der Begriff „Heimat" mag in diesem Kontext zunächst befremdlich erscheinen. Letztendlich soll über diese Mechanismen der virtuelle Raum der ComWorld zu einem gemeinsamen Wissensraum werden. Denn in dem Maße, in dem Wissensaustausch nicht in einer echten Face-to-face-Kommunikation stattfinden kann, Anonymität und Selbstbezug also zunehmen, nimmt der Anreiz, das eigene wertvolle Wissen zur Verfügung zu stellen und zu teilen, ab. Die *Community Shops* eröffnen den Raum des *interacting ba*, hier findet die „resource concentration" statt, d. h. die Zusammenführung von explizitem, stillem und implizitem Wissen in einer stetigen Transzendenz des Subjektes und des subjektiven Wissens hin zum kollektiven Wissen durch die rationale und emotionale Auseinandersetzung innerhalb der Community. Den Ort für diese Auseinandersetzung bietet der *Community Shop*.

Ein *Community Shop* als *kleinster Ba*, der *Ba* des Individuums, kann Nachbarschaftsbeziehungen zu weiteren, thematisch verwandten Shops aufbauen. Dazu genügt es, dass beide Shopbesitzer einer solchen Beziehung zustimmen. Es entsteht ein übergeordneter *Ba*, der *Ba* der Community. Für die Informationssuchenden in der ComWorld entsteht dadurch eine weitere Verflechtung der Themen, die es ihnen ermöglicht, assoziativ ein umfassendes Themengebiet zu erkunden.

Eine solche explorative Nutzung der ThyssenKrupp ComWorld wird darüber hinaus unterstützt durch das sogenannte thematische Netz. Dieses Themennetz spiegelt die für ThyssenKrupp geschäftsrelevanten Themenfelder wider. Es bildet die verbindende Basis aller Informationsobjekte der ThyssenKrupp ComWorld, also z. B. für Artikel, Experten, Frage-und-Antwort-Paare oder *Community Shops*.

Geknüpft wird das Netz von Redakteuren, die, ausgehend von den Vorschlägen der Anwender und den Angeboten der Shops, Themenknoten und deren mögliche Verbindungen untereinander definieren. Die Themennetzredakteure beschreiben und strukturieren also die relevanten Themengebiete im Themennetz, sie sind verantwortlich für dessen Qualität und Aktualität.

Das Themennetz wird durch mehrere mögliche Relationen strukturiert. Dabei kann man grundsätzlich unterscheiden zwischen hierarchischen Bezügen und Querbezügen. Die hierarchischen Bezüge werden durch zwei oberste Themenknoten, die „innerbetrieblichen Themen" und die „außerbetrieblichen Themen", abgebildet. Diesen beiden obersten Themenknoten hat sich jedes Thema der ComWorld unterzuordnen (z. B. Betriebsrat, Vorschlagswesen, Controlling, Patente usw. bei den innerbetrieblichen Themen und Regionen, Gesellschaft, Wirtschaft, Wissenschaft usw. bei den außerbetrieblichen Themen). Die hierarchische Einordnung erlaubt es dem Anwender und insbesondere den Themennetzredakteuren, einen gedanklichen Überblick über das wachsende Themennetz zu behalten. Nach erfolgter hierarchischer Einordnung eines Themas wird durch die Querbezugsrelation die Möglichkeit geschaffen, weitere semantische Verbindungen zwischen innerhalb der Hierarchien an verschiedensten Stellen platzierten Themen zu verdeutlichen.

Die einzelnen Informationsobjekte der ThyssenKrupp ComWorld sind jeweils mit den Organisationseinheiten als Teil des Themennetzes verknüpft, für die sie relevant sind und in deren Kontext sie daher angesiedelt sind, z. B. auf Gesamtkonzernebene, in einer bestimmten Business Unit oder einem Konzernunternehmen.

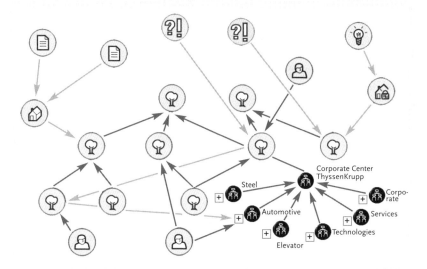

Abbildung 24: Die Wissenslandschaft im ThyssenKrupp Konzern[112] bestehend aus Dokumenten, Personen, Themen, Shops, Fragen und Antworten sowie dem Bezug auf die Organisationsstruktur

---

112 Quelle: ThyssenKrupp AG

Das Themennetz wird für den Nutzer im ComWorld NetNavigator visualisiert. Es wird in den sechs Konzernsprachen zur Verfügung gestellt, wodurch für alle Mitarbeiter weltweit das komplette Wissensangebot transparent und zugänglich wird. Auch wenn der einzelne *Community Shop* dann gegebenenfalls sein Angebot nur in der Landessprache seiner Eigentümer und Teilhaber vorhält, so erhält der Informationssuchende zumindest die Information, dass das von ihm nachgefragte Wissen auf dem konzernweiten Wissensmarkt verfügbar ist. Es bleibt ihm also in jedem Fall die Chance, Kontakt zu den Shopbetreibern aufzunehmen oder die dort angebotenen Dokumente übersetzen zu lassen.

Doch machen wir es konkreter: Wie agieren ein Wissenssuchender und ein Shopbesitzer innerhalb der ComWorld?

Nach Eingabe von Benutzername und Kennwort befindet sich ein Nutzer auf seiner persönlichen Startseite. Hier findet er aktuelle Nachrichten und Themenhinweise der Wissensredaktion sowie personalisierte Informationen zu seinen *Community Shops,* seinen Fragen und seinen Themenvorschlägen. Außerdem stehen ihm hier – wie auf jeder Seite innerhalb der ComWorld – in einer Toolbar seine Favoriten und Themenabonnements, mittels derer er automatisch über neue Informationen zum jeweiligen Thema auf dem Laufenden gehalten wird, sowie die ComWorld-Suche zur Verfügung.

Von seiner persönlichen Startseite aus kann der Nutzer nun in den virtuellen Wissensraum eintauchen: entweder über die ComWorld-Suche oder über einen der Einstiegspunkte, die Community Shops, die Experten, die Fragen (und Antworten) oder die ComWorld-Themen. All diese Informationselemente kann er sich außerdem mit dem NetNavigator buchstäblich vor Augen führen. Der NetNavigator stellt einen übersichtlichen Ausschnitt des Wissensnetzes in einer netzartigen Struktur dar, in der Begriffe, ihre Verbindungen (Beziehungen) untereinander sowie thematisch mit ihnen verknüpfte Informationen visualisiert werden. Durch Klicken auf die jeweiligen Symbole kann er direkt zu den entsprechenden Objekten, also z. B. Artikel, *Community Shops* oder Expertenprofilen, wechseln oder dahinter verborgene weitere Beziehungen und Informationselemente auffächern.

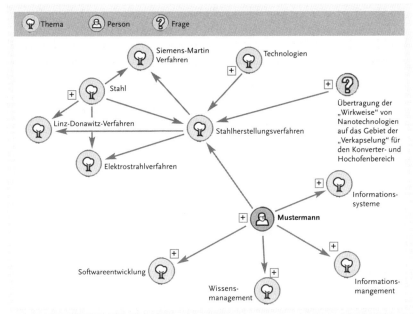

Abbildung 25: Die Visualisierung des Wissensnetzes[113]

Von seiner persönlichen Startseite aus gelangt er in sein Profil, mit dem er sich als Mitglied der ThyssenKrupp ComWorld seinen Kollegen vorstellt. Neben den Kontaktdaten kann der Nutzer ein Foto einstellen und seine Kompetenzen und Interessen mit einem kurzen Text beschreiben. Dadurch kann er von anderen Kollegen im Konzern mit ähnlichen Interessengebieten gefunden werden oder auch als Experte zu seinen Kompetenzen befragt werden.

Um zu seinen Fragestellungen Informationen oder Ansprechpartner in der ComWorld zu finden, kann der Nutzer gezielt in den ca. 4.000[114] Themen der ThyssenKrupp ComWorld recherchieren, namentlich oder in Bezug auf Themengebiete nach Experten suchen oder auch ganz einfach eine Frage an die ComWorld-Expertengemeinschaft stellen. Seine Frage ordnet er einem oder mehreren Themengebieten zu; dadurch wird die Frage an die richtigen Experten im Konzern adressiert. Die ComWorld schlägt auf Basis der Fragenbeschreibung mögliche Themenzuordnungen vor. Daneben bemüht sich auch die ComWorld-Wissensredaktion um die Beantwortung der gestellten Fragen.

Betritt der Nutzer einen *Community Shop*, findet er dort Informationen über den Shopbesitzer und mögliche Teilhaber, also über potenzielle Ansprechpartner, über die Artikel und aktuellen Diskussionen im Shop. Er kann in den hinterlegten Artikeln und Diskussionen recherchieren oder direkt Kontakt zum Shopbesitzer und dessen möglichen Teilhabern aufnehmen.

---

113 Quelle: ThyssenKrupp AG
114 Stand Oktober 2005

Ein Shopbesitzer in der ComWorld stellt neue Informationen zu seinem Thema im *Community Shop* ein und steht dort als kompetenter Ansprechpartner zur Verfügung – gegebenenfalls gemeinsam mit anderen Kollegen. Die Shop-Besucher können sich so aktiv in die Diskussion und die Weiterentwicklung eines geschäftsrelevanten Themas einbringen.

Bei Gründung eines Shops wird dieser relevanten Themengebieten zugewiesen. Benötigt ein Besucher der ComWorld nun Informationen zu diesen und assoziierten Themen, wird der Shop gefunden. Außerdem wird der Shop im Themennetz der ThyssenKrupp ComWorld verlinkt.

Nur Shopbesitzer und Shopteilhaber haben das Recht, Artikel in ihren Shop einzustellen. Sie bürgen damit für die Qualität ihres Angebotes. Ein Artikel besteht aus einem Titel, einer Kurzbeschreibung und ggf. ergänzenden Anlagen (Dokumenten). Der Shopbesitzer hat die Möglichkeit, die Zielgruppe dieser Information zu definieren und den Artikel zu kategorisieren. Artikel können innerhalb einer Kategorie hierarchisiert und in getrennten Bereichen abgelegt werden, dadurch wird das Artikelangebot für die späteren Informations*kunden* im *Community Shop* strukturiert. Außerdem weist der Shopbesitzer seinen Artikeln Themen zu, unter denen diese dann von anderen ComWorld-Mitgliedern direkt gefunden werden können.

Jeder Besucher des *Community Shops* hat die Möglichkeit, sich an den im Shop stattfindenden Diskussionen zu beteiligen oder selbst neue Diskussionen zum Themengebiet des Shops anzuregen.

Der Shopbesitzer kann seinen *Community Shop* darüber hinaus zur virtuellen Zusammenarbeit in einer segmentübergreifenden Arbeitsgruppe nutzen. Dazu kann ein Bereich des Shops mit eingeschränkten Zugriffsrechten für die Mitglieder der Arbeitsgruppe belegt werden. Diese können diesen Shop im Shop dann als eine gemeinsame Informations- und Datenablage nutzen, miteinander diskutieren sowie Erfahrungen und Ideen austauschen.

www.thyssenkrupp.com

Mit dem Konzept des Wissensraumes entfernt sich Nonaka von der Vorstellung eines Wissensmanagements im Sinne einer bewussten und direkten Steuerung von Wissensprozessen. Vielmehr betont er die Emergenz von Wissen, d.h. die Vorstellung eines „Auftauchens" von Wissen, das nicht steuerbar und lediglich indirekt beeinflussbar ist, durch die Beeinflussung der Rahmenbedingungen, zu denen der Wissensraum, *Ba*, gehört: "(...) knowledge needs to be nurtured, supported, enhanced, and cared for."[115]

---

115 Nonaka, Konno 1998. S. 53119

> [*Emergenz* bezeichnet das Phänomen, dass sich bestimmte Eigen-
> schaften eines Ganzen nicht aus seinen Teilen erklären lassen („Das
> Ganze ist mehr als die Summe seiner Teile"). Emergenz ist eine
> Eigenschaft von komplexen, nicht linearen Systemen. Emergenz ist
> irreduzibel und nicht vorhersagbar.]

Daraus erwachsen Herausforderungen an eine neue Art des Managements.

3.5.2 Wissensraum Community

Die Centers of Competence bei Bombardier Transportation

Der traditionsreiche Hersteller von Schienenfahrzeugen Bombardier Transportation setzt im Bereich des Engineering *Communities of Practice* (CoP) unter dem
Namen *Centers of Competence* (CoC) gezielt ein zum Wissensaustausch, der Wis-
sensbewahrung und der Wissensgenerierung über Bereichs- und Projektgrenzen
hinweg. Die CoCs bilden bei Bombardier im Sinne einer Hypertextorganisation
die dritte Dimension eines gemeinsamen Wissensraumes für ca. 1.400 Ingenieure weltweit, die hier auf schnell verfügbares, kompetentes Fachwissen zurückgrei-
fen können und Möglichkeiten finden, in der Interaktion neues Wissen für das
Unternehmen zu generieren.

Mit den CoCs verfolgt Bombardier Transportation die folgenden Ziele:
* Verbesserungen der Produkte durch gezielte Kundenanalyse
* Kostenreduzierung
* Steigerung der technischen Leistung und Zuverlässigkeit

Zu jedem ingenieurwissenschaftlichen Fachbereich rund um den Fahrzeugbau
existiert eine CoC, beispielsweise zu Akustik und Vibration, Crashsicherheit oder
umweltgerechter Konstruktion. In der Summe sind dies elf CoCs.[116]

Die Kern-CoCs sind organisatorisch angesiedelt beim Chief Technical Officer
(CTO). Tatsächlich präsent sind sie jedoch an den einzelnen Standorten; wo es
sinnvoll ist, hat jeder Unternehmensbereich einen Vertreter für die jeweilige technische Disziplin ernannt. Dieser ist dazu ermächtigt, die nötigen Arbeitsprozesse einzuführen und umzusetzen sowie das Know-how und die Software- und
Hardware-Voraussetzungen innerhalb der Division zu koordinieren. Die CoC-Re-
präsentanten in den Bereichen halten außerdem engen Kontakt zu allen fachlichen Experten in ihrer Organisation, gleichzeitig arbeiten sie mit ihrem jeweiligen CoC eng zusammen. So hält das Kern-CoC über die lokalen Vertreter Kontakt
zu den lokalen Experten und bindet deren Fachwissen mit ein.

---

116 Stand Januar 2006

Abbildung 26: Struktur der CoCs[117]

Koordiniert wird ein CoC durch den sogenannten CoC Manager, einen Mitarbeiter, der Vollzeit mit dieser Aufgabe betraut und im Stab dem CTO direkt unterstellt ist. Den CoCs steht für ihre Arbeit außerdem ein Budget zur Verfügung; dieses Budget wird nach den ersten drei Jahren nach der Gründung – der Aufbauphase des CoC – jedoch reduziert und das CoC damit zu einer teilweisen Eigenfinanzierung verpflichtet. Eine solche teilweise Eigenfinanzierung kann geleistet werden, weil ein CoC für interne Forschungsaufträge aus anderen Geschäftsbereichen entlohnt oder aber sich um Drittmittel für Forschungsvorhaben z. B. aus Bundes- oder EU-Projekten bemühen kann.

Zu den Hauptaufgaben der CoC-Organisation gehören die Minimierung technischer Risiken und das Vermeiden von Qualitätsminderungen und Projektverzögerung.

So sind CoCs beteiligt an kritischen Angeboten, d. h. beispielsweise Angebote in einem neuen Markt, Angebote, die mehr als 150.000 Ingenieurstunden erfordern oder spezielle technische Risiken bergen. Diese Angebote werden in jedem CoC-Netzwerk mittels zwei- bis vierwöchentlicher Telefonkonferenzen besprochen und bewertet. Diese Vorgehensweise garantiert, dass das Fach- und Erfahrungswissen von ganz Bombardier Transportation eingesetzt werden kann. Der notwendige Arbeitsaufwand, die individuellen technischen Risiken zu verringern, kann dadurch mit hoher Genauigkeit definiert werden.

CoCs unterstützen bei Bombardier außerdem bei kritischen Projekten: Der technische Stand in sämtlichen kritischen Projekten wird in regelmäßigen Treffen durch die jeweiligen Expertenteams unter Leitung der CoCs bewertet. Erfahrungen werden geteilt und kritische Themen direkt angesprochen. Zum Beispiel werden wesentliche Konstruktionsänderungen generell besprochen und für ihren vorgesehenen Einsatz in unterschiedlichen Ländern bewertet oder Basistechnologien gemeinsam weiterentwickelt.

117 Grafik in Anlehnung an eine interne Unternehmensbroschüre von Bombardier Transportation

Auch bei der virtuellen Produktanalyse spielen die CoCs eine wichtige Rolle: Der gezielte Einsatz von Software und Hardware vermeidet zeit- und kostenintensive Testphasen. Sogar das äußerst komplexe Crashverhalten eines gesamten Schienenfahrzeugs kann heute simuliert werden. Lediglich für die Endabnahme der Produkte sowie für die Überprüfung der Berechnungsergebnisse sind technische Prüfungen immer noch notwendig. Die CoCs verfolgen den neuesten Stand der Software-Entwicklung in ihren jeweiligen Disziplinen. Zusammen mit ihren Teams wählen sie Standardsoftware auf globaler Basis aus und setzen sie gemeinsam ein, um Lizenz- und Unterhaltungskosten zu reduzieren. Auch vereinfacht der Einsatz von Standardsoftware den Transfer von Arbeitspaketen über Standorte hinweg, um eine hohe Qualifikation der Ingenieure auf einheitlichem Niveau zu gewährleisten. Ergebnisse können innerhalb des ganzen Netzwerks besprochen werden, was zu Stunden- und Kosteneinsparungen beiträgt.

Neben der aktivitätsorientierten Zusammenarbeit in und über die CoCs unterstützen diese auch den interessengetriebenen Wissens- und Erfahrungsaustausch in bei Bombardier sogenannten Interessengemeinschaften: Die sind Mitarbeiter, die einen offenen Erfahrungsaustausch pflegen und somit das stetige Anwachsen von Fachwissen sichern. Ermöglicht und unterstützt wird dies durch Telefon- und Internetkonferenzen sowie ein- bis zwei-jährliche Treffen. Damit Erfahrungen aus der Praxis Eingang finden in Produktstrategie, Produktplanung sowie Angebotsfindung und in die Konstruktionsabteilungen zurückgeführt werden können, kommen Post-mortem-Analysen und FRACAS-Prozesse (Failure Reporting and Corrective Action System) zur Anwendung.

Die Möglichkeiten der CoC-Organisation werden auch im Umfeld technischer Neuerungen bewusst genutzt. Dazu sind eine intensive Zusammenarbeit mit dem Bereich Marketing- und Produktplanung notwendig, ebenso wie ein umfassendes Know-how über Gesamtkosten, um die Wirtschaftlichkeit neuer Konzepte bewerten zu können. In diesem Umfeld ...
- ... fungieren die CoCs als Schnittstelle zur Gesetzgebung und Normungsarbeit. Sie koordinieren die betroffenen Bereiche über deren Vertreter und gewährleisten eine geschlossene Haltung Bombardiers, Änderungen in der Gesetzgebung werden früh kommuniziert.
- ... sind die CoCs in ihren Disziplinen Augen und Ohren von Bombardier. Durch ihre Teilnahme an internationaler Forschung und Entwicklung, an Normung und Konferenzen sind sie in der Lage, Technologietrends zu beobachten sowie Marktanalysen und Konkurrenzprodukte und -potenziale einzuschätzen.
- ... tragen die CoCs dazu bei, Technologielücken innerhalb des Portfolios zu erkennen und zu schließen, weil sie einerseits enge Beziehungen mit den Bereichen unterhalten und fest in laufende Projekte eingebunden sind, andererseits um neue Gesetze und Normen wissen sowie ein waches Auge auf die Konkurrenz haben.

Schließlich unterstützen die CoCs noch bei der gezielten Aus- und Weiterbildung der Ingenieure, wobei sie ihr Wissen über den aktuellen Stand der Technik in ihren jeweiligen Disziplinen ebenso weitergeben wie Informationen über neueste Gesetze und Normen. Jedes CoC hat hierzu seine eigenen Ausbildungsprogramme entwickelt zu den Themen Management, Engineering und Einkauf.

Weitere Aufgaben der CoCs sind:
- Zusammenarbeit mit dem Bereich System Engineering, um die Wiederverwendung von Technologien sicherzustellen
- Vorschlag von Technologien, die eine Reduzierung von Gesamtkosten sicherstellen
- Beratung zu kostengünstiger Konstruktion
- Steuerung einer fortschrittlichen Technologieentwicklung
- Ausarbeiten und Kommunizieren von Arbeitspaketen, um eine maximale interne Auslastung und Verteilung auf die Ingenieure zu generieren
- Audit externer Ingenieurbüros, um die notwendige Qualität abzusichern
- Führung von Ingenieurnetzwerken
- Schlichtung bei Problemen
- Streben nach nahtlosen Schnittstellen

Um die Zusammenarbeit in den CoCs zu unterstützen, nutzen diese die sogenannten EBoKs, die Engineering Books of Knowledge, eine unternehmensweite webbasierte Plattform bei Bombardier Transportation, über die Dokumente publiziert sowie Erfahrungen, Meinungen und Wissen ausgetauscht werden können. Die in den EBoKs gespeicherten Informationen umfassen sowohl positive Erfahrungen als auch sogenannte Lessons Learnt, also die möglichst offene Kommunikation von Fehlern und Misserfolgen.

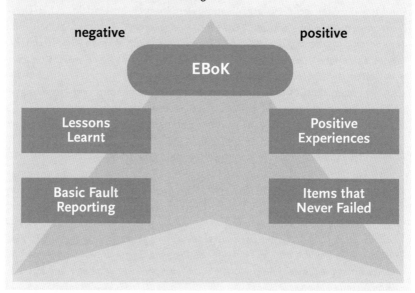

Abbildung 27: Bombardier-Wissensdreieck[118]

118 Quelle: Bombardier

Um die Qualität der in den EBoKs veröffentlichten Informationen zu gewährleisten, wurden unterschiedliche Rollen rund um das EBoK definiert:

- Der EBoK-Koordinator gibt die langfristigen inhaltlichen Ziele vor.
- Der EBoK-Eigner ist verantwortlich für die Aktualität, Richtigkeit und Vollständigkeit der veröffentlichten Informationen.
- Der EBoK-Autor erstellt die Dokumente für das EBoK.
- Hinzu kommen sogenannte Freelance-Autoren, die von Fall zu Fall ebenfalls Dokumente zum EBoK beisteuern.

Neue Dokumente werden vom EBoK-Eigner und dem Koordinator vor ihrer Veröffentlichung qualitätsgesichert. Alle Informationen, die im EBoK gespeichert sind, besitzen außerdem ein Verfallsdatum, an dem das CoC-Team über Verlängerung oder Archivierung der Informationen entscheidet.

Die Mitarbeiter werden zum Engagement in den CoCs ermuntert, zum Beispiel durch eine interne Firmenbroschüre über Ziele, Mandate, Aufgaben und Struktur der CoCs. Durch eingestreute Erfolgsgeschichten wie die folgende wird der Nutzen einer Mitwirkung in den CoCs plastisch vermittelt:

„Zum Beispiel ist das ‚Maintenance Service Centre Washington DC' ausgerüstet mit einem Raddiagnosesystem für die Durchsicht von Amtraks ACELA Hochgeschwindigkeitszügen. Das Raddiagnosesystem ist eine automatisch funktionierende Einrichtung, die die Beschaffenheit der Räder kontrolliert, während der Zug diese Einrichtung bei geringer Geschwindigkeit passiert. Das Erfassen von Laufflächenrissen der Räder ist Teil dieser automatischen Diagnose. Dieses System wurde durch elektromagnetische Interferenz des Zuges gestört. Mit vorhandener Erfahrung aus einem ähnlichen Problem in Deutschland konnten europäische Ingenieure schnelle und effiziente Unterstützung liefern und somit eine langwierige Lernphase verhindern. Es befähigte auch die Wartungsabteilung dazu, schnell zur automatischen Diagnose zurückzukehren, anstatt teure manuelle Raduntersuchungen nutzen zu müssen. (Für weitere Informationen zu diesem Beispiel siehe das CoC ESC EBoK.)"[119]
www.bombardier.com

Eine Art des Wissensraumes, die in den meisten Unternehmen – wissentlich oder unwissentlich – vorhanden ist, sind sogenannte *Communities*. Eine *Community* ist eine informelle Gemeinschaft, die gemeinsames Wissen entwickelt und in der Erfahrungen ausgetauscht werden; dabei entsteht eine eigene Identität. Communities leben den Grundsatz, dass alle Teilnehmer zum Erfolg beitragen, indem sie ihr Wissen einbringen.

Der Begriff tauchte als *Community of Practice* erstmals 1991 auf in dem Buch „Situated Learning: Legitimate Peripheral Participation" von Jean

---

119 Quelle: Bombardier

Lave und Etienne Wenger.[120] Für Lave und Wenger sind *Communities of Practice* neben Strukturen und Modellen Voraussetzung für den Wissenserwerb, da erst hier in der sozialen Interaktion Wissen konstruiert wird: „New knowledge and learning are properly conceived as being located in communities of practice."[121]

brand community Unter **brand community** versteht man Kundenclubs zu bestimmten Produkten oder Marken eines Unternehmens, z.B. die Harley Owners' Group (www.harley-davidson.com/ex/hog/template.asp?fnc=hog&tbmLo cale=enU SAj) oder die zahlreichen Clubs von Fernseh- und Radiosendern. *Brand communities* werden in der Regel von den Unternehmen selbst gegründet und unterhalten, um einen engeren Kontakt zu den Kunden zu pflegen, frühzeitig über Kritik, neue Anforderungen oder Ideen rund um das Produkt informiert zu sein sowie kundenseitig den Aufbau einer emotionalen Beziehung zum Produkt zu fördern. *Brand communities* nutzen in der Regel sowohl die Interaktion über eine nur Mitgliedern zugängliche Internet-Plattform als auch Veranstaltungen und Treffen.

So gesehen, sind wir fast immer und überall Teil von *Communities:* „Being alive as human beings means that we are constantly engaged in the pursuit of enterprises of all kinds, from ensuring our physical survival to seeking the most lofty pleasures. As we define these enterprises and engage in their pursuits together, we interact with each other and with the world and we tune our relations with each other and with the world accordingly. In other words we learn. Over time, this collective learning results in practices that reflect both the pursuit of our enterprises and the attendant social relations. These practices are thus the property of a kind of community created over time by the sustained pursuit of a shared enterprise. It makes sense, therefore to call these kinds of communities *communities of practice*."[122]

Community of Practice, vereint im Interesse an Lösungen Das Lernen bestimmt den Grad an Partizipation innerhalb der *Community:* Als Novizen stehen wir in der Regel noch ganz am Rand der Gemeinschaft; in dem Maße, in dem wir lernen, Wissen und Fähigkeiten erwerben, rücken wir weiter in deren Zentrum vor.

Nicht zu verwechseln ist eine *Community of Practice* mit einer *Business Community*, wie wir sie hauptsächlich aus dem Internet kennen. *Business Communities* sind Geschäftsgemeinschaften im Internet für professionelles Beziehungsmanagement zwischen Kunden, Mitarbeitern und B2B-Partnern. Zur Differenzierung werden unterschiedliche Gruppen unterschiedlich behandelt. Den Unterschied machen Mitgliedschaften.

---

120 Vgl. Lave, Wenger 1991
121 Tennant 1997. S. 77
122 Wenger 1998

Eine *Community of Practice* (CoP) ist auch mehr als eine rein interessen-bezogene Gemeinschaft, eine *Community of Interest*. Die CoP ist aktivi-tätsbezogen, ihre Mitglieder stehen ähnlichen Aufgaben gegenüber und sind vereint im Interesse an Lösungen. Sie agieren weitgehend selbstor-ganisiert miteinander, tauschen sich dabei aus und unterstützen sich gegenseitig, wodurch sowohl individuelle als auch kollektive Lernprozes-se stattfinden. Durch diese sozialen Lernprozesse entsteht ein geteilter Wissens- und Erfahrungsbestand, der zum einen wiederum eine effizien-tere Aufgabenbearbeitung ermöglicht, zum anderen über das Entwickeln verschiedenster „Trägermedien", z. B. Werkzeuge, Dokumente, Routinen, eine gemeinsame Sprache und Symbole bewahrt und transportiert wer-den muss. Das Entwickeln dieser Medien entfaltet wieder Aktivität, Pra-xis innerhalb der Community. Darüber hinaus fördern die intensive Kommunikation und das gemeinsame Interesse die Entstehung eines identitätsstiftenden Beziehungsgeflechts – einer sozialen Identität.

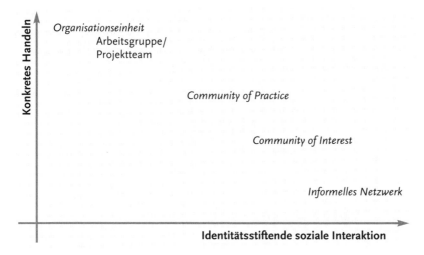

Abbildung 28: Vom informellen Netzwerk zur Organisationseinheit: konkrete Aufgabenerfüllung vs. soziale Interaktion

Nach Wenger bildet sich eine CoP entlang von drei Dimensionen ab:[123]
- *Worum es geht*
  Die Aufgaben und das Interesse an Lösungen; beides wird kontinuier-lich verhandelt
- *Wie sie funktioniert*
  Das gemeinsame Engagement der Mitglieder
- *Was sie produziert*
  Ein geteiltes Repertoire an gemeinsamen Ressourcen (s. o.), welches die Gemeinschaft im Laufe der Zeit erarbeitet hat

---

123 Wenger 1998

Die CoP repräsentiert einen *Interacting Ba* (s.o.), in dem die Mitglieder ihre jeweilige Rolle nicht durch Festlegung (z.B. Vorgabe durch einen Vorgesetzten, ein Organigramm), sondern durch Akzeptanz bzw. Ablehnung erwerben. Lave und Wenger sprechen in diesem Zusammenhang nicht von „Rolle", sondern von „Identität" und von der Aufgabenverteilung, die untereinander ausgehandelt wird. So gibt es in der Regel aktive und weniger aktive Mitglieder, Moderatoren und Experten. Diese Identitäten bzw. Positionen sind keineswegs starr innerhalb des Beziehungsgeflechts der CoP, vielmehr entstehen und wandeln sie sich situativ auf Basis der Kommunikationsprozesse innerhalb der *Community*.

Communities sind Lern- und Wissensräume

Auch die CoP selbst wandelt sich, sie durchläuft einen Lebenszyklus, beginnend mit dem ersten Sichfinden und dem Ausbilden einer Grundstruktur über eine sehr intensive Phase des Wissensaustausches und -aufbaus bis zum langsamen Absterben, weil beispielsweise das gemeinsame Thema an Interesse verliert oder die erstrebten Lösungen entwickelt wurden. Natürlich muss eine CoP daran nicht sterben, in manchen Fällen wird sie auch – mehr oder weniger bewusst – umgewidmet, erfährt also selbst eine inhaltliche Entwicklung und Wandlung bei einem gleichbleibenden Grundstamm von Mitgliedern.

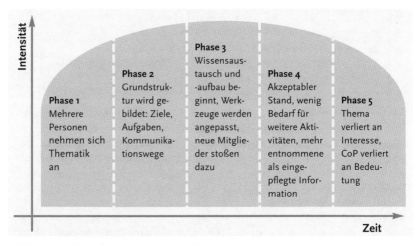

Abbildung 29: Lebenszyklus einer Community of Practice

Innerhalb einer Organisation übernimmt eine CoP als Lern- und Wissensraum, d.h. als dritte Dimension der Hypertextorganisation, bestimmte Funktionen:
- CoPs helfen bei der Überwindung der Begrenztheit starrer linear-hierarchischer Strukturen im Hinblick auf Anpassungsfähigkeit, Wandel und Dynamik.
- CoPs helfen bei der Lösung unstrukturierter oder wenig strukturierter Probleme, da sie einen nicht an Strukturen gebundenen Wissens- und Erfahrungsaustausch ermöglichen.

- CoPs schaffen den Raum für die Schaffung neuen Wissens in der Organisation.
- CoPs ermöglichen individuelles und kollektives Lernen.
- CoPs bewahren das organisationale Gedächtnis.

CoPs spielen auf allen Ebenen des Lernens einer intelligenten Organisation, dem individuellen, dem kollektiven und dem organisationalen Lernen, eine entscheidende Rolle, sie schaffen den Rahmen, in dem Lernen erst möglich ist und Wissen sich entfalten kann.

Eine CoP lässt sich wie folgt von anderen Einheiten innerhalb der Organisation abgrenzen:

	Geschäfts-system-schicht	Projektteam-schicht	Wissensraum/Wissenbasis	
	Funktionale Einheit	Projektteam	Informelles Netzwerk	Community of Practice
Zweck	Erzeugt Leistung, Produkt, Ertrag	Erfüllt spezifische Aufgabe	Verteilt Meinungen, Wissen, Erfahrungen, teilt Erlebnisse	Entwickelt Möglichkeiten
Grenze	Funktion, Produkt, Markt	Übertragene Aufgabe	Reichweite der persönlichen Beziehungen	Wissens-, Interessen-gebiet
Beziehung	Berichts-struktur	Aufgabentei-lung im Projekt	Zwischen-menschlich	Identifizie-rung
Lebenszeit	Dauerhaft	Zeitlich begrenzt durch Aufgabe	Variabel	Variabel

Damit eine CoP ihren Nutzen für eine Organisation entfalten kann, braucht sie deren Unterstützung. Dies beginnt mit sehr konkreten Dingen wie Raum, Zeit, gegebenenfalls einem Budget und notwendiger Infrastruktur, z. B. in Form von IT-Plattformen o. Ä. In einem weniger konkreten Sinne ist daneben eine moralische Unterstützung förderlich, d. h. die klar kommunizierte Anerkennung der CoPs und deren Mitwirken innerhalb der Organisation. Die Mitglieder sollen nicht das Gefühl haben, in einer klandestinen Vereinigung als Teil einer inoffiziellen Subkultur zu agieren, sondern mit ihrem Engagement in einer CoP auch einen Teil ihrer Arbeit zu tun. So kann es helfen, für die Organisation zu definieren, was unter einer Community verstanden wird. ThyssenKrupp hat dies getan und die *ThyssenKrupp Community* wie folgt charakterisiert: „Eine *ThyssenKrupp Community* ist eine Personengruppe, die auf Basis eines gemeinsamen Interesses an einem geschäftsrelevanten Themengebiet über die Grenzen von Organisationseinheiten und Standorten hinweg Wissen austauscht und entwickelt sowie sich gegenseitig unterstützt. Durch die zeitlich nicht begrenzte Zusammenarbeit, die virtuellen und Face-to-face-Charakter haben kann, verfolgen die Beteiligten sowohl geschäftliche als auch individuelle Ziele."[124]

Es kann weiterhin helfen, wenn Vertreter des Topmanagements sich selbst in CoPs einbringen oder zumindest als deren Paten firmieren oder durch das Setzen von Themen die Herausbildung neuer CoPs initiieren.

Die Bildung von Communities anregen: Kompetenznetzwerke bei ThyssenKrupp

Der Arbeitskreis Zentrale Technik der ThyssenKrupp AG startete im Jahr 2004 eine Initiative zum Thema Werkstoffe. Aufgaben dieser Initiative sind, dieses für ThyssenKrupp wichtige Thema systematischer abzubilden und zu bearbeiten, die Bedeutung dieses Themenkomplexes zu betonen sowie die Bildung dezentraler Wissens- und Arbeitsgemeinschaften rund um dieses Thema intensiver zu fördern. Nach einer ersten Evaluierungsphase und Bestandsaufnahme entschloss man sich, für das aufzubauende „Kompetenznetzwerk Werkstoffe" die konzernweite Community-Plattform ThyssenKrupp ComWorld zu nutzen. Im übergreifenden *Community Shop* des Kompetenznetzwerkes ist die Zielsetzung wie folgt formuliert: „Das ‚Kompetenznetzwerk Werkstoffe' hat den Zweck, die hohe segmentübergreifend vorhandene Multi-Werkstoffkompetenz effektiver und intensiver für den ThyssenKrupp-Konzern nutzbar zu machen. Mit dem Kompetenznetzwerk Werkstoffe wird jedem Konzernmitarbeiter weltweit die Möglichkeit gegeben, zu den erfassten Kompetenzen der Konzernunternehmen im Bereich Werkstoffe auf möglichst schnelle Weise kompetente Ansprechpartner zu finden. Berücksichtigt werden große Teile der Wertschöpfungskette, von der Entwicklung über die Herstellung, Verarbeitung bis hin zur Anwendung."

Zuständig für das Kompetenznetzwerk Werkstoffe ist der Zentralbereich *Technology and Energy*; bei der Strukturierung und Aktualisierung der Inhalte sowie bei der Kommunikation des Kompetenznetzwerkes in den Konzern wird er unterstützt von einer aus Vertretern aller Segmente gebildeten Arbeitsgruppe, dem Kernteam des Kompetenznetzwerkes.

Ein Kompetenznetzwerk besteht in der ComWorld aus einem Oberthema, z. B. dem Thema „Kompetenznetzwerk Werkstoffe", sowie zahlreichen Unterthemen. Sowohl das Oberthema als auch die Unterthemen können in *Community Shops* dargestellt und entwickelt werden. Der Community Shop zum Oberthema wird vom Kernteam des Kompetenznetzwerkes betrieben und gibt Auskunft über Inhalte und Ziele des Netzwerkes.

Die dem Kompetenznetzwerk zugeordneten Themen und Community Shops werden durch ein auffälliges „Sponsored by" als zum Kompetenznetzwerk zugehörig

---

124 Quelle: ThyssenKrupp AG

kenntlich gemacht. Das Label dient damit der schnellen Identifizierung ausgezeichneter Inhalte und Kompetenzträger sowie als Qualitätssiegel.

Zum Start des Netzwerkes „Werkstoffe" wurden konzernweit die damit verknüpften Themen abgefragt; 1.500 Themen wurden gemeldet und in das Themennetz der ThyssenKrupp ComWorld eingepflegt. In einem zweiten Schritt wurden die mit dem Thema Werkstoff befassten Kollegen mit einer personalisierten E-Mail angeschrieben und aufgefordert, sich ganz einfach mittels Klick ihrem jeweiligen Unterthema bzw. ihren Unterthemen in der ComWorld zuzuordnen. Damit verfolgen die Kompetenznetzwerke in der ThyssenKrupp ComWorld bei ihrer Entstehung einen sogenannten Top-down-Ansatz, wodurch ein Thema bzw. ein Themenkomplex gezielt innerhalb der ThyssenKrupp Community nach vorne getragen werden kann. Voraussetzung: Das Thema ist von übergeordneter Bedeutung für den Konzern, und es finden sich Treiber, die das Netzwerk als Kernteam betreuen.

Wenn neue Mitarbeiter im Rahmen von Einarbeitungs- oder Trainee-Programmen „durch die Abteilungen" geschickt werden, dann hilft das zwar dabei, die Organisation als Ganzes in ihren offiziellen (hierarchischen) Strukturen kennenzulernen, viel wichtiger ist jedoch die Annäherung an die verschiedenen Netzwerke und *Communities*, die in vielen Fällen eine nur halb-offizielle, nicht anerkannte Subkultur der Organisation, eine Art Schattenorganisation, bilden, die jedoch für ein späteres erfolgreiches und effektives Arbeiten in der Organisation von entscheidender Bedeutung ist. Hier kann ein Mentor helfen, der in der Regel neben einer fachlichen Einführung gerade diese soziale Einführung in die Beziehungsgeflechte der Organisation zur Aufgabe hat. Nichtsdestotrotz bleiben bei dieser Art der nur persönlichen Einführung, also einer impliziten Wissensvermittlung zwischen Einzelpersonen, die *Communities* weiterhin im Verborgenen, und in der Folge kann ihr Potenzial nicht optimal für die Organisation und deren Ziele genutzt werden.

Mentor ist in der antiken Mythologie ein Freund des Helden Odysseus. Als dieser in den Krieg gegen Troja zieht, bittet er Mentor, seinen Sohn Telemachos zu beschützen und dessen Erziehung zu begleiten. Dazu gehört an erster Stelle, den jungen Prinzen in die politische und höfische Gesellschaft einzuführen.
Ein Mentor vermittelt einem neuen Mitglied einer Organisation weniger Fachwissen als das Wissen um Netzwerke, Communities sowie die wichtigen sozialen und politischen Beziehungen in einer Organisation.

Definition Mentor

Wie können nun diese informellen Strukturen und Beziehungsgeflechte sichtbar gemacht werden, um sie dann zu fördern, zu fordern und behutsam zu steuern? Durch die Analyse sozialer Netzwerke (ASN[125]) und an-

Analyse sozialer Netzwerke

---

125 Auch SNA für Social Network Analysis oder ONA für Organizational Network Analysis

derer Beziehungs- und Kommunikationsstrukturen kann versucht werden, *Communities* automatisch oder teilautomatisch zu ermitteln. Die Analyse sozialer Netzwerke[126] wurde 1993 als Verfahren beschrieben von David Krackhardt und Jeffrey Hansen.[127] Das Vorgehen ist wie folgt:

Zuerst wird ein Kreis von zu betrachtenden Personen oder Teams festgelegt. Überschreitet dieser Kreis ca. 300 Personen nicht, bieten die entsprechenden Software-Programme noch rezipierbare grafische Auflösungen der statistischen Ergebnisse (s. u.).

Im nächsten Schritt erhalten diese Personen einen kurzen Fragebogen.[128] Entscheidend dabei ist eine sehr hohe Rücklaufquote von mindestens 95%, um zu validen Aussagen zu kommen. Fragen können sein:

- Mit wem tauschen Sie Informationen, Dokumente usw. aus, um Ihre Arbeit zu erledigen?
- Mit wem diskutieren Sie darüber, was sich im Unternehmen so tut?
- Wessen Meinung holen Sie ein, bevor Sie wichtige Entscheidungen treffen?
- Mit wem diskutieren Sie neue Ideen?
- Mit wem diskutieren Sie Kundenanforderungen, Feedback usw.?

Die Befragten geben nun an, mit welcher Häufigkeit sie mit den einzelnen Kollegen aus der untersuchten Gruppe zu den oben genannten Fragen interagieren, z. B.:
1. jährlich
2. vierteljährlich
3. monatlich
4. wöchentlich
5. täglich

Die Ergebnisse der Befragung werden dann statistisch ausgewertet.[129] Dabei können Filter gesetzt werden; so können beispielsweise nur bestätigte Kommunikationsbeziehungen angezeigt werden, wo also beide Partner diese Beziehung angegeben haben, oder nur die unbestätigten.

---

126 Einige japanische Wissenschaftler bezweifeln den sinnvollen Einsatz von ASN in japanischen Unternehmen aufgrund der dort herrschenden sehr engen Verflochtenheit innerhalb der Organisation und deren Bas. Vgl. Yamazaki, Hideo. In: Global Knowledge Review. Mai 2005. S. 4 f.

127 Vgl. Krackhardt, Hansen 1993

128 Es ist stattdessen auch denkbar, mittels Data Mining E-Mails u. Ä. automatisch auswerten zu lassen, um einer möglichen Manipulation der Fragebogen vorzubeugen. Vor allem in deutschen Unternehmen ist ein solches Vorgehen jedoch in der Regel schwer durchsetzbar (Betriebsrat, Datenschutz).

129 Beispiel für eine entsprechende Software www.orgnet.com

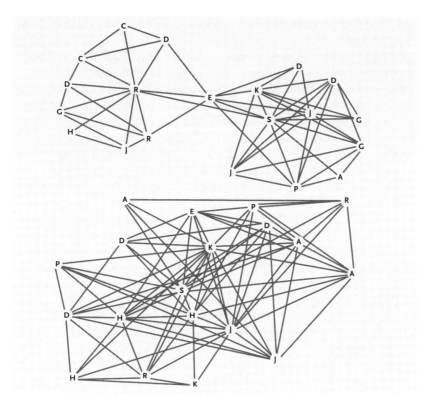

Abbildung 30: Ergebnisse zweier aufeinanderfolgender ASN[130]

Das Ergebnis einer ASN ist das „Soziogramm der wahren Organisation"[131], eine Kommunikationslandkarte des Unternehmens als Grundlage
für weitere Interpretationen. So zeigt sich vor allem in einer grafischen
Darstellung der Ergebnisse recht schnell, wo Bereiche beispielsweise in
Untergruppen zersplittert sind, welche Personen die zentralen Wissensträger sind oder wer am Wissensfluss kaum teilhat. Die oben stehende
Abbildung einer in einer Gruppe der IBM Business Consulting Services
durchgeführten ASN zeigt deutlich, dass die Gruppe in zwei Untergruppen zerfallen war, die lediglich noch über einen Mitarbeiter in Kontakt
standen. Die zweite nach neun Monaten durchgeführte Analyse belegte,
dass die in der Zwischenzeit umgesetzten Maßnahmen, z. B. die Beset-
zung von Projekten generell aus beiden Gruppen oder die Einführung
neuer Kommunikationsformen wie einer wöchentlichen Telefonkonfe-
renz, erfolgreich waren, die beiden Gruppen sind nun enger miteinander
vernetzt, Kommunikation verläuft direkt und nicht mehr nur durch einen
Falschenhals.[132]

---

130 Schütt 6/2003. S. 54
131 Schütt ebda.
132 Vgl. Schütt ebda.

Wie Sie den Wissensaustausch in Communities of Practice in Ihrer Organisation fördern

- Finden Sie heraus, welche inoffiziellen Communities es bereits in der Organisation gibt, und unterstützen Sie zunächst diese.
- Entwickeln Sie das Gerüst CoP dynamisch entsprechend den aktuellen Anforderungen: Was sind Themen, zu denen ein Austausch in unserer Organisation (oder über deren Grenzen hinaus) nutzenstiftend wirken könnte? Fokussieren Sie auf organisationsrelevante Themen.
- Unterstützen Sie außerdem das Entstehen selbstorganisierter Communities zu organisationsrelevanten Themen.
- Ernennen Sie einen oder mehrere Koordinatoren, die sich verantwortlich um die Pflege der Community kümmern.
- Vertrauen Sie den Mitgliedern. Versuchen Sie so wenig wie möglich, die Arbeit in der Community kontrollieren zu wollen, machen Sie aber in der Organisation transparent, zu welchen Themen es Communities gibt und wer Mitglied ist.
- Anerkennen Sie das Engagement in einer Community als Teil der (Wissens-)Arbeit.
- Ermöglichen Sie unterschiedlich intensive Partizipation.
- Stellen Sie eine benutzerfreundliche Infrastruktur (real oder virtuell) zur Verfügung.
- Stellen Sie sicher, dass Arbeitsergebniss der Community in die organisationale Wissensbasis einfließen können.
- Akzeptieren Sie, wenn eine Community das Ende ihrer Lebensspanne erreicht hat.
- Beantworten Sie die Frage nach dem Nutzen einer Community sowohl für die Organisation als auch für das einzelne Mitglied.

3.6 Durchlässige Grenzen: externe Netzwerke als erweiterter Wissensraum

Eine intelligente, organische Organisation zeichnet sich aus durch ein waches Misstrauen gegenüber Veränderungen in der Umwelt, durch eine permanente Kommunikation mit eben dieser Umwelt, um Stimuli rechtzeitig wahrnehmen und in notwendige Anpassungen übersetzen zu können. Sie haben autopoietische Eigenschaften, d.h., sie können sich kontinuierlich selbst erzeugen durch eine selbst gesteuerte Neuordnung ihrer Elemente.

Für diesen zugleich destruktiven wie konstruktiven Dialog mit der Umwelt – oder nach Schumpeters Konzept der kreativen Zerstörung: „They will create something new and destroy the old thing"[133] – benötigt die

---

133 Schumpeter 1997. S. 409

Organisation einen sie selbst transzendierenden Wissensraum – oder einfacher ausgedrückt, sie benötigt externe Netzwerke. Ein Missverhältnis zwischen Informationsrichtung und erweiterten Informationsbedürfnissen von Organisationen erkennt Peter Drucker, wenn er feststellt: „Zusammengenommen machen etwa 90% oder mehr der Daten, die ein beliebiges Unternehmen sammelt, Informationen über die innere Welt der Organisation aus. Zunehmend werden gewinnbringende Strategien jedoch Informationen über Ereignisse und Bedingungen *außerhalb* der Institution erfordern."[134]

Externe Netzwerke können auf Ebene der Individuen geknüpft werden, also indem Mitglieder der Organisation einen kontinuierlichen Austausch mit Mitgliedern anderer Organisationen unterhalten. Solche Netzwerke bestehen in den meisten Unternehmen, in seltensten Fällen werden diese Beziehungen jedoch seitens der Organisation bewusst gefördert und in ihrem Potenzial effektiv genutzt. Oft sind es im Gegenteil, ähnlich wie bei den organisationsinternen Netzwerken, inoffizielle, geduldete bis heimliche Kontakte.

Ein informelles Netzwerk: der virtuelle Business Club OpenBC

Ein Beispiel für ein organisationsexternes Netzwerk auf Ebene des Individuums ist der virtuelle Business Club OpenBC.

Die Grundidee hinter OpenBC ist die altbekannte Theorie, dass jeder Mensch auf dieser Welt über maximal „sechs Ecken" jeden anderen auf dieser Welt kennt. OpenBC macht die Kontakte der Kontakte sichtbar und erlaubt es den Nutzern, diese dem eigenen Kontaktnetzwerk hinzuzufügen. OpenBC befriedigt damit eine Nachfrage – in erster Linie von Wissensarbeitern –, im wirtschaftlichen und beruflichen Kontext auch über die Grenzen der eigenen Organisation im Gespräch zu bleiben, und zwar einerseits mit Blick auf einen Erfahrungsaustausch, welcher der jetzigen Tätigkeit zugutekommt, andererseits mit Blick auf mögliche berufliche Veränderung.

Mitglieder in OpenBC verfolgen beispielsweise die folgenden Ziele:
- Suche nach neuen Geschäftspartnern
- Anbahnung neuer Geschäftskontakte
- Erschließen zusätzlicher Absatzmärkte
- Finden von Kooperationsmöglichkeiten
- Aufbau und Pflege von bestehenden Geschäftsbeziehungen

Um dies zu erreichen, können die Mitglieder nach anderen Mitgliedern in OpenBC suchen, z. B. nach einem Namen, nach einem Ort, nach einer Branche, nach Organisationen, Interessen, Kenntnissen usw. All diese Informationen hin-

---

134 Drucker 2000. S. 10

terlegt und pflegt jedes Mitglied in seinem Profil. Außerdem können Mitglieder suchen nach Mitgliedern, die sich das eigene Profil angeschaut haben, die auf die eigene Homepage geklickt haben, nach Exkollegen aus früheren Organisationen, nach ehemaligen Studienkontakten usw.

Möchte ein Mitglied mit einem anderen Mitglied Kontakt aufnehmen, wird eine Anfrage an das gewünschte Mitglied gestellt. Dieses entscheidet nun darüber, ob ein Kontakt überhaupt gewünscht wird, und über den Grad der Öffentlichkeit des eigenen Profils für diesen neuen Kontakt. Darf er z. B. auch den Geburtstag sehen oder die privaten Kontaktdaten?

Über die reine Kontaktaufnahme und -pflege hinaus bietet OpenBC seinen Mitgliedern die Möglichkeit, sich in ca. 1.500[135] Gruppen zu den unterschiedlichsten Themen auszutauschen, über die Plattform E-Mails an Mitglieder zu verschicken oder Veranstaltungen zu planen und zu organisieren. Letzteres ist vor allem interessant für zahlreiche lokale OpenBC-Gruppen, die sich ausgehend von der virtuellen Plattform nun auch regelmäßig persönlich treffen, z. B. alle interessierten OpenBC-Mitglieder aus einer Stadt oder Region.

Die Idee der Beziehungspflege ist nicht neu, auch nicht die Idee von Business Clubs, relativ neu ist die Virtualität und damit die Möglichkeit einer bundes- oder gar weltweiten Vernetzung. OpenBC stellt die dafür notwendige technische Infrastruktur zur Verfügung. Die Mitgliedschaft ist kostenlos oder kostenpflichtig, je nachdem welcher Funktionsumfang der Plattform in Anspruch genommen werden soll.

Mit seinem Angebot trifft OpenBC anscheinend eine wachsende Nachfrage, wie die Zahl von über 1 Million Mitglieder[136] weltweit zeigt. Die Mehrzahl der Mitglieder in solchen virtuellen Kontaktnetzwerken sind Wissensarbeiter, die für und in ihrer Arbeit die Grenzen der eigenen Organisation auf diese Weise regelmäßig überschreiten und durchlässig werden lassen.

(www.openbc.com; ein weiteres Beispiel für eine webbasierte Kontaktplattform ist www.LinkedIn.com mit mehr als 4,8 Millionen Nutzern weltweit)

Externe Netzwerke können punktuell in der Organisation bestehen, z. B. in Form von temporären Kollaborationen im Rahmen definierter Gemeinschaftsprojekte (Joint Ventures), durch das Outsourcing von Leistungen zu Partnerfirmen oder zu definierten Interessengebieten, z. B. innerhalb der Forschungs- und Entwicklungsabteilung eines Unternehmens, wo zu bestimmten Themenfeldern ein regelmäßiger Austausch beispielsweise zu Forschungsinstituten, Ausbildungsstätten o. Ä. stattfindet.

---

135 Stand Januar 2006
136 Stand 31. Januar 2006

Und schließlich können Organisationen als solche Teil eines externen Netzwerkes sein. Diese Netzwerke unterscheiden sich nun deutlich von den traditionellen Strukturen von Mutter- und Tochterunternehmen. Sie beruhen weniger auf Abhängigkeit und Kontrolle als vielmehr auf einem partnerschaftlichen Verhältnis gleichberechtigter Mitglieder. Ziele dieser Netzwerke sind:

- Erweiterung des jeweils eigenen Informations- und Erfahrungshorizontes
- Vergrößerung des gemeinsamen Lern- und Wissensraumes
- Sinnvolle Nutzung von Synergien
- Spontane Steigerung eigener Kompetenzen oder Kapazitäten
- Höhere Durchschlagskraft am Markt durch eine virtuelle Vergrößerung und damit gesteigerte Wahrnehmung
- Gegebenenfalls Benchmarking

Stark durch Kooperation: das Schreinernetzwerk Koncraft

Das Schreinernetzwerk Koncraft wurde 1999 von fünf Schreinereien in Baden-Württemberg, Brackenheim, Freiburg, Furtwangen, Heidelberg und Reutlingen, gegründet.

Die Handwerksbetriebe haben sich als gleichberechtigte Partner zusammengeschlossen, um durch eine intelligente Arbeitsteilung Projekte zu bewältigen, welche die Arbeitsleistung der einzelnen Betriebe überfordert hätte, sowie um Erfahrungen und Kompetenzen über das eigene kleine Unternehmen hinaus auszutauschen. Aus diesem Wissens- und Ideenaustausch entstanden sowohl neue, innovative Möbel als auch veränderte, effiziente Arbeitsprozesse. Der Nutzen für den Kunden liegt darin, dass auch bei Beauftragung nur eines Unternehmens aus dem Netzwerk der Kunde immer auf die Kompetenzen und Erfahrungen von fünf Betrieben zurückgreift.

Kernstück des virtuellen Unternehmens Koncraft ist die zentrale Datenbank mit allen Planungsunterlagen, Entwürfen und Bauteilen. Über das Internet können die Schreiner von überall und zu jeder Zeit auf diese Informationen zugreifen. Damit ein effizienter Daten- und Informationsaustausch über diese Plattform überhaupt möglich ist, mussten gemeinsame Standards geschaffen werden. Im Sommer 1999 wurden die Konstruktionskriterien und die Produktionsverfahren abgestimmt; ein Jahr später wurden dann die Planungs- und Konstruktionswerkzeuge, also die in den Betrieben eingesetzte Hard- und Software, angeglichen. Heute verfügt Koncraft über eine umfangreiche Bibliothek mit Zeichnungen, Stücklisten und CNC-Programmen.

Wieso können Betriebe, die eigentlich als Mitbewerber auf einem bereits hart umkämpften Markt auftreten, als Kooperation erfolgreich sein? Eine wichtige Voraussetzung für das Gelingen eines solchen externen Netzwerkes ist sicherlich die anerkannte Erkenntnis des „Gemeinsam stärker". Darüber hinaus spielt jedoch

Erfolgsfaktoren externer Netzwerke

auch eine feine Balance von Nähe und Distanz eine wichtige Rolle: Die fünf Kon-craft-Betriebe sind weit genug voneinander entfernt, um in einem nach wie vor stark lokalen Markt nicht in allzu unmittelbarer Konkurrenz zueinander zu ste-hen. Gleichzeitig sind sie nahe genug, um den rein virtuellen Austausch, wann immer nötig, durch einen persönlichen Austausch bzw. die konkrete tätige Zu-sammenarbeit in Projekten zu ergänzen.

(www.koncraft.de)

Die Einbindung in solche externen Netzwerke und deren erfolgreiche Nutzung beruht auf einigen wichtigen Voraussetzungen:

- Vertrauen und Offenheit in den Beziehungen beruhend auf einer kla-ren Win-win-Situation für alle Beteiligten
- Eine Basis für den Informations- und Erfahrungsaustausch, z. B. in virtueller Form als gemeinsame IT-Plattform oder in realer Form als regelmäßige Treffen o. Ä.
- Das Einhalten gemeinsamer Regeln
- Klar definiertes Selbstverständnis des gesamten Netzwerkes ebenso wie jedes einzelnen seiner Mitglieder sowohl in Bezug auf die eigene Organisation als auch in Bezug auf die Organisation des Netzwerkes

Organisationen oder auch Individuen engagieren sich nicht aus Altruis-mus in einem Netzwerk, sondern weil den Aufwänden dieses Engage-ments ein klarer Nutzen gegenübersteht. Dieser muss nun nicht immer monetärer Natur sein, ein Nutzen kann auch Wissenserwerb, Erfah-rungsaustausch unter Gleichberechtigten oder ein emotionaler Mehrwert sein (Letzteres kommt dann sicherlich einem altruistisch motivierten En-gagement am nächsten). Wichtig für das Funktionieren eines Netzwerkes ist, dass diese Partikularinteressen als solche anerkannt und nicht etwa verleugnet werden. Ein lebendiges Netzwerk definiert sich permanent in einem dynamischen und kritischen Abgleich zwischen Interessen und Nutzenempfinden des Einzelnen und der Gesamtorganisation des Netz-werkes. Im Laufe dieses dialogischen Prozesses verändert sich das Netz-werk – wo und wenn notwendig – in Ausrichtung und Struktur. Oder es hört auf zu existieren, wenn ein Nutzen für die Mitglieder nicht mehr ge-geben oder auch einfach nicht mehr erkennbar ist.

Der Unternehmensverbund als vergrößerter Wissensraum: bad & heizung concept AG

Die bad & heizung concept AG in Berlin ist ein bundesweiter Zusammenschluss von 36[137] Handwerksunternehmen aus der Sanitär- und Heizungsbranche. Ge-gründet wurde sie im September 2000 von 29 Gründungsaktionären. Die AG stellt ihren Mitgliedern einheitliche Gestaltungsrichtlinien sowie Marketingin-strumente zur Verfügung, berät in betriebswirtschaftlichen Fragen, führt Qualifi-

---

137 Stand Januar 2006

zierungsmaßnahmen durch und vieles mehr. Voraussetzung für die Mitgliedschaft ist der Erwerb von Aktien der bad & heizung concept sowie eine eigene Badausstellung.

Die bad & heizung concept AG versteht sich als Wissensnetzwerk, dessen Kapital im Know-how seiner freien Partnerbetriebe liegt. Ziel der Kooperation ist es, für die Partnerbetriebe Wettbewerbsvorteile am Markt zu schaffen. Grundvoraussetzung dafür ist, dass das Wissen der Partnerbetriebe offen auf allen Ebenen in den Betrieben ausgetauscht und zum Nutzen aller eingesetzt wird, um voneinander zu lernen, sich sowohl als Netzwerk als auch als Einzelbetrieb weiterzuentwickeln und schließlich Synergien sinnvoll nutzen zu können.

Eine wichtige Aufgabe der AG ist die Unterstützung und Optimierung des Wissensaustausches zwischen den Partnern. Für diesen Zweck stellt die AG zwei Werkzeuge zur Verfügung:
- ein Extranet
- regelmäßig Fach-Workshops

Wichtige Bestandteile des Extranets sind eine Datenbank und ein Kommunikationsforum. Darüber hinaus werden im Extranet die Workshops dokumentiert. Dadurch können alle Aktionäre und Mitarbeiter auf die Ergebnisse der verschiedenen Workshops zugreifen – unabhängig davon, ob sie teilgenommen haben oder nicht.

Mindestens viermal jährlich finden Workshops zu fachlichen oder auch betriebswirtschaftlichen Themen statt. Außerdem stehen in der Regel auch Führungsthemen wie Strategie, Struktur und Philosophie des Unternehmens zur Diskussion. Teilweise sind diese Workshops für die Führungskräfte der Partnerbetriebe konzipiert, teilweise für die Mitarbeiter. Dadurch wird neben einer kontinuierlichen fachlichen Qualifizierung nicht nur der persönliche Kontakt der Führungskräfte, sondern auch ein direkter Kontakt der Mitarbeiter untereinander gefördert.

Moderiert werden die Workshops vom Geschäftsführer der AG, der dadurch über die Diskussionen und Ergebnisse jedes Workshops im Bilde ist. Diese Ergebnisse werden auf den halbjährlichen Mitgliederversammlungen präsentiert, wo dann auch Kritik, Bedürfnisse und Erwartungen der Partner zurückgespiegelt und in die folgenden Planungen einbezogen werden.

Die Teilnahme an mindestens einem solchen Workshop mit vier Terminen pro Jahr ist für jeden Aktionär verpflichtend.

Die bad & heizung concept AG versteht sich als Zusammenschluss von freien Unternehmern, die in der AG gleiche Rechte und Pflichten haben. Die Netzwerkregeln werden von allen Partnerbetrieben konsequent beachtet. Die Verpflichtung zum Engagement innerhalb des Netzwerkes wird über den Besitz von Aktien betont, Voraussetzung für eine Mitgliedschaft. Hinzu kommt, dass alle Partner

Durch das Engagement in externen Netzwerken findet eine Entgrenzung
der eigenen Organisation statt, je nach Ebene und Intensität des Engage-
ments in unterschiedlichem Maße. Das denkbare Extrem einer vollkom-
menen Offenheit würde zu chaosähnlichen Zuständen und einem Identi-
tätsverlust der Organisation führen; gewissermaßen zur Transformation
der Organisation in eine Nichtorganisation. Doch wenn ich Identität nicht
länger im Sinne von Einheit und Geschlossenheit über klar definierte und
stabile Außengrenzen, damit in Abgrenzung zu anderen definieren kann,
weil genau diese Außengrenzen durchlässig geworden sind, wie gelingt es
mir dann, diese Identität zu bewahren?

[*Identität* vom lateinischen ***identitas***, *Wesenseinheit, bezeichnet die
Einzigartigkeit eines Lebewesens.*]

Die Identität einer nach außen offenen, sich wandelnden organischen Organisation ist verborgen in ihrer Tiefenstruktur, in ihrer Kultur, ihren Werten und Mythen, ihren Heuristiken und Routinen sowie in ihrer Vision
und ihren Zielen. Daraus erwachsen für das Management einer solchen
Organisation neue Herausforderungen. Zeit, uns endlich der Frage nach
einer neuen Form des Managements in intelligenten Organisationen zu-
zuwenden.

Netzwerkintelligenz   Einzelintelligenz oder **Netzwerkintelligenz:** Wie reagieren Menschen auf Komplexität und Dynamik?

Gemeinsam mit der Zeppelin University Friedrichshafen und der Unternehmensberatung Nextpractice ist die Zeitschrift brandeins Ende 2005 der Frage nach der
neuen Elite und deren Werten nachgegangen.[138]

---

138 Vgl. www.brandeins.de

Dabei wurde auch untersucht, wie Menschen auf zunehmende Dynamik und Komplexität reagieren. Das Ergebnis zeigt zwei Alternativen auf: Zunächst hat der Mensch sich auf seine Einzelintelligenz verlassen. Angesichts zunehmender Komplexität hat er dann gelernt, sich mittels sozialer Absicherung auf die Intelligenz der Gruppe zu verlassen. Dieses Modell, das auch unserem Sozialstaat zugrunde liegt, funktioniert jedoch – unter anderem aufgrund knapper werdender Ressourcen – immer weniger gut. Ein möglicher Ausweg führt nun zurück zur Einzelintelligenz, also zur Individualisierung. Ein zweiter Weg führt weiter zu einer Netzwerkintelligenz als einer Verbindung von Individualität und Solidarität.

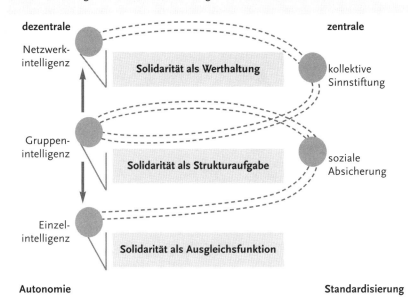

Abbildung 31: Von der Einzelintelligenz zur Netzwerkintelligenz?[139]

Stoff zum Nachdenken und Anregungen zum Handeln

1. Wo platzieren Sie spontan Ihre Organisation auf einem Graf zwischen „mechanisch" und „organisch"? Und warum?
   Anmerkung: Sie müssen nicht die gesamte Organisation in den Blick nehmen, denn diese kann in einzelnen Teilbereichen mechanisch (z. B. Fertigung), in anderen durchaus ansatzweise organisch (z. B. Forschung und Entwicklung) sein. Betrachten Sie dann ruhig einzelne Teilbereiche.
2. Diskutieren Sie mit Kollegen über Heuristiken, implizite Routinen und Meinungsbilder in Ihrer Organisation. Wie stark bestimmen diese die Wahrnehmung, Interpretation und Sinnbildung?
3. Wie bewerten Sie die Rahmenbedingungen in Ihrer Organisation für Ihr eigenes individuelles Lernen sowie das soziale Lernen? Wo und wie wird dies ermöglicht und unterstützt oder behindert?

---

139 Grafik nach brand eins, Heft 02, 2006. S. 62

4. Platzieren Sie Ihre Organisation auf einem Graf von Single-Loop über Double-Loop zu Deutero Learning.
5. Übertragen Sie die Kennzeichen einer intelligenten Organisation (S. 67) auf Ihre Organisation. Wie viele der Punkte treffen zu? Würden Sie Ihre Organisation als intelligente Organisation bezeichnen? Wo liegen ggf. Schwächen?
6. Gibt es in Ihrer Organisation eine 3. Dimension, eine Wissensbasisschicht, beispielsweise in Form von Netzwerken und Communities, die themenbezogenes Kommunizieren ermöglicht?
7. Versuchen Sie, gemeinsam mit Kollegen, bestehende Communities zu organisationsrelevanten Themen zu identifizieren! Wie können Sie diese fördern? Und zu welchen organisationsrelevanten Themen gibt es noch keine Communities?
8. Welche Beziehungen pflegt Ihre Organisation zu externen Partnern und Wissensträgern? Welchen Stellenwert hat deren Wissen für Ihre Organisation? Wie wird es eingebunden?

4 Herausforderung intelligentes Management

„Hire smart people and leave them alone."

Thomas H. Davenport

Abstract

Das Management, wie wir es heute kennen, ist tayloristisch geprägt, d.h., es geht um Planung, Steuerung und Kontrolle der Arbeit anderer. Handelt es sich bei dieser Arbeit um Wissensarbeit in einer intelligenten, d.h. komplexen Organisation, stoßen Planung, Steuerung und Kontrolle jedoch an Grenzen. Gefragt ist ein gärtnerisches Management, welches die Rahmenbedingungen förderlich gestaltet und dadurch die Produktivität von Wissensarbeit indirekt beeinflusst.

Zur Gestaltung dieser Rahmenbedingungen durch den gärtnerischen Manager gehören:
- für ausreichend Sonne zu sorgen, d.h., sinnstiftend zu wirken und Ziele zu setzen
- den richtigen Standort vorzubereiten, d.h., förderliche konkrete Rahmenbedingungen im Hinblick auf Architektur, Organisation, Technologie und Personal zu schaffen
- ausreichend zu gießen, d.h., Kompetenzen und Fähigkeiten zu erkennen und zielgerichtet zu entwickeln bzw. deren Entwicklung zu fordern und zu fördern
- wo nötig zu düngen, d.h., zu motivieren
- den Boden zu bereiten, d.h. eine wissensförderliche Organisationskultur zu gestalten

Dieser gärtnerische Ansatz, bei dem der Wissensarbeiter als Mensch und das Vertrauen zu diesem Menschen im Mittelpunkt stehen, mutet dem Manager einiges zu, nämlich das Ertragen von Kontrollverlust einhergehend mit dem Sicheinlassen auf erhöhte Ambiguität und Unsicherheit bei Entscheidungen sowie auf eine Positionierung mit Unschärfe.

Klassische Managementwerkzeuge verlieren zu einem großen Teil ihren Nutzen. Neue Werkzeuge, welche den Manager bei seiner primären Aufgabe der Produktivitätssteigerung von Wissensarbeit in einer intelligenten Organisation unterstützen können, sind beispielsweise das Cynefin-Modell als sinnstiftendes Interpretations- und Mustererkennungsinstrument in komplexen Kontexten und die Wissensbilanz als Steuerungsinstrument mit dem Fokus auf der Gestaltung von wissensförderlichen Rahmenbedingungen.

4.1 Mechanisches Management versus organisches Management

Das Management als eigene Funktion innerhalb einer Organisation entstand erst im 18. Jahrhundert, als man erkannte, dass eine arbeitsteilige Differenzierung von Abläufen innerhalb der Organisation möglich und wünschenswert ist. Es war dann Aufgabe des Managements, genau dies zu leisten, nämlich die Arbeit der anderen zu trennen, neu zu ordnen und wieder aufeinander zu beziehen, die Arbeit zu planen. Erst durch die Entdeckung der Arbeitsteilung war so etwas wie eine vom konkreten Gegenstand abstrahierende Planung überhaupt möglich.

Management ist damit zu allererst ein Prozess, bei dem durch zielgerichtetes Handeln unter Nutzung von Ressourcen geplante Ergebnisse erzielt werden sollen. Zum Prozess des Managements gehören die folgenden Aktivitäten:
- Zielsetzung
- Planung
- Entscheidung
- Umsetzung
- Kontrolle

Der Manager entscheidet über eine angemessene Vorgehensweise und begleitet deren Umsetzung, indem er die notwendige Infrastruktur sowie notwendige Ressourcen zur Verfügung stellt und den Fortschritt der Arbeiten kontrolliert. Abschließend bewertet er das Endergebnis.

Der Managementprozess ist in erster Linie ergebnisorientiert und dabei auf das Wesentliche konzentriert – oder sollte dies sein. Management ist im Grunde, auf seine eigentliche Bedeutung zurückgeführt, das kreative Lösen von Problemen, das Optimieren des bereits Vorhandenen.

Es wird deutlich, dass das traditionelle Konzept von Management vor dem Hintergrund der tayloristisch konzipierten Organisation entstanden ist unter der Prämisse, dass Arbeitsprozesse zerlegbar und planbar, Ergebnisse vorhersehbar und die mit dieser Arbeit betrauten Menschen steuer- und kontrollierbar sind.

Genau diese Prämissen sind in einer intelligenten, organischen Organisation, in der Wissensarbeit stattfindet, nicht mehr erfüllt (s. Kapitel 2 und 3).[140]

Es ist also an der Zeit, nicht nur den Begriff der Arbeit und den der Organisation, sondern auch den des Managements neu zu definieren. Kann es in organischen Organisationen ein organisches Management geben? Und wie könnten wir uns dieses vorstellen?

Erinnern wir uns an die Charakteristika der organischen Organisation:
- Komplexität
- Nichtlinearität
- Selektivität
- Anpassungsfähigkeit
- Autopoiese
- Negentropie

Alle diese Kennzeichen gruppieren sich um eine Grundeigenschaft: die Wandelbarkeit der organischen Organisation, d.h. ihre Fähigkeit, auf Stimuli von außen durch spontane Veränderung zu reagieren. Diese Fähigkeit ist verbunden mit Durchlässigkeit und Unbestimmtheit der Organisation – letztendlich resultierend in Ungewissheit und Unsicherheit. Einem traditionell agierenden Management sind in einer solchen Organisation wichtige Grundlagen entzogen: Eindeutigkeit, Vorhersagbarkeit, Mess- und damit Steuerbarkeit, die Möglichkeit zu Planung und Kontrolle.

In der tayloristisch geprägten Denkweise betrachten wir die Organisation als ein technisches Konstrukt mit dem Manager in der Rolle eines Maschinenführers. Dem gegenüber steht die organische Organisation als in erster Linie soziales Konstrukt von Beziehungen, Verknüpfungen und Ineinanderverwobensein unterschiedlicher Akteure. Die Aufgabe des Managements muss sich in einem solchen System grundlegend anders definieren.

Management ist die Kunst, gemeinsam mit anderen etwas zu erledigen

Bereits Anfang des 20. Jahrhunderts hat Mary Parker Follet, Autorin über Management- und politische Theorien, Management als die Kunst, zusammen mit anderen Menschen etwas zu erledigen, definiert. In dieser Definition spiegelt sich eine gänzlich andere Betrachtungsweise von Management: Die Menschen rücken in den Fokus, nicht länger die vom einzelnen Menschen als unabhängig zu betrachtenden Prozesse. Es geht darum, gemeinsam mit anderen etwas zu erledigen. Gemeinsam, also

---

140 Den Gedanken, dass ein tayloristisches Vorgehen der Wissensarbeit in einer intelligenten Organisation nicht mehr angemessen ist, äußert Schütt bereits 2003: „Taylorismus bis hin zur Spielart des Business Process Reengineerings eignet sich nach wie vor ausgezeichnet zum Management von wiederkehrenden, überwiegend manuellen Tätigkeiten, passt aber eben nicht mehr auf Wissensarbeit." Vgl. Schütt 2003. S. 52

nicht ein Planen und Vorgeben der Arbeit „von oben", sondern das Agieren in einem Team, um ein Ergebnis zu erzielen. Schon die erfrischend unprätentiöse Formulierung „etwas zu erledigen" hat wenig gemein mit abstrakten Zielformulierungen, vielmehr suggeriert sie praktisches, mehr oder weniger spontan an den aktuellen Erfordernissen ausgerichtetes Handeln. Nichtsdestotrotz ist Management außerdem im Verständnis von Parker Follet eine *Kunst,* d. h., wenn wir diesen Begriff einmal ernst nehmen, die Anwendung von angeborenen oder erworbenen Fähigkeiten in einer hoch entwickelten Form. Die Autorität des Managers rührte dann nicht von seiner Verortung innerhalb einer Hierarchie, kurz seinem ihm zugewiesenen Status, sondern von seiner Leistung, die höher entwickelt ist als die anderer. So weit eine eher traditionelle Definition des Kunstbegriffes. In der Epoche der Romantik wurde unter Kunst die sinnliche Darstellung des Übersinnlichen verstanden, also die Übersetzung von Konzepten, Ideen, Emotionen in greif- und fassbare Kunstwerke. Verstehen wir den Manager als Künstler im Sinne der Romantik, so ist es seine Aufgabe, schwer Fassbares, z. B. die Vision einer Unternehmung, in Konkretes, z. B. individuelle Handlungsziele, zu übersetzen und seinen Mitarbeitern zugänglich zu machen. Und schließlich zur Kunstauffassung der Moderne – womit wir unseren kurzen Ausflug beenden –, so bezeichnet Kunst dort eine jeweils kreative Leistung, das Schaffen von etwas Neuem außerhalb bekannter, definierter und weitgehend vorhersagbarer Prämissen. Das Eröffnen eines neuen Raumes von Möglichkeiten sowohl innerhalb als auch außerhalb der Organisation. Der Manager also einerseits als Visionär, andererseits als Schaffer notwendiger Freiräume, als *enabler* von Leistung.

> [*„Es ist von jeher eine der wichtigsten Aufgaben der **Kunst** gewesen, eine Nachfrage zu erzeugen, für deren volle Befriedigung die Stunde noch nicht gekommen ist."* Walter Benjamin: Das Kunstwerk im Zeitalter seiner technischen Reproduzierbarkeit]

Management weniger als Tätigkeit der Planung und Kontrolle denn als Schaffen von Freiräumen – eine echte Kehrtwendung. Der Soziologe Dirk Baecker stellt in seinem Buch „Organisation und Management" ein mechanisches einem leicht polemisch gefärbten organischen Management gegenüber: Demnach beruht das mechanische Management auf gegebener Arbeitsteilung, Kompetenzverteilung, Funktionszuweisung und Gehorsam gegenüber Anweisungen, wohingegen das organische Management darauf hinausliefe, „dass jedes einzelne Organisationsmitglied durch ständiges Herumfragen (gewusst wen, wann und wonach) selbst herausfindet, worin wohl seine Aufgabe besteht"[141].

---

141 Baecker 2003. S. 37

Freiheit und Fairness im Kollektiv: das Architekturbüro Snøhetta

Das norwegische Architekturbüro Snøhetta führt seinen Erfolg auf die Leistung starker Individuen, eingebettet in eine flache Hierarchie, zurück. Dabei geht es nicht um einzelne starke Individuen, sogenannte Stararchitekten, sondern um die gesamte Mannschaft von knapp 50 Mitarbeitern[142], die aus der ganzen Welt nach Oslo gekommen sind.

Die Unternehmensgründer waren überzeugt, dass Architekten in erster Linie Freiraum und Fairness brauchen, um kreative Energie im Team zu entwickeln. Das bedeutet, dass beispielsweise der Managing Director seine Hauptaufgabe darin sieht, dafür zu sorgen, dass das Unternehmen keine Verluste macht und anständige Gehälter bezahlen kann. Seine Aufgabe ist es außerdem, neue Projekte zu akquirieren. Eine sogenannte Ressourcengruppe, der neben ihm je ein Vertreter der Architekten, der Innenarchitekten und der Landschaftsarchitekten angehören, bespricht wöchentlich die laufenden Projekte, behält Zeit- und Finanzrahmen im Auge und sorgt für die notwendige personelle Ausstattung, hält sich ansonsten aber aus der eigentlichen kreativen Arbeit heraus.

Bei neuen Projekten entstehen die Projektgruppen, laut Aussage des Managing Director, fast wie von selbst. Die Projektleitung wird im Team vom Team demjenigen übertragen, der Erfahrung besitzt und das Vertrauen der anderen Teammitglieder. So kann prinzipiell jeder einmal Projektleiter oder einfaches Teammitglied sein. In einer flachen Hierarchie spielt der Status keine Rolle.

Am Jahresende wird der gemeinsam erzielte Gewinn unter allen Angestellten verteilt. Individuelle Erfolgshonorare oder Zeitverträge, wie sonst in der Branche üblich, gibt es nicht. Stattdessen setzt Snøhetta nach eigenen Aussagen auf die Fähigkeit, positives Denken und eine positive Spannung zu erzeugen. Entsprechend viel investiert das Büro in einen sicheren Arbeitsplatz und ein harmonisches Umfeld. Eine Investition, die sich in den Augen der Architekten lohnt, weil aus einem funktionierenden Miteinander ein klarer Zeitvorteil in der täglichen Arbeit gewonnen wird.

Damit das System funktionieren kann, müssen sich auch die Beschäftigten auf diese flachen Hierarchien und ein stark ausgeprägtes Teamdenken einlassen. Bei Bewerbungsgesprächen wurde immer wieder festgestellt, dass vor allem Bewerber, die nicht aus Norwegen kamen, hier Schwierigkeiten hatten und beispielsweise klarere Strukturen und eindeutige Anweisungen seitens eines Vorgesetzten brauchten. Wer jedoch diese Unternehmensphilosophie nicht mittragen kann oder möchte, wird auch nicht eingestellt. Trotzdem scheint die Kultur von Snøhetta Architekten aus der ganzen Welt anzuziehen: Circa zehn Bewerbungen erreichen das Büro täglich, obwohl die Gehälter nicht so hoch liegen wie teilweise in anderen Architekturbüros.

---

142 Stand Januar 2006

Bei aller Gleichberechtigung, Fairness und Geduld nach innen setzt das Büro nach außen stark auf Wettbewerb und nimmt an zahlreichen Ausschreibungen, alleine 15–20 internationale pro Jahr, teil. Von zehn Projekten, für die sich das Büro interessiert, bekommt es in der Regel nur für eines den Zuschlag. Trotzdem sind der Wettbewerb, die daraus entstehende kreative Dynamik und das Selbstbewusstsein wichtig für das Funktionieren des „Systems Snøhetta". Und dass es funktionieren kann, zeigen international renommierte Aufträge wie zum Beispiel für die Bibliothek von Alexandria, die Nordische Botschaft in Berlin, das Kulturzentrum in Ground Zero oder die Oper in Oslo.

(www.snoarc.no)

Das erscheint auf den ersten Blick wenig praktikabel, und doch steckt in dieser überspitzten Formulierung ein gar nicht so kleines Korn Wahrheit. Wenn wir zurückdenken an die Beschreibung der Wissensarbeit, so sind die Nichtvorhersagbarkeit des Arbeitsergebnisse und in der Folge auch die Unmöglichkeit einer Definition und Planung eines „besten" Weges dorthin zentrale Merkmale. Wissensarbeit ist daher immer auch gekennzeichnet durch das oben beschriebene Fragen, Suchen, Orientieren. Wenn wir nun als zentrale Aufgabe des Managements die Produktivitätssteigerung der Arbeit in der Organisation verstehen – ganz im Sinne Taylors –, wie kann Management dann Wissensarbeit unterstützen? Betreiben wir ein weiteres Mal ein wenig Etymologie: Der Begriff „Management" geht zurück auf das lateinische *manum agere*[143], an der Hand führen. Es geht beim Management also im eigentlichen Wortsinne weniger um das Verwalten und gezielte Einsetzen von Ressourcen als um das Führen von Menschen. Ein Gedanke, der uns im Zuge der Mechanisierung von Organisationen teilweise ein wenig abhandengekommen zu sein scheint. Wissensarbeiter sind Suchende, und die Aufgabe des Managers ist es, sie bei dieser Suche an der Hand zu führen. Wie haben wir uns dies vorzustellen? Welche Konsequenzen leiten sich aus diesem Anspruch für die Aufgabe „Management" in einer Organisation ab?

[*Führung* ist der Versuch, steuernd und richtungsweisend auf das Verhalten von sich selbst und von andern Menschen einzuwirken, um eine Zielvorstellung zu verwirklichen.]

---

143 Mit der Wortgeschichte ist es so eine Sache: Einige Tage nach Verfassen dieses Kapitels habe ich erfahren, dass es auch die Erklärung *mansionem agere*, also sein Haus bestellen, für die Herkunft des Begriffes Management gibt. Da scheinen sich die Sprachforscher nicht so ganz einig zu sein. Tant pis, die Vorstellung des An-die-Hand-Nehmens gefällt mir zu gut, sodass ich das Risiko einer eher wackligen etymologischen Herleitung des Gedankens an dieser Stelle, ganz im Sinne der kreativen Ignoranz, eben eingehe.

4.2 Der Manager als Gärtner

Wir haben uns den Manager bereits als Künstler vorgestellt. Ein weiteres Bild, das sich aufdrängt, da wir vom Management in einer intelligenten, in einer organischen Organisation sprechen, ist das des Managers als Gärtner im Gegensatz zum Bild des Managers als Maschinenführer.

Der Manager braucht Intuition und Fantasie

Im Gegensatz zum Maschinenführer kann ein Gärtner die Folgen seines Handelns niemals sicher vorhersagen, der Planung seiner Arbeit sind dadurch Grenzen gesetzt, oft muss er sich spontan den sich ständig verändernden Umweltbedingungen anpassen; wobei es für seine Reaktion nicht eine einzige „richtige" Lösung gibt, sondern in der Regel eine Vielzahl von Alternativen, deren jeweilige Auswirkungen nicht vorhersagbar sind. Ein Gärtner braucht daher Mut zu Entscheidungen auf einer mehr als unsicheren Informationsbasis nach der Devise Napoleons „Man fängt mal an, und dann sieht man schon, wie es wird". Ein Gärtner kann nicht planen, dass seine Bohnenpflanzen im ersten Monat fünf, im zweiten Monat zehn Zentimeter wachsen und genau 4,2 Monate nach der Aussaat pro Pflanze 1,85 kg Früchte tragen. Er kann lediglich die Pflanzen zur rechten Zeit in den für ihre Bedürfnisse „richtigen" Boden bringen, er kann dafür sorgen, dass sie an einer Stelle im Garten stehen, wo – wenn die Sonne ausreichend oft scheint – das richtige Verhältnis von Licht und Schatten für die Pflanzen herrscht, er kann sie gießen, und er kann sie düngen. Den Rest muss er den Pflanzen selbst und den herrschenden und sich wandelnden Umweltbedingungen überlassen. Letztere kann er lediglich versuchen abzumildern, indem er beispielsweise seine Pflanzen in einem trockenen Sommer regelmäßig gießt.

Ein Zuviel an Management schadet

Dazu benötigt ein Gärtner in erster Linie keine ausgeklügelten Kontrollsysteme und komplizierte Planungs-Sheets, sondern Intuition, also gesättigte Lebenserfahrung gepaart mit Fantasie und Kreativität. Improvisation ist gefragt, was in einem sozialen System immer auch, wie im Jazz, ein Auf-den-anderen-Hören meint. Die gute Nachricht: Komplexe Systeme, seien es nun Gärten oder intelligente Organisationen, haben die Tendenz zur Selbstorganisation, um einen stabilen Zustand zu erreichen. Diese Kräfte gilt es zu erkennen, zu akzeptieren und zu nutzen und nicht durch ein Zuviel an Management im Sinne von Planung und Kontrolle zu stören. Komplexe Systeme erfordern ein Management des Wu Wei, des Tuns, ohne zu tun: „Man kann (komplexe Systeme) nicht steuern, nur kitzeln. Man versucht Rahmen oder Impulse zu setzen, damit das System etwas damit tut. Man kann nicht vorhersehen, was das System macht, aber darauf setzen, dass es irgendwas macht."[144]

---

144 Dirk Baecker in einem Interview mit der Zeitschrift brand eins 01/2006. S. 115

Der Begriff des **Wu Wei** stammt aus dem Daoismus und bezeichnet dort das Nichthandeln im Sinne einer Enthaltung von einem gegen die Natur gerichteten Handeln.

Der Daoismus hat seinen Namen vom Dao, dem umfassenden Ursprung und Wirkprinzip, das die Ordnung und Wandlung der Dinge bewirkt. Wu Wei bedeutet nicht, dass man gar nicht handelt, sondern dass die Handlungen spontan in Einklang mit dem Dao entstehen und so das Notwendige getan wird, und zwar sich der Situation anpassend und intuitiv, nicht in Übereifer und blindem Aktionismus. „Niemals tun und doch bleibt nichts ungetan" (Daodejing). Wu Wei ist ein Zustand der inneren Stille, der zur richtigen Zeit die richtige Handlung ohne Anstrengung des Willens hervortreten lässt. „Wenn du auf dem Wasser reisen willst, ist ein Boot dafür geeignet, weil ein Boot sich auf dem Wasser in geeigneter Weise bewegt. Wenn du aber an Land gehst, kommst du damit nicht weiter und wirst nur Ärger haben und nichts erreichen, als dir selbst Schaden zuzufügen" (Zhuangzi).

Der Manager als Gärtner kann lediglich die Rahmenbedingungen für Wissensarbeit beeinflussen, er kann nicht die Wissensarbeit selbst steuern. „Employees are likely to engage in knowledge work to the extent that they have the (a) ability, (b) motivation, and (c) opportunity to do so. The task of managing knowledge work is focused on establishing these conditions. Organizational characteristics such as transformational leadership, job design, social interaction and organizational culture are identified as potential predictors of ability, motivation and opportunity."[145]

Dieses neue Verständnis von Management erfordert ein radikales Umdenken und ein Sicheinlassen auf Unsicherheit und Ungewissheit jenseits von centgenauen Budgetplanungen und harten Return-on-Invest-Argumentationen: „Bevor Wissensarbeit in einer Organisation gelingt, sind aufwendige Voraussetzungen zu schaffen. Deren Kosten amortisieren sich nicht am nächsten Tag, und deren Folgen sind nicht sofort spürbar. Wie jede andere Zukunftsinvestition auch verlangt die Schaffung dieser Voraussetzungen klare strategische Leitlinien und eine Vision der Organisation, die über den Tellerrand der tayloristischen Industriegesellschaft hinausreicht."[146] Damit bringt diese neue Form des Managements auch eine höhere Ambiguität und Reflexivität von Entscheidungen mit sich.

4.2.1 Managementaufgabe: für ausreichend Sonne sorgen

Pflanzen wachsen dem Licht, der Sonne entgegen. Wissensarbeiter arbeiten, weil sie einen Sinn in ihrer Tätigkeit erkennen, und sie orientieren

---

145 Kelloway et al. 2000. S. 287
146 Willke 2001. S. 36

sich an einer ihnen transparenten und nachvollziehbaren Zielvorstellung. Wie ein Zitat von Reinhold Messner belegt, kommt der Sinnhaftigkeit der Tätigkeit nicht nur bei der Wissensarbeit i. e. S., sondern überall dort eine wichtige Bedeutung zu, wo die Motivation und die Leistung des Einzelnen eine Rolle spielen: „Die wichtigste menschliche Fähigkeit ist Sinnstiften. Nicht weil ich besonders stark, ausdauernd, kühn wäre, bin ich erfolgreich. Ich mache mir mein Tun zuerst sinnvoll."

[**Sinn** *bezeichnet das Ziel, den Zweck, den Wert.*]

Der Sinn einer Organisation liegt in ihrer Vision. Sinnhaftigkeit nimmt ein Mitglied einer Organisation dann wahr, wenn es die Vision der Organisation nachvollziehen, akzeptieren und mittragen sowie mit dem eigenen Tun in Einklang bringen kann.

Mit der Aufgabe des Sinnstiftens – was sowohl das Erzeugen als auch das Kommunizieren umfasst –, hat das Management eine neue, eine epistemologische und hermeneutische Komponente bekommen. Damit rückt auch beim Management die Kommunikation in den Mittelpunkt: Zur zentralen Aufgabe von Management in einer wandelbaren intelligenten Organisation wird das anschlussfähige Kommunizieren einer Vision, von Zielen und von Entscheidungen, und zwar so, dass diese zu Prämissen werden, über die sich die Organisation in ihrer Gestalt und Struktur konstituiert, indem sie den Möglichkeitsraum der Organisation und damit deren autopoietische Grenzen definieren: „Ein Raum ist gegeben durch die Möglichkeiten, die er enthält, und die Möglichkeiten, die er ausschließt."[147] Dazu gehört beispielsweise die notwendige Filterung der Wahrnehmung einer Organisation in ihrem Kontakt zur Umwelt: Wann wird eine Irritation in der Umwelt zur Handlung auslösenden Information für die Organisation und deren Mitglieder?

Epistemologie und Hermeneutik

Epistemologie oder Erkenntnistheorie befasst sich mit der Frage, welche Erkenntnisse bei welchen Beweisführungen als „sicher" gelten können. Neben der Logik und der Ethik gehört sie zu den Kerndisziplinen der Philosophie.
Hermeneutik ist die Lehre vom Verstehen. In der Neuzeit stand die Schaffung eines methodischen Regelwerkes im Mittelpunkt, welches das Auffinden der biblischen Wahrheit und die möglichen Interpretationen auf die eine einzig wahre Auslegung einschränken sollte. Im 20. Jahrhundert haben die Philosophen Martin Heidegger, Hans-Georg Gadamer und Paul Ricoeur diesen Anspruch stark relativiert und betont, dass das zu Deutende dem Interpreten nie zur Gänze verständlich ist und Wahrheit immer auch auf Auslegung beruht.

---

147 Baecker 2003. S. 157

Auslegung ist darüber hinaus auch im Innenverhältnis gefordert, denn in einer intelligenten organischen Organisation haben wir es weniger mit stabil existierenden Ressourcen, deren Einsatz sich eindeutig planen lässt, zu tun als mit sogenannten Produktionsfaktoren. Als Faktoren bezeichnen wir im Allgemeinen Einflussgrößen. Faktoren sind demgemäß nicht einfach da, sondern werden erst seitens des Managements selektiert und definiert durch die Beantwortung der Frage nach möglichen Beeinflussungen (nicht vorhersagbarer) Prozesse und deren (nicht vorhersagbaren) Ergebnissen. Neben der Verfügbarkeit der Faktoren muss dabei immer auch deren Nichtverfügbarkeit mitgedacht werden.[148]

[*Faktor: lat. Erzeuger, Schaffer, Schöpfer; etwas, das Einfluss nimmt*]

Manager als Sinnstifter — Die Selektion und Definition der Faktoren bestimmt den Raum der Organisation, dessen Grenzen und Strukturen. Vor allem Letztere verfertigen sich erst durch und in Kommunikationsprozessen[149]: Sie sind „codified interpretations of rules rather than rules as such"[150]. Diese Kommunikationsprozesse können nun hierarchiegetrieben monologisch-disziplinierend sein oder dialogisch-partizipativ.[151] Die erste Kommunikationsvariante muss, um Akzeptanz für die Entscheidung und den impliziten Wahrnehmungsfilter zu finden, den auf subjektiven Deutungen beruhenden Entstehungsprozess verleugnen und die inhärente Unsicherheit ausblenden. Im Falle von durch äußere Veränderungen notwendig gewordenen Modifikationen von Entscheidung und Wahrnehmungsfilter kann sich dies als kontraproduktiv erweisen. Die zweite Variante einer ergebnisoffenen und nicht linearen Kommunikation macht Ungewissheit transparent, macht damit Wandel nachvollziehbarer und akzeptabler, die Organisation damit insgesamt wandlungsbereiter und wandlungsfähiger, kurz intelligenter. „In solchen Organisationen besteht das, was man die „Intelligenz" der Organisation nennen könnte, darin, die Ungewissheit jeder einzelnen Entscheidung einzugestehen, offenzulegen und zwischen den Entscheidungen in einem kleineren oder größeren Umkreis zu teilen."[152] Dies fordert jedoch von den Mitarbeitern gleichzeitig mehr eigene Stärke und Widerstandskraft angesichts von Ungewissheit und Unsicherheit, von den Managern ein hohes Maß an Offenheit und Flexibilität. Dann werden Manager zu einer Art Sinnstifter innerhalb der Organisation, die mit dem, was sie tun, die Intelligenz des Gesamtsystems und dessen Verhaltensvielfalt erhöhen. Management wird zur Führungs- und Gestaltungskunst, wobei beides ein hohes Maß an Kommunikation erfordert.

---

148 S. auch Kapitel 1.4 „Wissen und Nichtwissen"
149 Vgl. Kieser 1998
150 Giddens 1984. S. 21
151 S. dazu auch Kapitel 4.3.2 „Wissensbilanz"
152 Baecker 2003. S. 36 f.

> [*Kunst* gibt sich dort zu erkennen, wo wir über das ästhetisch-sinnliche Erlebnis an unsere Möglichkeiten als geistbegabte Geschöpfe erinnert werden. Kunst hat etwas mit dem Bedürfnis zu tun, an unsere Grenzen zu gehen. Es mutet dem Menschen eine gewisse Anstrengung zu, nämlich die, über seinen Horizont hinauszublicken. Helmut Lachenmann]

Die Selektion und Definition der Faktoren bleibt darüber hinaus nicht ohne Auswirkung auf das Management selbst, das je nach Produktionsfaktor mit dem es umgeht, seine angemessene Form finden muss.[153] Damit wird das Management selbst organisch, nämlich ein aus sich selbst heraus sich entwickelndes Management (Eigenschaft der Autopoiese).

> [*Manager* bezeichnet im Altfranzösischen die Fähigkeit, sich auf einem Pferd halten zu können.]

Neben dem Stiften und Kommunizieren von Sinn ist es Aufgabe des gärtnerischen Managers, das Tun der Wissensarbeiter über das Vermitteln von Zielen zu steuern. Ziele dienen den Mitarbeitern zur Orientierung, gewissermaßen als Leitlinien, an denen entlang das tägliche operative Arbeiten stattfindet. Sind Vision oder Sinn vergleichbar mit der Sonne, denen entgegen eine Pflanze strebt, so können wir die konkreten Ziele vergleichen mit den Stangen, welcher der Gärtner steckt,

- damit die Pflanze sich daran entlang überhaupt erst der Sonne entgegen strecken kann und
- damit dieses Wachstum in einer aus Sicht des Gärtners wünschenswerten und für das Gesamtziel einer möglichst ertragreichen Ernte sinnvollen Richtung stattfindet.

Ziel eines sogenannten **Management by Objectives** ist es, die strategischen Ziele der Organisation umzusetzen, indem davon abgeleitet Ziele für jede Organisationseinheit und für jeden Mitarbeiter formuliert werden. Die Summe der Einzelziele aller Mitarbeiter darf dabei nicht im Widerspruch zu den strategischen Zielen der Organisation stehen. Durch das Herunterbrechen der organisationalen Ziele auf Ebene von Arbeitsgruppen und einzelnen Mitarbeitern sollen diese in die Lage versetzt werden, ihre tägliche operative Arbeit an ihren konkreten Zielen auszurichten und damit in der Konsequenz im Sinne der Strategie der Gesamtorganisation zu agieren.

Management by Objectives

Die Leistung der Mitarbeiter wird dann jeweils im Abgleich mit den in einem jährlich stattfindenden Zielvereinbarungsgespräch gemeinsam gesetzten Zielen geprüft. Das Erreichen der Ziele ist aus Motivationsgründen oft mit einer entsprechenden Bonuszahlung o. Ä. verbunden. Regel-

---

153 Vgl. Baecker 2003. S. 96 f.

mäßig wird in einem Gespräch zwischen Führungskraft und Mitarbeiter geprüft, wie nah oder fern dieser dem Erreichen seiner Ziele noch ist; dabei geht es weniger um Sanktionen als um Handlungssicherheit für den Mitarbeiter bzw. eventuell um die Frage nach notwendiger Unterstützung oder nach der Angemessenheit der Ziele. Wichtig bei der Definition der Ziele ist, diese an den individuellen Fähigkeiten des jeweiligen Mitarbeiters anzupassen. Nur dann können sie ihr motivationales Potenzial entfalten.

Management by Objectives setzt voraus, dass den Mitarbeitern ein adäquater Entscheidungs- und Handlungsspielraum eingeräumt wird. Aufgabe des Managers ist es, die Zielerreichung zu unterstützen und zu monitoren, nicht die Art und Weise der Zielerreichung vorzugeben. Dieser Aspekt ist vor allem im Kontext Wissensarbeit wesentlich.

Nachteile eine *Management by Objective* sind:
- hoher organisatorischer Aufwand
- Frage der Messbarkeit von Zielen
- Frage der eindeutigen Zurechenbarkeit der Zielerreichung mit Blick auf die Interdependenz von Einzelleistungen
- Schaffung von Egoismen durch ausschließliche Orientierung auf Einzelziele
- Mögliche Zielkonflikte (persönliche Ziele, Organisationsziele)

Entwickelt wurde das *Management by Objectives* in den 1960er- und 1970er-Jahren von Peter F. Drucker.

Ziele als Orientierungshilfe

Im Gegensatz zu Bohnen können Wissensarbeiter jedoch nicht an die Führungsstangen angebunden werden, um sicherzustellen, dass sie die vorgegebene Richtung einhalten. Vielmehr müssen die vorgegebenen Ziele und die damit verbundene Führung durch den Manager seitens der Wissensarbeiter akzeptiert werden. Von Führung kann man im Grunde erst dann sprechen, wenn der gewünschte Einfluss im intendierten Verhalten der Geführten manifest wird.

> **Ziel** *bezeichnet einen in der Zukunft liegenden, gegenüber dem Gegenwärtigen veränderten, erstrebenswerten und angestrebten Zustand. Kann dieser gewünschte zukünftige Zustand durch eigenes Handeln nicht erreicht werden, spricht man nicht von einem Ziel.*

Voraussetzungen für die Akzeptanz von Zielen sind:
- Es wird diesen Zielen eine Sinnhaftigkeit zugestanden.
- Die Ziele sind konfliktfrei sowohl mit Blick auf die jeweils individuellen Ziele als auch mit Blick auf die Ziele, Strategie und Vision der Gesamtorganisation.
- Die Ziele sind anspruchsvoll, dabei trotzdem der Person, ihren Fähigkeiten und zeitlichen Kapazitäten angemessen.
- Die Ziele sind erreichbar.

Diese Voraussetzungen werden in der Regel dann erfüllt, wenn Ziele nicht bestimmt, d.h. seitens des Vorgesetzten definiert werden (monologisch-disziplinierend), sondern gemeinsam zwischen Manager und Wissensarbeiter vereinbart werden (dialogisch-partizipativ) und im Bemühen um eine Win-win-Situation der ernsthafte Versuch unternommen wird, beiden Seiten gerecht zu werden. Richtig eingesetzt, wirken Zielvereinbarungen motivierend auf die Mitarbeiter. Gleichzeitig erhöhen sie durch eine regelmäßige Diskussion und Anpassung der Einzelziele, deren Summe bei einer stimmig kaskadierenden Zielableitung die Ziele der Gesamtorganisation ausmacht, die Flexibilität und Anpassungsfähigkeit – die Intelligenz – der Organisation.

Eine besondere Herausforderung im Kontext der Wissensarbeit stellt die Messung der Zielerreichung dar, weil zum einen Arbeitsergebnisse oft kaum vorhersagbar sind, zum anderen diese Ergebnisse selbst oft nicht angemessen in rein quantitativen Parametern abbildbar sind. Vielleicht ist der Begriff Ziel in seiner heutigen Verwendung zu konkret. Bullinger schlägt stattdessen den Begriff Performance-Leitbilder[154] vor. Diese Leitbilder definieren die Kernaufgabe des Wissensarbeiters sowie mögliche Kriterien, nach denen die Qualität der Arbeit und des Arbeitsergebnisses beurteilt werden sollen. Wie auch die individuellen Ziele im Zielvereinbarungsprozess des *Management by Objectives* werden Performance-Leitbilder abgeleitet von der Vision und den Zielen der Organisation. Sie sind jedoch weniger eindeutig, weniger konkret als Ziele, lassen damit dem Wissensarbeiter mehr notwendigen Freiraum. Die konkrete Arbeitsgestaltung, schon angefangen bei der Definition konkreter Arbeitsziele, bleibt beim Wissensarbeiter selbst, wo dies notwendig oder aufgrund der Kreativität der Wissensarbeiter gar nicht anders möglich ist. Gleichzeitig wird dem Manager trotzdem die Möglichkeit eröffnet, diese Wissensarbeit zu lenken, den Wissensarbeiter im Sinne der Organisationsziele *an der Hand zu führen*.

> *„Ein Ding verstehen heißt nicht, seine Bewegung und seine Materie beschreiben, sondern seinen Sinn einsehen."*[155]

Wissensarbeiter brauchen Freiräume, in denen Kreativität möglich ist und neues Wissen entstehen kann. Diese Freiräume brauchen Rahmenbedingungen, die zu schaffen Aufgabe des Managers, des Gärtners ist. Damit Freiheit jedoch nicht zu Chaos führt, Freiraum nicht gleichbedeutend wird mit Strukturlosigkeit, braucht es eine klare und eindeutige Vision, einen Sinn gewissermaßen als Kohäsionskraft, welche die Organisation vor der Selbstauflösung in Freiheit bewahrt. „The role of top management is as the providers of ba for knowledge creation. Their task is to

---

154 Bullinger 2001
155 Langer 1984

manage for knowledge emergence. Leaders must support emerging processes with visionary proposals (mind) and a personal commitment of time and power (body). (...) Knowledge ‚activists‘ support ba by committing themselves to ideas, experiments, and fellow human beings."[156]

4.2.2 Managementaufgabe: den richtigen Standort vorbereiten

Zu den Voraussetzungen für ein erfolgreiches Pflanzenwachstum gehört die Wahl eines angemessenen Standortes durch den Gärtner, dessen Vorbereitung und permanente Pflege. Aufgabe des Managers als Gärtner ist es, förderliche Rahmenbedingungen für die Wissensarbeit seiner Mitarbeiter zu schaffen und zu gestalten.

Traditionellerweise werden zur Arbeitsgestaltung die folgenden Bereiche gezählt:[157]

1. *Technologische Gestaltung*
   konstruktive Gestaltung des Arbeitsobjektes und der einzusetzenden Betriebsmittel
2. *Technische Gestaltung*
   Festlegen der Arbeitsteilung zwischen Mensch und Maschine, Ermitteln der Fertigungsstruktur, Bestimmen der Arbeitsinhalte und der notwendigen Arbeitsplätze
3. *Organisatorische Gestaltung*
   Festlegen der Arbeitsteilung zwischen den am Produktionsprozess beteiligten Personen, Arbeitsstrukturierung unter Berücksichtigung räumlicher, zeitlicher und personenbezogener Gesichtspunkte
4. *Ergonomische Gestaltung*
   Gestaltung unter Berücksichtigung biomechanischer, bewegungstechnischer und informationstechnischer Gesichtspunkte
5. *Betriebliche Gestaltung*
   Arbeits- und Pausenzeiten, Bemessen des Arbeitsentgeltes, Planen von Qualifizierungsmaßnahmen

Es wird deutlich, dass diese Art der Arbeitsgestaltung ihre Wurzeln in der tayloristisch-arbeitsteiligen Betrachtung von Arbeit und Organisation hat, wobei seitens der Arbeitsgestaltung durch das Management recht tief in den Arbeitsprozess selbst eingegriffen wird.

Im Kontext der Wissensarbeit besteht die Kunst des Managers darin, adäquate Rahmenbedingungen zu schaffen, ohne dabei zu versuchen, in den Arbeitsprozess selbst einzugreifen bzw. diesen direkt gestalten und beeinflussen zu wollen. Diese Beeinflussung kann aufgrund des Wesens der Wissensarbeit – Arbeitsergebnisse sind nur eingeschränkt vorhersehbar, es gibt nicht den einen richtigen Weg zum Ergebnis, und dieser Weg

---

156 Nonaka, Konno 1998. S. 53f.
157 Vgl. Luczak 1998

ist im Vorfeld kaum planbar und teilbar – lediglich mittelbar erfolgen über entsprechende Zielsetzungen, Performance-Leitbilder (s.o.) und eben die aktive Gestaltung der Rahmenbedingungen, unter denen Wissensarbeit stattfindet.

Zu diesen gestaltbaren Rahmenbedingungen gehören:
- *Architektur*
  Die Gestaltung der physischen Räume, in denen Wissensarbeit in der Organisation stattfindet
- *Infrastruktur*
  Das zurverfügungstellen einer organisatorischen (Arbeitszeitmodelle, Telearbeit usw.) und technologischen (mobiles Arbeiten, Social Software usw.) Infrastruktur in der Organisation
- *Personal*
  Die Entscheidung für „den Mann, die Frau am richtigen Platz" und das Unterstützen der Arbeit in Teams[158]

Architektur

Nur ein kreatives Milieu kann wirtschaftlich tätig sein.
MATTHIAS HORX, ZUKUNFTSFORSCHER

Die Architektur der Räume, in denen Arbeit stattfindet, ist noch heute vielerorts geprägt von dem Gedanken der Funktions- und Machtteilung. Arbeitsräume wurden – und werden teilweise noch immer – gestaltet unter dem Primat der tayloristischen Arbeitsrationalisierung (Maschinenstraßen) sowie unter dem Primat der Selbstinszenierung hierarchischer Macht (Größe und Ausstattung des Einzelbüros).

Architektur gibt kommunikative Settings vor

Wissensarbeit kann sich in diesen Räumen nur schwer entfalten, denn Wissensarbeit beruht auf sich ständig neu formierenden, sich wandelnden und wieder auflösenden Netzwerken, und sie besteht zu einem großen Teil aus Kommunikation. Beides aber stößt in klassisch konzipierten Arbeitsräumen an Grenzen, beispielsweise in Form von unverrückbaren Bürowänden. Diese Grenzen sind nur schwer zu überwinden, denn sie sind nicht nur physischer Art: Architektur entsteht aus bestimmten kulturellen Mustern, wie z.B. dem der hierarchischen Distanz. Diese Muster kristallisieren sich in der Architektur und verschwinden dann scheinbar dahinter; wir sind uns nicht mehr bewusst, warum Architektur so ist, wie sie ist. Doch trotz dieses scheinbaren Verschwindens transportiert Architektur die sie gestaltenden kulturellen Muster immer weiter und erschwert deren Überwindung. Räume geben nämlich kommunikative

---

158 Der Aspekt Kompetenzmanagement wird im Kapitel „Gießen" behandelt.

Settings vor, d.h., die räumlichen Bedingungen ermöglichen oder verhindern bestimmte Formen der Kommunikation, erleichtern oder erschweren den Kommunikations- und Wissensfluss.[159] Wie spontan kann beispielsweise Kommunikation stattfinden in einem repräsentativen Chefbüro, in das der Zugang nur über ein gut bewachtes Vorzimmer führt? „Es sind diese versteinerten Chiffren der Beharrung, die uns überall subtil daran hindern, spontane Kommunikation zur selbstgesteuerten Problemlösung und Bildung neuer Erfahrungen in Gang zu setzen."[160]

> „**Settings** sind räumlich materialisierte kulturelle Vereinbarungen, welche die handelnden Akteure durch die räumlichen Arrangements in ein ganz spezifisches Verhaltensmuster zwingen und Alternativen ausschließen."[161]

Kommunikative Settings entstehen spontan, z.B. am zentralen Drucker, in der Teeküche usw., sie können aber auch bewusst gestaltet werden. Welche Anforderungen an kommunikative Settings stellt die Wissensarbeit?

Wissensarbeit wechselt zwischen intensiver Einzelarbeit und Teamarbeit, bei Ersterer stehen Ruhe und Kontinuität im Vordergrund, bei der Arbeit im Team hingegen die Kommunikation, und zwar auch spontane Kommunikation in unterschiedlichen Konstellationen. Gemäß einer Studie des Massachusetts Institute for Technology (MIT) entstehen 80% der Ideen im direkten Kontakt mit Gesprächspartnern. Zwei Drittel der Kommunikation zwischen Mitarbeitern, die an einer ähnlichen Fragestellung arbeiten, finden in einem Radius von 30 Metern statt.

Architektur für Teamwork und Netzwerke: Das Forschungs- und Innovationszentrum der BMW Group (FIZ)

Im Münchner Forschungs- und Innovationszentrum (FIZ) der BMW Group arbeiten rund 7.000[162] Ingenieure, Modellbauer, Computerfachleute und Wissenschaftler verschiedener Bereiche sowie Einkäufer und Mitarbeiter von Zulieferunternehmen eng zusammen. Diese Zusammenarbeit spiegelt sich auch in der Architektur wieder bzw. wird durch diese erst ermöglicht: Die Arbeitsplätze der Entwickler befinden sich in Großraumbüros, die durch einen modularen Grundriss aber so gestaltet sind, dass flexibel eigene Bereiche für kleinere Teams abgetrennt werden können und insgesamt kein Hallengefühl aufkommt. Soweit möglich, sind Prozessnachbarn auch auf benachbarten Flächen untergebracht.

---

159 Vgl. Freimuth 1992
160 Freimuth 2000. S. 41
161 Freimuth 2000. S. 42
162 Stand Februar 2006

Die Eingangshalle mit den angrenzenden Räumen des FIZ-Forums kann als Ausstellungs- und Veranstaltungsfläche genutzt werden, nicht nur für die internen Kompetenzzentren, sondern auch für Partner und Zulieferer.

Um spontane Kommunikation anzuregen, ist beispielsweise das Betriebsrestaurant nur über einen Eingang vorbei an der Cafeteria zu erreichen; das hier in der Mittagszeit entstehende Gewimmel soll zu Begegnungen und Gesprächen über die Grenzen des eigenen Bereiches, Teams hinwegführen. Aus diesem Grund sind auch Kaffeemaschinen in den Büroräumen nicht erlaubt, genutzt werden sollen vielmehr die zentralen Kaffeeküchen auf jedem Stockwerk als Ort für zufällige Begegnungen und Gespräche.

Wissensarbeit setzt im Spannungsfeld von kommunikativer und konzentrierter Arbeit ganz unterschiedliche kommunikative Settings voraus; sie findet nicht in einem, sondern in mehreren ganz unterschiedlichen Räumen statt. Anforderungen der Wissensarbeit an die kommunikativen Settings sind in Anlehnung an Freimuth:
- Rasches Erkennen von Gesprächsbedarf (Blickkontakt)
- Räumliche Nähe der Akteure, schnelle Erreichbarkeit
- Platz für Mobilität
- Variabilität im Bilden von Gruppen unterschiedlicher Größe
- Mögliche Gleichzeitigkeit mehrerer Aktivitäten
- Raum für Spontan- und Zufallskommunikation
- Rückzugsmöglichkeiten und Ruheinseln
- Angemessene Umgebungen für wechselnde Arbeitskontexte

Räume, die diese vielfältigen Anforderungen erfüllen, sind nicht eindeutig, sondern redundant, sie bieten einen Überfluss an Gestaltungsmöglichkeiten und erlangen dadurch die notwendige Flexibilität.[163]

Räume für Wissensarbeit sind redundant und ästhetisch

[*Redundanz vom lateinischen **redundare**, im Überfluss vorhanden sein, bezeichnet das mehrfache Vorhandensein funktions-, inhalts- oder wesensgleicher Objekte. www.wikipedia.de*]

Arbeits- und Denkräume sind darüber hinaus auch unter dem Gesichtspunkt der Ästhetik zu betrachten: Der Begriff der Ästhetik hat in seiner ursprünglichen Bedeutung noch nichts mit Schönheit zu tun, mit der wir den Begriff Ästhetik im heutigen Sprachgebrauch gemeinhin gleichsetzen, sondern bezeichnet zunächst lediglich die Wahrnehmung. Räume, die Wissensarbeit unterstützen, anstatt sie zu behindern, sind Räume, die Wahrnehmung ermöglichen, sowohl die Wahrnehmung der jeweils anderen in einer Gruppe als auch die Selbstwahrnehmung des Einzelnen.

---

163 Wir erinnern uns: Nonaka und Takeuchi benennen die Redundanz als eine wesentliche Voraussetzung für Wissensgenerierung. S. auch Kapitel 2.2 „Wie neues Wissen entsteht"

Räume, die Wahrnehmung ermöglichen, verschmelzen mit dem Wissensraum *Ba* als einem Raum entstehender Beziehungen beruhend auf gegenseitiger Wahrnehmung und Selbstwahrnehmung.[164]

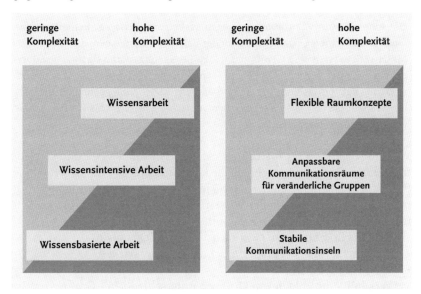

Abbildung 32: Die unterschiedliche Intensität von Wissensarbeit erfordert unterschiedliche räumliche Settings

Konkret kommt kommunikative Architektur in Produktionsräumen beispielsweise in Fertigungsinseln oder Kundenauftragszentren zum Ausdruck oder bereits in einer räumlichen Anordnung, welche neben dem möglichst rationellen Ablauf des Produktionsprozesses auch Kommunikationsschnittstellen, Abstimmungsbedarfe und gruppenweise bzw. gruppenüberschreitende Zusammenarbeit berücksichtigt, also neben dem Material- auch den Informationsfluss.

Plattform für die Kommunikation weltweit und vor Ort: die Schweissercafés der Fronius International GmbH

Die Fronius International GmbH mit Hauptsitz im österreichischen Wels ist ein Systemanbieter für Batterieladesysteme, Schweißtechnik und Solarelektronik. Das Unternehmen wurde 1945 gegründet und beschäftigt heute 1.600[165] Mitarbeiter an mehreren Standorten weltweit.

Im Jahr 2000 begann Fronius damit sogenannte Schweissercafés im Unternehmen zu implementieren, um dem Wissens- und Erfahrungsaustausch der Mitar-

---

164 S. auch Kapitel 3.5.1 „Wissensraum Ba"
165 Stand Februar 2006

beiter untereinander, aber auch mit Kunden und Partnern Raum zu geben. Die Schweissercafés sind Treffpunkt für Kunden- und Abteilungsgespräche, Teammeetings usw.

Ungewöhnlich ist: Die Schweissercafés sind u.a. direkt in den Werkhallen auf mindestens 9 m² Boden angesiedelt und bestehen aus sogenannten Modulen, d.h. stehtisch- oder auch thekenartigen Möbeln sowie einer Kaffeemaschine. Je nach Platzangebot werden diese Bestandteile um weitere Möbelstücke, z.B. um eine Sitzecke, ergänzt. Wichtige Ausstellungsstücke in den Schweissercafés sind Schweißmuster, sowohl Standardbauteile als auch Beispiele spezieller Kundenlösungen, und Referenzcharts, mit Bild und kurzem Text dokumentierte Kundenlösungen.

Abbildung 33: Lebendiger Wissensaustausch in einem Schweissercafé bei Fronius

Daneben gehört ein PC zur Standardausstattung der Schweissercafés, der den Zugriff unter anderem auf die Schweissercafés Online, das virtuelle Gegenstück zu den Schweissercafés Real, ermöglicht. Über dieses Intranet haben alle Mitarbeiter des Unternehmens Zugriff auf die Inhalte des Schweissercafés Online, über Extranet steht Exklusiv-Vertriebspartnern ebenfalls ein Zugang offen. Im Schweissercafé Online finden die Mitarbeiter aktuelle Präsentationen, Preislisten, Prospekte, Informationen zum Markt und Mitbewerb, zu Kunden sowie zur Schweißtechnik allgemein, standardisierte Schweißversuche sind dort ebenso dokumentiert wie Kundenreferenzen.

Das Schweissercafé Online wird durch ein dezentrales Redaktionsteam betreut, die Schweissercafés Real vor Ort von den sogenannten „Betreibern". Diese sind Ansprechpartner für die Kollegen, stellen Informationen in ausgedruckter Form in den Cafés zur Verfügung, organisieren Veranstaltungen in den Schweissercafés und motivieren die Kollegen zur Nutzung des Schweissercafés Online.

Die unmittelbare Einbindung der Schweissercafés in die Produktionsumgebung erleichtert die spontane Kommunikation, wirkt möglichen Hemmschwellen entgegen und gestaltet den Informations- und Wissensaustausch – gerade auch mit Blick auf Kunden und externe Partner – lebendig, plastisch und nachhaltig. Die Verbindung von realen und virtuellen Kommunikationsorten schafft Vertrauen in der direkten persönlichen Kommunikation und erhöht in der Folge die Akzeptanz des Online-Angebots und die Bereitschaft zum virtuellen Wissensaustausch. (www.fronius.com)

Kommunikative Architektur findet ihren Platz auch in Großraumbüros. Bei diesem Konzept muss jedoch die Spannung zwischen Gruppen- und Einzelarbeit berücksichtigt werden, d. h., ein Großraumbüro sollte – wenn möglich – flexibel in unterschiedliche Bereiche unterteilbar sein, wo Arbeitsgruppen und Projektteams sich zusammenfinden können, und es sollte flankiert werden von kleinen Büros oder Ruheinseln, wohin Mitarbeiter sich in Phasen der konzentrierten Einzelarbeit zurückziehen können.[166]

Kommunikative Architektur findet ihren Ausdruck darüber hinaus in offenen Foren und Marktplätzen im Gebäude, wo Mitarbeiter Möglichkeiten zum Gedankenaustausch finden, Raum ist für Vorträge, Workshops und andere Veranstaltungen mit internen und externen Teilnehmern sowie die Möglichkeit für Zusammenarbeit in wechselnden Gruppengrößen. Dies bedingt Weite, räumliche Flexibilität und Transparenz.

Eine extreme Form der kommunikativen Architektur ist schließlich die Auflösung des Arbeitsplatzes als fester Standort, das nonterritoriale Büro. Dies bedeutet, dass ein Mitarbeiter keinen festen Arbeitsplatz mehr hat, sondern in der Regel lediglich einen Rollcontainer für einige wenige Unterlagen und andere nicht virtuelle Arbeitsmaterialien, ein Notebook und ein Mobiltelefon. Jeden Morgen nun sucht sich der Wissensarbeiter in einer vielgestaltigen Bürolandschaft nach dem Motto *plug 'n' work* die für sein aktuelles Vorhaben adäquate Umgebung, sei es Einzelbüro oder Seminar-, Besprechungsraum bis hin zu einer möglichen *Interactive Creativity Landscape* (s. Fallbeispiel Fraunhofer IAO). Oder aber er arbeitet ganz von zu Hause, vom Kunden vor Ort oder von unterwegs – „your office is where your work is". Bei diesem Konzept bleibt jedoch fraglich, inwieweit nicht emotionale Bedürfnisse von Mitarbeitern in Verbindung mit ihrem Arbeitsplatz, ein Sichwohlfühlen als Sich-zu-Hause-Fühlen, zu Unrecht vernachlässigt werden und dadurch die Produktivität der

---

166 Das Fraunhofer IAO spricht in diesem Kontext vom „Multi-Space-Office". Vgl. http://oic.fhg.de/ deutsch/ wirueberuns/themenschwerpunkte/arbeit.htm (17.02.2006)

Wissensarbeit wieder reduziert wird. Nicht jeder Mensch verträgt eine solche Unbehaustheit. Hier sind daher seitens des Managements viel Fingerspitzengefühl und eine gute Kenntnis der Menschen, um die es letztlich geht, gefragt.

Der enteignete Arbeitsplatz: das Office Innovation Center des Fraunhofer IAO

Das Fraunhofer Institut für Arbeitswirtschaft und Organisation (IAO) betreibt in Stuttgart das *Office Innovation Center* als Labor für innovative Bürokonzepte und Raumstrukturen. Auf 1.000 m² sind unterschiedliche Raumkonzepte prototypisch umgesetzt, die sich ergänzen zu einer Gesamtlandschaft, in der Wissensarbeit in unterschiedlichen Ausprägungen und Rahmenbedingungen möglich ist.

Beispiele von Raumtypen im *Office Innovation Center* sind:
* *Multifunktionszone*
  Dies ist gewissermaßen der Check-in für den Mitarbeiter, wo er zu Arbeitsbeginn seine Arbeitsunterlagen abholt und immer wieder kurz seine E-Mails abfragen kann. Darüber hinaus bietet diese Zone Raum für spontan anberaumte Besprechungen unter Kollegen oder mit externen Besuchern.
* *Kombibüro*
  Im Kombibüro sind sowohl konzentrierte Einzelarbeit als auch vertrauliche Besprechungen in einem kleinen Kreis möglich. Ein Doppel-Kombibüro bietet einem Zweierteam einen abgeschlossenen Arbeitsraum.
* *Cockpit*
  Neben dem Kombibüro ermöglicht das Cockpit eine konzentrierte Einzelarbeit. Im Unterschied zum Kombibüro ist die Architektur im Cockpit noch stärker auf Ruhe und Ungestörtheit ausgerichtet. Außerdem steht dem Wissensarbeiter hier wahlweise zur Nutzung des eigenen Notebooks ein leistungsfähiger Desktop-Rechner zur Verfügung.
* *Teambüro*
  Demgegenüber steht das Teambüro für die flexible Ad-hoc-Gestaltung der Arbeitsumgebung von Einzelarbeiten bis zum Arbeiten in unterschiedlich großen Teams. Der Raum verfügt über stationäre und mobile Arbeitstische, Caddies, Sideboards und mobile Standleuchten sowie Arbeitsplatzleuchten. Der Raum ist farbenfroh gestaltet, was eine entspannte und freundliche Stimmung schafft.

Hinzu kommen Seminar- und Besprechungsräume, ein Forum für Veranstaltungen mit bis zu 60 Personen, ein Medienraum mit verschiedenen Präsentationsflächen, DVD-Player und Beamer sowie unterschiedliche Kommunikationszonen:
* Privacy, um auf einem Crosstrainer Sport zu treiben, sich danach zu duschen und umzuziehen
* Treff als Treffpunkt gleich neben einer kleinen offenen Küche
* *Interactice Creativity Landscape* mit verschiedenen kreativitätsfördernden Interaktions- und Rückzugszonen, wie z. B. einer formbaren Sitz- und Liegelandschaft, der Möglichkeit, mittels Virtual-Reality-Technik künstliche Räume zu erleben auf der einen oder aber kokonartigen Konzentrationszonen auf der

anderen Seite, in denen durch visuelle, akustische und olfaktorische Reize Entspannung erzeugt und das laterale Denken stimuliert werden soll.
(http://oic.fhg.de/deutsch/oictour/index.htm)

Organisatorische und technologische Infrastruktur

Neben dem Gestalten der tatsächlichen Wissensräume gehört es zur Aufgabe des Bodenbereitens, eine die Wissensarbeit unterstützende Infrastruktur zur Verfügung zu stellen. Dies betrifft organisatorische Aspekte ebenso wie den Einsatz von Informations- und Kommunikationstechnologie in der Organisation.

Wissensarbeit
erfordert individuelle
betriebliche
Regelungen

Mit Blick auf die organisatorischen Rahmenbedingungen ist entscheidend,

- dass Wissensarbeit nicht zwingend an einem bestimmten Ort stattfinden muss, sondern oft mobil ist
- dass die Arbeitszeit als bestimmendes Regulativ ihre Bedeutung verliert
- dass die Leistungsregulation individualisiert ist.

Alle diese Punkte erfordern betriebliche Regelungen, die abweichen von den weitgehend standardisierten Regelungen, wie sie beispielsweise Bestandteil von Tarifverhandlungen sind. Und sie verlangen aufgrund der weitgehenden Entstandardisierung ein nicht mehr nur exekutives, sondern kreatives Handeln des Managers. Fragen, die dabei oft lediglich im jeweiligen konkreten (individuellen) Fall zu beantworten sind, sind beispielsweise:

- Wie lässt sich der Wechsel zwischen unterschiedlichen Arbeitsorten organisieren?
- Wie koordinieren wir die Zusammenarbeit von Menschen an unterschiedlichen Orten?
- Gibt es Mindestregelungen in puncto Arbeitszeit, die wir treffen müssen, oder ist eine reine Vertrauensarbeitszeit für beide Seiten tragbar?
- Wo liegen Leistungsziele?
- Und wie kann deren Erreichen erkannt werden? Belohnt werden?
- Gibt es betriebliche Regelungen, die für die gesamte Organisation gelten können (Standards)?

Oft begibt sich der Manager bei der Beantwortung dieser Fragen – die in vielen Fällen eine gemeinsame Beantwortung im Dialog mit dem Mitarbeiter ist – auf eine Gratwanderung, da arbeits- oder versicherungsrechtliche Regelungen der gewandelten Realität der Wissensarbeit noch nicht Rechnung tragen.

Neben der organisatorischen braucht Wissensarbeit auch eine angemessene technologische Infrastruktur, die z. B. mobiles Arbeiten an unterschiedlichen Orten erst ermöglicht. Unterstützung kann die Informations- und Kommunikationstechnologie (IuK) leisten beim Verwalten und Auffinden von Daten und Informationen, bei der Kommunikation und Dokumentation von Wissen sowie beim sogenannten *Networking*, d.h. beim Aufbau und der Pflege sozialer Netzwerke, bei der menschlichen Interaktion und Kommunikation, sofern diese eben nicht an einem Ort stattfinden.

Da kaum etwas so schnell veraltet wie der neueste technologische Trend, soll an dieser Stelle nicht auf spezifische technologische Lösungen eingegangen werden, sondern auf eine allgemeine, der Wissensarbeit förderliche und aus dieser teilweise auch entstandene Entwicklung, die sogenannte *Social Software*.

[**Sozial** *von lateinisch* **socius**: *gemeinsam, verbunden, verbündet*]

Social Software unterstützt den Aufbau und die Pflege sozialer Netzwerke und orientiert sich dabei an deren Funktionsweise: Die Nutzer werden aktiv einbezogen und profitieren von Synergieeffekten der Gruppe. *Social Software* beruht auf dem Bottom-up-Prinzip, d.h. auf einer aktiven Mitgestaltung der Inhalte durch die Nutzer. Sie basiert auf Selbstorganisation und damit grundlegend auf gegenseitigem Vertrauen. In der Regel bilden sich im Einsatz mit der Zeit Regeln heraus, konkrete Verhaltensregeln, um die notwendige Vertrauensbasis zu sichern (Netiquette), oder auch technische Vorgaben, Normen und sprachliche Codes (z. B. Emoticons, eine Zeichenfolge aus normalen Satzzeichen, die einen Smiley nachbildet und dadurch eine Stimmung ausdrückt).

Der Ort von *Social Software* ist das Internet, das sich mit und durch diese neue Art von Software bereits verändert hat und sich nach Meinung von Internet-Aktivisten noch weiter tief greifend verändern wird.

Internet 1. Generation	Social Internet 2. Generation	Collaborative Internet 3. Generation
Vergangenheit	**Gegenwart 2006**	**Zukunft**
Publikation	Partizipation	Kollaboration
Dualismus von Konsument und Produzent	Kongruenz von Konsument und Produzent	Produzententeams
Persönliche Websites	Blogs	Auslagerung von Office-Anwendungen ins Internet[167]
Content-Management-Systeme	Wikis	Simultanes Arbeiten an einem Dokument
Klare Grenze zwischen Desktop und Internet, „drinnen und draußen"		Verschwimmende Grenzen
Taxonomie (zentrale hierarchische Kategorisierung)	„Folksonomy" (Kategorisierung durch die Nutzung)	

---

167 Z. B. der Internet-Service Writely

Auf die Gefahr des Veraltens hin an dieser Stelle trotzdem einige Beispiele für *Social Software:*

- *Fundable.org*
  Hier können Nutzer spontan Gemeinschaftsprojekte initiieren, z.B. gemeinsam eine Sammelbestellung aufgeben, um Rabatte zu nutzen. (http://fundable.org)
- *Digg*
  Digg ist eine Nachrichtensuchmaschine, bei der die Anwender interessante Weblinks selbst beschreiben, kategorisieren (taggen) und hochladen. Nachrichten, die oft angeklickt werden, rutschen in der Darstellung nach oben.
  (http://www.digg.com)
- *43Things*
  43Tings bietet eine Plattform, auf der jeder Nutzer 43 Ziele für sich formulieren kann, z.B. Französisch lernen, endlich einmal „Krieg und Frieden" lesen usw. Er findet auf der Plattform Gleichgesinnte, um Erfahrungen auszutauschen oder auch sich bei der Verfolgung dieser Ziele anspornen zu lassen.
  (http://www.43things.com)
- *Permalink*
  Mit Permalink bietet ein österreichisches Unternehmen anderen Unternehmen ein offenes kollaboratives Wissensmanagementsystem.
  (http://permalink.imfo)
- Weitere Beispiele:
  http://openBC.com
  http://www.citeulike.org
  http://www.last.fm
  http://www.flickr.com
  http://secondlife.com

Entscheidende Merkmale von *Social-Software*-Werkzeugen sind, dass deren Nutzung in der Regel kostenfrei möglich ist und selbst Computerlaien keinen großen Lernaufwand betreiben müssen, vielmehr sind die Werkzeuge auf eine spontane intuitive Nutzung durch möglichst viele Nutzer ausgelegt.

Werkzeuge von *Social Software* sind beispielsweise:

- *Chat*
  Chats sind direkte Unterhaltungen zwischen zwei oder mehreren Personen über das Internet bzw. das organisationseigene Intranet. Chatter zu einem bestimmten Thema treffen sich oft in einem sogenannten *Chat Room*.
  Neben den relativ öffentlichen Web Chats entstand in den neunziger Jahren das sogenannte *Instant Messaging*. Hier wird der Chat nur zwischen Partnern geführt, welche die entsprechende Software auf ihrem Rechner installiert haben. Aus einer Kontaktliste kann der Chatter

wählen, mit wem er kommunizieren möchte. *Instant Messaging* beinhaltet neben dem reinen textualen Chat weitere Funktionalitäten wie das Erstellen eines Gesprächprotokolls (Chatlog) oder das Übermitteln von Daten und Hyperlinks.

- *Weblogs*

Ein Weblog oder einfach Blog ist ein Online-Journal, zu dem periodisch neue Einträge hinzugefügt werden. Die Einträge sind chronologisch absteigend geordnet. Leser können die Einträge kommentieren und darüber mit dem Autoren oder anderen Lesern in eine Diskussion eintreten.

Typischerweise beziehen sich die Autoren von Blogs, die Blogger, auf aktuelle Ereignisse und verlinken auf andere Websites und Blogs. Durch diese wechselseitigen Verlinkungen entsteht im Internet die sogenannte Blogosphäre.

Um einen Blog einzurichten, ist es in der Regel nicht notwendig, eine spezielle Software zu installieren, man kann schlicht die Dienste eines Weblog-Anbieters, meist kostenfrei, nutzen.

- *RSS*

RSS, *Really Simple Syndication,* erlaubt es dem Nutzer, die Inhalte einer Website – oder Teile davon – zu abonnieren. Die Bereitstellung von Daten im RSS-Format, beispielsweise auf einer Website, nennt man *RSS-Feed.* Vor allem Blogger bieten in der Regel *RSS-Feeds* für ihre Artikel an, aber zunehmend auch Nachrichtendienste wie Spiegel Online oder der Heise Newsticker.

Die Inhalte liegen via RSS in einem standardisierten Format vor und eignen sich daher für die maschinelle Weiterverarbeitung. So lassen sich mittels RSS beispielsweise Texte einer Webseite automatisch in eine andere Webseite integrieren (Content Syndication).

Ein Nutzer benötigt auf seinem Rechner einen sogenannten *Feed Reader,* der ihm die gesammelten Artikel in der gewählten Frequenz geordnet anzeigt. Dadurch gestaltet der Leser selbst die Inhalte eines personalisierten Newsletters, der auf seine individuellen Interessen abgestimmt ist.

- *Wikis*

Wikis haben ihren Namen vom hawaiianischen Begriff *wikiwiki* für „schnell". Wikis sind Seitensammlungen im Inter- oder auch Intranet, die nach dem Wiki-Prinzip „Jeder kann alles editieren" von ihren Lesern direkt online geändert oder ergänzt werden können. Unter jeder Seite befindet sich hierzu ein „EditText"-Link. Damit das Editieren ohne HTML-Programmierkenntnisse möglich ist, nutzen Wikis eine vereinfachte Syntax, durch die ein Text unformatiert eingegeben werden kann. Anschließend wird dieser von der Wiki-Software in HTML umgewandelt.

Die einzelnen Seiten oder Artikel können durch Links miteinander verbunden werden. Existiert die Seite noch nicht, kann sie durch Anklicken eines kleinen Fragezeichens neben dem Link angelegt werden. Da eine Seite erst auf einer anderen Seite eingetragen werden muss, um sie anzulegen, ist sichergestellt, dass neue Seiten mit bereits im Wiki vorhandenen vernetzt werden.

Um ein schnell wachsendes Wiki handhabbar zu halten, kann es sinnvoll sein, Rollen für die Verwaltung des Wikis zu definieren. So hat beispielsweise das unmittelbar nach der Tsunami-Katastrophe in Südostasien im Jahr 2004 entstandene Wiki[168], das Tausende von Menschen genutzt haben, um über ihre Erlebnisse zu berichten, Nachrichten zu verteilen, nach Angehörigen zu suchen usw., *janitors, monitors* und *gardeners* eingesetzt. Aufgabe der *janitors* war es, im Wiki aufzuräumen, *monitors* suchten nach redundanter Information, und *gardeners* strukturierten die Inhalte über eine angemessene Kategorisierung.

Um ein Wiki zu erstellen wird eine Wiki-Engine benötigt; der Nutzer eines Wikis benötigt zum Lesen und Bearbeiten der Artikel keine Software auf seinem Rechner.

Wiki im Internet Im Internet finden sich viele Informationen rund um das Thema **Wiki**:
- Mit dem Reisebus zu den Wiki-Communities:
  http://www.usemod.com/cgi-bin/mb.pl?TourBusStop
- Ein Verzeichnis von Wikis:
  http://www.wikiservice.at/gruender/wiki.cgi?WikiVerzeichnis
- Ein Verzeichnis von Wiki-Engines:
  http://www.c2.com/cgi/wiki?WikiEngines
- Eine Liste von Argumenten, warum Wikis funktionieren:
  http://c2.com/cgi/wiki?WhyWikiWorks
- Eine Liste von Argumenten, warum Wikis nicht funktionieren:
  http://c2.com/cgi/wiki?WhyWikiWorksNot

Wissensarbeit im Autorenkollektiv: die Online-Enzyklopädie Wikipedia

Wikipedia, ein Kunstwort aus den Begriffen *Wiki* und *encyclopedia*, ist eine von freiwilligen Autoren verfasste, mehrsprachige, freie Online-Enzyklopädie. Gegründet wurde Wikipedia im Jahr 2001 von Jimmy Wales; betrieben wird das Projekt von der Wikimedia-Stiftung, die sich durch Spenden finanziert.

Die Artikel der Wikipedia werden von den Nutzern selbst verfasst, eingestellt und ggf. kommentiert bzw. ergänzt und fortgeschrieben. Eine Untersuchung des Partizipationsverhaltens durch Jimmy Ward hat jedoch ergeben, dass mehr als die Hälfte der Inhalte von nur 2,5% der eingetragenen Nutzer stammen, die er selbst als „community of thoughtful users" bezeichnet. Wikipedia räumt jedermann das Recht ein, die Inhalte unentgeltlich – auch kommerziell – zu nutzen, zu verändern und zu verbreiten. Eine Redaktion im engeren Sinne gibt es nicht, das zugrunde liegende Wiki-Prinzip basiert vielmehr auf der Annahme, dass sich die Benutzer gegenseitig kontrollieren und korrigieren. Und dieses Prinzip scheint zu

---

168 http://www.tsunamihelp.info/wiki/index.php/Main_Page

funktionieren: Im Jahr 2005 bestätigten 50 unabhängige Gutachter Wikipedia kaum mehr Fehler als der Encyclopedia Britannica.

Nichtsdestotrotz sind Qualität und Verlässlichkeit der Inhalte sowie mögliche Verletzungen des Urheberrechtes kritische Punkte im Wikipedia-Projekt. Für die Mitarbeit am Projekt gelten daher einige wesentliche Grundsätze: neutraler Standpunkt, Verifizierbarkeit, Verzicht auf Primärrecherche, Respekt der Mitautoren und Verzicht auf persönliche Angriffe. Die Autoren willigen außerdem ein, ihre Beiträge unter der GNU-Lizenz für freie Dokumentation (GFDL)[169] zu veröffentlichen.

Welche Themen aufgenommen werden und in welcher Form, entscheidet die Gemeinschaft der ehrenamtlichen Autoren in einem offenen Redaktionsprozess. Im Zweifel wird über den Einzelfall diskutiert. Empfindet ein Benutzer ein Thema als ungeeignet oder einen Artikel als dem Thema nicht angemessen, kann er einen sogenannten Löschantrag stellen. Seiten, die gelöscht werden sollen, werden auf einer Spezialseite namens „Votes for deletion" (auf der deutschen Wikipedia: „Seiten, die gelöscht werden sollen") eingetragen. Dort bleiben sie eine Weile stehen, und sofern niemand Einspruch erhebt, werden sie entfernt. Gibt es Widerspruch, gilt das Konsens-Prinzip; kontroverse Inhalte werden deshalb eher verschoben, umbenannt oder nachbearbeitet als gelöscht.

Fünf Jahre nach seiner Gründung existiert das Wikipedia-Projekt bereits in mehr als 100 Sprachen[170]. Im September 2004 überschritt der Umfang des Gesamtprojekts die Grenze von einer Million Artikeln. Die deutschsprachige Wikipedia enthielt im Februar 2006 über 350.000 Artikel, die englische über 970.000 – die Datenbank wächst durch die Arbeit von Freiwilligen auf der ganzen Welt *wikiwiki*, schnell.

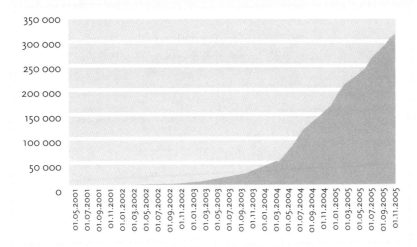

Abbildung 34: Artikelwachstum der Wikipedia[171]

---

169 http://de.wikipedia.org/wiki/GNU-Lizenz_f%C3%BCr_freie_Dokumentation
170 Stand Februar 2006
171 Quelle: http://de.wikipedia.org/wiki/Wikipedia (18.02.2006)

Social-Software-Werkzeuge unterstützen Wissensarbeit, denn sie ermöglichen schnelle und spontane Kommunikation zum Wissensaustausch oder gemeinsamen Wissensaufbau in internen oder auch externen Netzwerken und *Communities of Practice*. Als Teil einer wissensorientierten technologischen Infrastruktur können sie auch innerhalb von Organisationen bzw. deren Intra- und Extranet eingesetzt werden. Vorteile von *Social Software* in der Organisation sind:

- Möglichkeit der (Spontan-)Kommunikation zwischen räumlich entfernten Wissensarbeitern
- Mobilisieren des Wissens möglichst vieler Wissensarbeiter innerhalb und ggf. auch außerhalb der Organisation
- Überführen von individuellem in kollektives und organisationales Wissen (z. B. Wiki als organisationales Gedächtnis)
- indirektes Identifizieren von Experten zu bestimmten Themen in der Organisation
- geringer Investitionsaufwand, da die notwendige Software in den meisten Fällen kostenfrei als Open-Source-Software zur Verfügung steht
- geringer Qualifizierungsaufwand, da die Nutzung intuitiv ist und wenig technische Kenntnisse verlangt
- dadurch schneller, spontaner Einsatz in unterschiedlichen, variablen Kontexten

Eine Software, die nicht im Weg steht: der Einsatz von Wikis in der Projektarbeit bei der incowia GmbH

Das thüringische Softwareentwicklungs- und -beratungshaus incowia setzt seit 2003 Wikis im Unternehmen zur Projektdokumentation ein. Jedes Entwicklungsprojekt nutzt ein eigenes Projekt-Wiki, um dort sowohl wichtige Projektinformationen, wie z. B. eine Liste der Kundenanforderungen oder der behobenen Fehler, zu pflegen als auch um Konzepte, Entwürfe und Ideen schnell und unkompliziert zu dokumentieren und für andere transparent zu machen.

Neben den einzelnen Projekt-Wikis gibt es im Unternehmen ein zentrales Know-how-Wiki, in das die Mitarbeiter Informationen zu neuen Technologien, Tipps und Tricks oder sonstige interessante Nachrichten in der Regel in Form von kurzen Verweisen auf entsprechende Artikel und Seiten im Internet einstellen.

Sowohl die Projekt-Wikis als auch das allgemeine Know-how-Wiki sind selbstorganisierend: Die Mitarbeiter stellen die Inhalte eigenverantwortlich ein, eine institutionalisierte Qualitätskontrolle, beispielsweise in Person eines Redakteurs, der Beiträge vor deren Publikation im Wiki prüft und freigibt, gibt es nicht. Eine Qualitätskontrolle wird vielmehr von den Nutzern selbst ausgeübt, indem sie die Inhalte nicht nur konsumieren, sondern, wenn aus ihrer Sicht erforderlich, fortschreiben, verbessern oder den Autor um Konkretisierung oder Korrektur bitten. Ein solcher Ansatz mag gegebenenfalls dann kritisch werden, wenn der Nutzerkreis eines solchen Wikis sehr groß ist und dadurch eine gewisse Anonymität herrscht, vielleicht noch gepaart mit einer Kultur, in der inhaltliche Anmerkungen und Korrekturen nicht als konstruktive Kritik angenommen werden können. Für das Entwicklerteam bei incowia gilt, dass gerade Eigenverantwortung und Selbstorganisation den Erfolg der Wikis in der Projektarbeit begründen.

Für das übergreifende Know-how-Wiki wird keine Struktur vorgegeben, sondern diese entwickelt sich gewissermaßen emergent im Laufe der Nutzung. Gleiches galt in der Anfangszeit für die einzelnen Projekt-Wikis: Auch hier gab es keine vordefinierte Struktur, eine allgemeingültige Grundstruktur der Inhalte hat sich jedoch im Laufe der Nutzung herausgebildet. Diese Grundstruktur ordnet die Inhalte nach deren Typ (Anforderungen, Bug-Meldungen, Auslieferungstermine, Auslieferungsumfänge usw.) und grob nach den Projektphasen (Planung, Analyse, Implementierung, Qualitätssicherung, Rollout usw.). Diese Grundstruktur wird für neue Projekt-Wikis übernommen und damit die gesammelte Strukturerfahrung genutzt – Wikis erweisen sich als lernendes und entwicklungsfähiges Werkzeug. Durch die in den Wikis vorgegebene Grundstruktur unterstützen diese darüber hinaus mittelbar eine Standardisierung der Projektarbeit und Projektdokumentation im Unternehmen. Eine Standardisierung, die sich teilweise aus der Projektpraxis selbst entwickelt hat und dieser folglich angemessen ist.

Nach ungefähr 2 Jahren seit der Einführung sind die Wikis zu einem etablierten Werkzeug im Unternehmen geworden: Beim Start eines neuen Projektes fordert das Projektteam unmittelbar „sein" Wiki an, von 25 Entwicklern nutzen ca. 10 das Wiki aktiv, d. h., sie stellen dort auch Inhalte ein, der Rest nutzt das Wiki überwiegend konsumierend. Damit ist eine kritische Masse an Nutzern erreicht, die Aktualität und ein dynamisches Wachstum dieser Plattform gewährleistet. Obwohl das Entwicklerteam nicht groß ist und an nur einem Standort zusammenarbeitet, wird das Wiki nach Aussage der Nutzer als nützliche Unterstützung erachtet: Die Plattform eignet sich zur schnellen Ablage von Ideen, Dingen, „die einem durch den Kopf schießen", um diese nicht nur für andere, sondern auch für sich selbst zu dokumentieren, damit man gegebenenfalls zu einem späteren Zeitpunkt daran weiterarbeiten kann. Trotz der Möglichkeit zur persönlichen Kommunikation im überschaubaren Entwicklerteam von incowia wird das Wiki genutzt, um beispielsweise Ideen, Konzepte und Hintergrundinformationen nachhaltiger zu dokumentieren, aber vor allem auch, um diese eventuell noch reifen zu lassen. Damit unterstützt das Wiki den für die Wissensarbeit typischen Wechsel zwischen konzentrierter Einzelarbeit und kommunikativer Interaktion. Es kann – so zumindest die Erfahrung von incowia – die Kommunikation im Team sogar fördern, indem es das Bewusstsein stärkt, nicht alleine zu arbeiten, sondern gemeinsam mit anderen etwas zu tun.

Die Idee zu einem Wiki kam bei incowia von einer kleinen Mitarbeitergruppe, die in ihrer Freizeit begann, mit Wikis zu experimentieren, und während einiger Wochen ein erstes Wiki mit Inhalten füllte. In einem zweistündigen Workshop wurde dieses Wiki dann den Kollegen präsentiert und diese zur Mitwirkung motiviert.

Mehr Qualifizierungsaufwand war – für die IT-affinen Mitarbeiter der incowia – nicht notwendig. Auch administrativer Aufwand fällt kaum an. Der Mitarbeiter, der bei incowia für die Betreuung der Wikis verantwortlich ist – und dieses Werkzeug auch eingeführt hat –, sieht seine Aufgabe daher auch weniger in einer technischen Administration als in der Motivation der Kollegen, dieses Werkzeug konsequent zu nutzen. Denn eine offene und kommunikative Unternehmenskultur sowie das Vorleben des gewünschten Nutzerverhaltens sind wichtige Erfolgsfaktoren. Die Erfahrungen mit Wikis bei incowia bestätigen, dass Wikis auf Freiwilligkeit beruhen und Mitarbeiter sich nicht zu einer Nutzung zwingen lassen. Erste Erfahrungen des mit einer Nutzung verbundenen persönlichen Nutzens schaffen jedoch in der Regel die notwendige Motivation.

(www.incowia.com)

Die Dynamik, die *Social Software* auszeichnet, kann eine Organisation jedoch auch vor Herausforderungen stellen: Gerade Blogs und Wikis wachsen beständig, wodurch im Laufe der Zeit eine beachtliche Informationsmenge entsteht, über deren Bewältigung sich eine Organisation rechtzeitig Gedanken machen sollte. Dazu gehört auch, den Überblick zu wahren über die in der Organisation vorhandenen Blogs und Wikis.

Der Einsatz von *Social Software* in der Organisation geht einher mit einem grundlegenden Umdenken: Der Bottom-up-Ansatz, den *Social Software* in all ihren Spielarten verfolgt, wirkt subversiv in Bezug auf ein hierarchisches Denken. Bewusster Kontrollverlust muss in Kauf genommen werden, getragen von einem tiefen Vertrauen gegenüber den Mitarbeitern. Hier ist wieder der Gärtner im Manager gefragt, der weiß, dass eine Kontrolle von Wissensarbeit sowieso nicht möglich ist. Vertrauen ist auch deshalb eine wichtige Voraussetzung für einen Nutzen stiftenden Einsatz von *Social Software,* weil die Grenzen zwischen „beruflicher" Tätigkeit für die Organisation und „privater" Tätigkeit verschwimmen, insbesondere beim Einsatz von *Chats* oder *Instant Messaging.* Vorgaben, welche versuchen, die Nutzung solcher Tools auf eine rein berufliche einzuschränken, sind hier sogar eher kontraproduktiv zu sehen, denn sie schränken die Akzeptanz dieser Werkzeuge ein und reduzieren in der Folge deren Nutzen, der abhängig ist von einer möglichst breiten Akzeptanz- und Nutzungsbasis.

Studie
Privates Surfen

Privates Surfen nutzt dem Unternehmen

US-amerikanische Arbeitnehmer surfen zu Hause länger im Interesse ihres Arbeitgebers im Internet, als sie in der Firma für private Zwecke ins Web gehen. Das haben das Center for e-Service der Universität Maryland und die Marktforscher von Rockbridge Associates in ihrer Studie National Technology Readiness Survey herausgefunden. Demnach verbringen Beschäftigte, die am Arbeitsplatz und daheim einen Internetzugang haben, durchschnittlich 3,7 Stunden pro Woche mit privatem Surfen am Arbeitsplatz, während sie sich 5,9 Stunden pro Woche zu Hause mit arbeitsrelevanten Inhalten im Internet beschäftigen. Roland Rust, Di-

rektor des Center for e-Service, schließt daraus, dass Firmen, die die private Nutzung des Internet am Arbeitsplatz einschränken oder unterbinden, kontraproduktiv handeln. Die Unternehmen sollten privates Surfen nicht als unvermeidlich hinnehmen, sondern als nützlich für ihre Interessen begreifen. Arbeitgeber, die die private Nutzung des Internet während der Arbeitszeit unterbinden, sorgten damit für eine geringere Leistungsbereitschaft ihrer Mitarbeiter. Für die Studie, die seit 1999 regelmäßig durchgeführt wird, wurde das Verhalten von 501 Erwachsenen im Dezember 2002 untersucht.
Quelle: http://www.heise.de/newsticker/data/anw-06.02.03-005]

Und damit kommen wir wieder zurück zu den betrieblichen Bedingungen, zur organisatorischen Infrastruktur. Das Engagement in Wissensräumen, seien sie nun realer oder virtueller Art, verdient Anerkennung, Anerkennung als Teil der Wissensarbeit und damit das Zugeständnis eines angemessenen Zeitraumes: „This kind of knowledge leadership provides a definite space *in time* for body and mind to come together in an originating ba, where knowledge-creation processes emerge. This sets the agenda for a new kind of management."[172]

Das personale Umfeld

Wissensarbeit findet sowohl als konzentrierte Einzelarbeit als auch in der Interaktion in einem Team, einem Netzwerk oder einer Community statt. Der Wissensarbeiter ist auf die Gemeinschaft, den Austausch mit anderen angewiesen. Zu den Rahmenbedingungen für Wissensarbeit zählt daher neben Raum und Infrastruktur die personale Umgebung; auch diese Umgebung kann und sollte vom Manager gestaltet und mittelbar beeinflusst werden.

Dies bezieht sich weniger auf den wichtigen informellen Wissens- und Erfahrungsaustausch in den Netzwerken und Communities jedes Wissensarbeiters; dies liegt weitgehend in der Verantwortung des Wissensarbeiters selbst[173] und kann durch ein allzu tätiges direktes Eingreifen des Managements eher gestört werden. Verlässt die Interaktion jedoch die Sphäre des Informellen, nämlich dann, wenn bei zunehmender Aufgabenkomplexität Informationsverarbeitung, Steuerung und Verantwortung nicht mehr von Einzelpersonen gehandhabt werden können, wird das Teammanagement zu einer wesentlichen Aufgabe des Managers, d.h. die Entscheidung darüber, welches Team in welcher Zusammensetzung der Personen und Kompetenzen für die möglichst effektive Erfüllung einer bestimmten Aufgabe notwendig ist, sowie die eigentliche Bildung und die Organisation dieses Teams.

---

172 Nonaka, Konno 1998. S. 54, Hervorhebung durch die Autorin
173 Die Aufgabe des Managements ist hier eine reduzierte und bewusst zurückgenommene indirekte Gestaltung der notwendigen Rahmenbedingungen der Möglichkeit zum informellen Austausch. S. auch Kapitel 3.5.2 „Wissensraum Community"

Merkmale von **Teams**

- unmittelbarer Kontakt zwischen allen Mitgliedern
- relative Dauerhaftigkeit
- Zielorientierung
- hierarchieübergreifende Funktionsgliederung
- kooperatives Interagieren und kollektive Verantwortung
- ausgeprägter Gemeinschaftsgeist und relativ starke Gruppenkohäsion

Die Entscheidung über die Zusammensetzung eines Teams ist durchaus vielschichtig: Am Anfang muss ein klares Verständnis der Aufgabe stehen, die diesem Team gestellt wird. Erst dieses Verständnis erlaubt in einem zweiten Schritt Rückschlüsse auf die im Team zur Erledigung dieser Aufgabe benötigten fachlichen und methodischen Kompetenzen. Im Kontext der Wissensarbeit kommt dem Generieren neuen Wissens, damit dem gemeinsamen Lernen in diesem Team eine wesentliche Bedeutung zu. Bei der Zusammenstellung des Teams muss daher neben dem Wissen (Wer bringt welches Wissen, welche Kompetenz in das Team?) auch das Nichtwissen stehen (Wo fehlt uns Wissen? Wie können wir dieses Wissen erwerben oder entwickeln? Und welche Kompetenzen benötigen wir für diesen Erwerb bzw. diese gemeinsame Entwicklung?).

Welche Kompetenzen braucht das Team? Aus der Aufgabe, ein Team zusammenzustellen, erwächst für den Manager die Anforderung, die möglichen Teammitglieder in ihrer jeweiligen fachlichen und methodischen Kompetenz treffend einschätzen zu können. Oft betrifft dies nicht nur Mitarbeiter, Kollegen aus dem eigenen engeren Bereich, sondern auch aus anderen weiter entfernten Organisationsbereichen oder gar von außerhalb der Organisation. Das Wissen um Kompetenzen sollte daher in der Organisation kein stilles Wissen sein, sondern ein, so weit als möglich, dokumentiertes explizites und damit für eine solche Entscheidungsfindung zugreifbares Wissen.

Neben den fachlichen und methodischen Kompetenzen sind die sozialen Kompetenzen, die Persönlichkeiten der potenziellen Teammitglieder und damit verbunden auch deren Wünsche und Ambitionen ausschlaggebend. So kann es eine durchaus richtige Entscheidung sein, einen Mitarbeiter, der fachlich-methodisch zwar hinter einem Kollegen zurücksteht, aufgrund seiner Persönlichkeit aber voraussichtlich zu einer effektiveren Interaktion mit den anderen potenziellen Teammitgliedern in der Lage ist, in das Team zu berufen. Die Herausforderung für den Manager besteht hierbei darin, mit der notwendigen Sensibilität und Menschenkenntnis nicht nur die unterschiedlichen Persönlichkeiten der möglichen Mitglieder einschätzen zu können, sondern darüber hinausgehend das wahrscheinliche Zusammenspiel dieser unterschiedlichen Persönlichkeiten antizipieren und den Beitrag des Einzelnen im Kontext der Teamarbeit beurteilen zu können. Es geht bei der Auswahl eines Teams also nicht darum, für jedes Kompetenzgebiet den besten Fachmann zu finden, denn ein Team ist ein komplexes Gebilde, d.h., das Ganze ist mehr als die Summe seiner Teile, und ein Team von zehn nur mittelmäßigen Fachleuten, die aber sehr gut miteinander interagieren, leistet unter Umständen mehr als ein Team von zehn Top-Experten, die kaum interagieren. Von einem gut funktionierenden Team kann erst dann gesprochen werden, wenn die Gemeinschaftsleistung die Summe der Einzelleistungen übersteigt.

Eine grundlegende Frage, die bei der Zusammenstellung eines Teams zu beantworten ist, ist die Frage der Homogenität bzw. Heterogenität. Homogene Teams haben zwar tendenziell geringere Koordinationskonflikte, verfügen jedoch auch über eine geringere Ressourcenvielfalt. Demgegenüber weisen heterogene Teams Leistungsvorteile auf, sind jedoch tendenziell instabil. Und dies kann sich negativ auf die Teamleistung auswirken einerseits durch den notwendig erhöhten Koordinationsaufwand sowie andererseits erstaunlicherweise auch durch eine übersteigerte Integration im Sinne des Gruppendenk-Phänomens, bei dem ein Team voreilige und schlechte Entscheidungen trifft, weil jedes Mitglied seine eigene Meinung an eine vermeintliche Gruppenmeinung anpasst, um Konflikte zu vermeiden und die bestehende Heterogenität zu übertünchen.

[*Gruppendenk (Groupthink) bezeichnet nach dem Psychologen Irving L. Janis den Denkmodus, den Personen verwenden, wenn das Streben nach Einmütigkeit in einer kohäsiven Gruppe derart dominant wird, dass es dahin tendiert, die realistische Abschätzung von Handlungsalternativen außer Kraft zu setzen.*[174]]

Sowohl in homogenen als auch in heterogenen Teams ist die Zusammenstellung des Teams nicht gleichzusetzen mit der Teambildung. Letztere ist vielmehr ein den Lebenszyklus eines Teams begleitender Entwicklungsprozess in vier Phasen:
1. Orientierungsphase (forming)
2. Konfrontationsphase (storming)
3. Kooperationsphase (norming)
4. Wachstumsphase (performing)

In der **Orientierungsphase** finden die Mitglieder aufgrund bestimmter Erwartungen ihre eigene Rolle im Team. Die Mitglieder lernen sich allmählich kennen, doch bestehen noch keine Vertrauensverhältnisse. Es herrschen Höflichkeit, vorsichtiges Abtasten und Streben nach Sicherheit. Zu Beginn der Orientierungsphase kennzeichnet Ambivalenz das Verhalten und die Aussagen, so werden einerseits Bedenken an der Aufgabe,

---

174 Vgl. http://www.wiwiss.fu-berlin.de/w3/W3STITZE/%C3%BC_a1/Groupthink.PDF (19.02.2006)

der Zusammensetzung des Teams usw. geäußert, andererseits herrscht Neugier und Aufbruchstimmung. Zentrale Fragen in dieser Zeit sind:

- Wer ist aus welchem Grund in diesem Team dabei?
- Was kann ich in diesem Team für mich erreichen?
- Was kann hier auf mich zukommen?

Wissensträgerkarte Primäre Bezugspunkte während der Orientierungsphase sind die zu behandelnden Aufgabenstellungen und der Teamleiter, dessen aktive Führung im Sinne einer Orientierungsgebung in dieser Phase besonders deutlich gefordert ist.

Um die wissensorientierte Zusammenarbeit in einem Team zu unterstützen, kann die Orientierungsphase darüber hinaus dazu genutzt werden, die Einzelkompetenzen im Team in Bezug auf die jeweilige Rolle transparent zu machen, d. h. die Frage, wer warum im Team ist, wird nicht implizit und individuell gestellt, sondern offen behandelt. Beispielsweise in Form einer sogenannten Wissensträgerkarte. Diese kann schlicht als Tabelle oder grafisch aufbereitet sein, wobei z. B. ein für die Aufgabenstellung des Teams wichtiges Thema inhaltlich und nach einzelnen Kompetenzstufen[175] strukturiert dargestellt wird und die einzelnen Teammitglieder sich selbst oder auch im Dialog mit den anderen Mitgliedern oder dem Teamleiter darauf verorten.

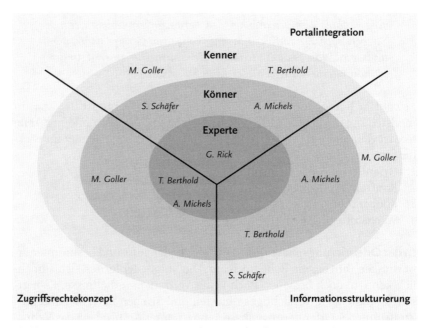

Abbildung 35: Beispiel einer Wissensträgerkarte für das Thema Informationsarchitektur in einem Projekt zum Aufbau einer Enterprise-Content-Management-Plattform

---

175 Zu den Kompetenzstufen s. auch Kapitel 4.2.3 „Managementaufgabe: ausreichend gießen"

In unserem Beispiel (s. Abbildung) wurde das für ein Projekt zum Aufbau einer Enteprise-Content-Management-Plattform wesentliche Thema „Informationsarchitektur" unterteilt in die Unterthemen „Informationsstrukturierung", „Zugriffsrechtekonzept" und „Portalintegration". Jedes Unterthema wiederum wurde unterteilt in drei Kompetenzstufen, denen sich die Teammitglieder zuordnen. In unserem Beispiel wird dabei nicht nur transparent, wer über welches Fachwissen verfügt, sondern auch, dass das wichtige Unterthema „Informationsstrukturierung" von keinem Experten besetzt wird. Daraus ergeben sich wichtige Fragen für das Team:

- Ist die Kompetenzeinschätzung seitens der Teammitglieder korrekt? Oder haben sich die Mitglieder bzw. hat sich ein Mitglied zu gering eingestuft?
- Wenn tatsächlich ein Defizit vorliegt, gefährdet dieses den Teamerfolg?
- Wenn ja, kann das Team durch ein weiteres Mitglied aus der Organisation ergänzt werden?
- Muss externes Fachwissen eingebunden werden?

Natürlich kann eine solche Wissensträgerkarte bereits bei der Zusammenstellung eines Teams wichtige Dienste leisten, um Klarheit darüber zu erhalten, welche Personen unter dem Gesichtspunkt der fachlichen Kompetenz Teil des Teams werden sollten.

Wissensstrukturkarte

Neben der notwendigen Transparenz über Aufgabenstellung und vorhandene Kompetenzen kann es sich in der Orientierungsphase als notwendig erweisen, einzelne wesentliche Begriffe gemeinsam zu definieren, um im Team eine gemeinsame Wissensbasis herzustellen. Allzu oft wird hier zu Beginn der Zusammenarbeit fälschlicherweise von einer „naturgegebenen" gemeinsamen Wissensbasis, im Sinne eines gemeinsamen Verständnisses wesentlicher Begrifflichkeiten und zugrunde liegender Konzepte, schlicht ausgegangen; eine Annahme, die dann erst im Laufe der Zusammenarbeit widerlegt wird, dabei jedoch Effizienz und Effektivität eben dieser Zusammenarbeit mindert. Eine sogenannte Wissensstrukturkarte kann diesen Prozess unterstützen. Dabei wird ein Begriff in Form einer Mind-Map mit den dazugehörigen Über- und Unterbegriffen, Synonymen und Antonymen sowie Definitionen dargestellt. Wichtiger als das eigentliche Ergebnis, die Mind-Map, ist hierbei der Prozess des gemeinsamen Erarbeitens und Definierens der hinter den Begriffen stehenden Bedeutungen. Dabei kann das Instrument der Wissenskommunikation[176] zum Einsatz kommen.

Schon hier können erste Konflikte aufbrechen, die Orientierungsphase geht über in die zweite Phase der Teambildung, die **Konfrontationsphase.** In dieser Phase entscheidet sich, ob ein Team besteht oder aufgrund un-

---

176 Zur Wissenskommunikation s. Kapitel 3.3.2 „Soziales Lernen"

überwindbarer Konflikte zerfällt. Im Zuge der Klärung inhaltlicher (s. o.) oder organisatorischer Dinge werden unterschiedliche Werthaltungen und Vorgehensweisen deutlich. Meinungen und Gefühle werden nun offen ausgesprochen, es kann zu Cliquenbildungen und Machtkämpfen kommen. Aufgabe des Teamleiters ist es in dieser Phase, die Ziele des Teams zu betonen.

Können die Konflikte gelöst werden, bildet sich ein Grundkonsens im Team, und die Aufgabenrollen können abschließend definiert werden. Außerdem beginnt sich aus der Frage nach gemeinsamen Werthaltungen eine Teamidentität auszubilden. Die Orientierung bewegt sich weg vom Teamleiter hin zum gesamten Team und den einzelnen Teamkollegen, die genau beobachtet werden.

Nach konstruktiver Überwindung der Konfrontationsphase entsteht in der darauffolgenden **Kooperationsphase** ein Wir-Gefühl. Es herrscht ein vertrauensvolles Klima, in dem Ideen und Gedanken offen ausgetauscht werden können. Das Team hat eine solide Arbeitsplattform gefunden und baut diese weiter aus. Durch das Zusammenwachsen kann der Kontakt zur Außenwelt abnehmen. Der Teamleiter nimmt nun weniger Führungs- als Koordinierungsaufgaben wahr.

Erst in der letzten Phase der Teambildung, der **Wachstumsphase,** fließt die gesamte Teamenergie in die Aufgabenbewältigung. Die Phase ist geprägt durch Arbeitsorientierung, Flexibilität, Offenheit der Teammitglieder, Solidarität, Leistungsausrichtung und zielgerichtetem Handeln des Teams. Das Team steuert sich größtenteils selbst.

Sowohl in der Kooperations- als auch in der Wachstumsphase stellt sich die Frage nach unterstützenden Rahmenbedingungen für den Wissens- und Erfahrungsaustausch sowie die teilweise notwendige Dokumentation. Zu diesen Rahmenbedingungen gehören organisatorische, wie eine diese Aufgaben berücksichtigende Zeitplanung im Team, sowie infrastrukturelle, wie beispielsweise Team-Wikis (s. o.) o. Ä.

So wie der Gärtner das Wachstum seiner Pflanzen kritisch beobachtet, verfolgt und begleitet der Manager die Entwicklung seines bzw. seiner Teams durch die oben genannten Phasen. Diese können von einem Team auch wiederholt durchgemacht werden, beispielsweise wenn ein neues Teammitglied in ein bestehendes Team eintritt oder sich die Aufgabenstellung ändert und damit das Team neu ausgerichtet werden muss. Wo nötig kann er das Team und dessen gruppendynamische Prozesse fördern und unterstützen, auch wenn er selbst nicht die Rolle des Teamleiters einnimmt, z. B. durch entsprechende Trainings und Coachings, moderierte Workshops oder Feedback-Techniken. Wichtig ist in jedem Fall das Bewusstsein, dass eine Teambildung ein aktiv zu betreibender Prozess ist und die Arbeit und die Verantwortung des Managers nicht nach der Aussaat, der Zusammenstellung des Teams aufhört.

Gleichwohl nimmt sich der Manager über die verschiedenen Phasen der Teambildung hinweg, Orientierungsphase, Konfrontationsphase, Kooperationsphase und Wachstumsphase, immer stärker zurück. Damit dies möglich ist, sollte er seine Rolle von Anfang an auch als die eines Coach für das Team verstehen, dessen Aufgabe es ist, das Team zur Selbstverantwortung und Selbstorganisation zu befähigen.

Debriefing

Mit der Wachstumsphase ist der Lebenszyklus eines Teams noch nicht abgeschlossen, denn die meisten Teams lösen sich auf, wenn ihre Aufgabe erfüllt ist und finden sich in neuen Konstellationen für neue Aufgaben wieder zusammen. Die letzte Phase ist damit die **Auflösungsphase**, der gerade bei wissensorientierter Teamarbeit große Bedeutung zukommt, denn nun gilt es, das im Laufe der Zusammenarbeit erworbene (Erfahrungs-)Wissen zu sichern. In dieser Phase kommt dem Manager wieder eine aktive Rolle zu, beispielsweise als *Debriefer*. Das Konzept des *Debriefing* kommt ursprünglich aus der Psychotherapie und dort aus dem Umfeld des *Critical Incident Stress Management;* entwickelt wurde es für die Traumata-Behandlung nach militärischen Einsätzen oder auch Kriseneinsätzen von Hilfskräften. Ziel eines *Debriefing* ist es, in strukturierten Gesprächen die Betroffenen emotional zu entlasten, indem es ihnen ermöglicht wird, über ihre Erfahrungen zu sprechen.

> *Das **Debriefing** ist eine psychosoziale Intervention für Einzelpersonen oder Gruppen. Sie hat zum Ziel, Menschen, welche mit außergewöhnlichen Situationen (Unfälle, Todesfälle usw.) konfrontiert wurden, emotional zu entlasten. Dadurch werden die unmittelbaren Folgen des traumatisierenden Ereignisses reduziert*
> (Definition des Schweizer Heeres).

Ebenso kann das Instrument eingesetzt werden, um das in der Projektzusammenarbeit eines Teams entstandene Erfahrungswissen zu sichern.

Ein *Debriefing* verläuft in sechs Phasen:
1. Das Erfahrungswissen der Teammitglieder wird zusammengetragen und strukturiert. Dabei können Fragebogen zum Einsatz kommen oder von den Mitgliedern geführte Team- bzw. Projekttagebücher in Form von Mikroartikeln.
   Bei dieser Erhebung geht es keineswegs nur um möglicherweise während der Zusammenarbeit entstandenes Fachwissen, sondern auch um Teamorganisation, die Beziehungsebene im Team und persönliche Erfahrungen, wie individuelle Frust- und Erfolgserlebnisse.
   Ziel von **Mikroartikeln** ist es, sehr kontextabhängiges Wissen leichter dokumentier- und wiederauffindbar zu machen. Mikroartikel umfassen

Mikroartikel

maximal eine Textseite. Sie beinhalten einekurze Problembeschreibung in Form einer Geschichte und die Erfahrungen, die daraus gewonnen werden können. Die Erzählform einer Geschichte sorgt dafür, dass dem Leser der Kontext des Problems nahegebracht wird.[177]

2. Das zusammengetragene Erfahrungswissen wird zu unterschiedlichen Wissensbausteinen aggregiert und in einem weiteren Schritt mit Prioritäten versehen. Nicht jede in einem Projekt gewonnene Erfahrung ist für eine Organisation über eben dieses Projekt hinaus relevant.

3. Die sogenannten Debriefing-Zielgruppen werden ermittelt, d.h. Personen in der Organisation, für die dieses Wissen wichtig sein kann.

4. Das identifizierte Projektwissen wird für die Zielgruppen aufbereitet.

5. Das Wissen wird weitergegeben, und zwar in einem ersten Schritt nicht in schriftlicher Form, sondern gewissermaßen *on the Job*, im persönlichen Kontakt, nicht theoretisch, sondern anhand der konkreten Projektgeschichte (Story Telling[178]).

6. Zusätzlich zur persönlichen Interaktion können sogenannte Wissensbausteine (teilweise) kodifiziert und beispielsweise in einer Projekt- oder *Lessons-Learnt*-Datenbank strukturiert zur Verfügung gestellt werden.[179]

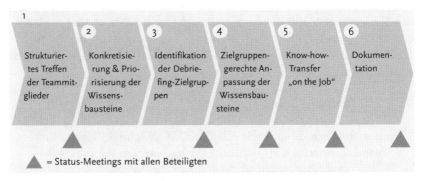

Abbildung 36: Die sechs Phasen des Debriefing

Dem Manager kann in dieser letzten Phase die Rolle des Debriefers und Moderators im Debriefing-Prozess zukommen. Darüber hinaus ist es in seiner Verantwortung, auch hier die notwendigen Rahmenbedingungen (Zeit) und das Bewusstsein für die Bedeutung eines bewussten, aktiv betriebenen Abschlusses zu schaffen. Und dieser wiederum kann nur in einer Kultur von Offenheit und Vertrauen gelingen, doch dazu später mehr.[180]

---

177 Vgl. Willke 2001

178 S. auch Kapitel 4.3.1 „Sense-Making in komplexen Systemen"

179 Entgegen zahlreichen Definitionen in der Literatur handelt es sich beim Debriefing nicht um eine Kodifizierung von Erfahrungswissen. Im Vordergrund steht vielmehr die persönliche Interaktion und die Kommunikation unter den Teammitgliedern in der Rolle der Wissensträger ebenso wie zwischen Wissensträger und Zielgruppe.

180 Kapitel 4.2.5 „Managementaufgabe: den Boden bereiten"

Neben der Unterstützung der Teams und der Entscheidung über die Ein- *Profiling und*
bindung des einzelnen Wissensarbeiters in diese Teams muss der Fokus *360°-Audit*
des Managers auch auf einem angemessenen Einsatz, d.h. einer angemessenen Aufgabenstellung, liegen: der richtige Mann, die richtige Frau
an der richtigen Stelle. Das Personalmanagement, vor allem traditionell
ausgedrückt die Personaleinsatzplanung und damit verbunden die Ein-
satzdiagnostik, rückt in den Fokus der Managementtätigkeit und verdrängt dort klassische Aufgaben der Arbeitsplanung und Kontrolle. Ähnlich wie bei der Frage nach der „richtigen" Teamzusammensetzung erfordert dies eine genaue Kenntnis des Anforderungsprofils einer bestimmten
Aufgabe[181] sowie ein vertieftes Verständnis des Kompetenz- und Persön-
lichkeitsprofils eines Mitarbeiters.

In der Psychologie gründende Verfahren der sogenannten Eignungs-
diagnostik sind Managementwerkzeuge, die verstärkt zum Einsatz kommen, beispielsweise das sogenannte *Profiling* oder *Job-Match*-Verfahren.
Das *Profiling* benötigt zunächst ein klar umrissenes Anforderungsprofil
der zu besetzenden Aufgabe bzw. Position. Dies kann z.B. durch eine
Benchmark erstellt werden, d.h., indem die Anforderungen an einen
neuen Mitarbeiter in dieser Aufgabe/Position aus der Leistung von hier
bereits erfolgreichen Mitarbeitern abgeleitet wird. Analysiert werden
hierbei neben kognitiven Merkmalen auch Motivation und Verhalten (af-
fektive Merkmale). Mit demselben Verfahren werden dann auch die potenziellen neuen Mitarbeiter analysiert. Eine möglichst hohe Deckung
mit dem Zielprofil soll dabei Aufschluss über den am besten geeigneten
Kandidaten geben, außerdem enthalten die Abweichungen zwischen Soll-
und Ist-Profil wichtige Erkenntnisse bezüglich späterer Personalentwicklungsmaßnahmen.

Interessanterweise finden diese Beurteilungen nicht nur top down, also
seitens des Managements in Bezug auf die Mitarbeiter, statt, sondern
auch das Management selbst gerät zunehmend unter Beurteilungsdruck.
Ein Beispiel: das 360°-Audit. Bei einem solchen Management-Audit steht
die Beurteilung der Führungsleistung im Mittelpunkt, und zwar eben
nicht nur top down durch die wiederum vorgesetzte Stelle, sondern auch
durch Kollegen auf gleicher Hierarchie-Ebene und durch die Empfänger
der Führungsleistung, also die unterstellten Mitarbeiter. Unter Umständen werden darüber hinaus noch Einschätzungen von außerhalb des Unternehmens, beispielsweise von Schlüsselkunden, Hauptlieferanten o.a.,
herangezogen.

---

181 Im Kontext der Wissensarbeit ist eher von „Aufgabe" als von „Stelle" zu sprechen, da es sich (1) nicht unbedingt um eine konkrete Verortung innerhalb einer mehr oder weniger starren Hierarchie handelt und
(2) diese Zuordnung gleichzeitig mehrfach sowie in der Zeit relativ häufig wechselnd sein kann.

Diese Entwicklung ist nach Meinung der Autorin unter anderem auf den Bedeutungszuwachs der Wissensarbeit in den Unternehmen zurückzuführen: Wissensarbeiter verstehen sich als Subjekte ihrer Arbeit; das Engagement innerhalb einer Organisation und damit verbunden die teilweise Steuerung durch eine oder mehrere andere Personen, kann nicht erzwungen, sondern muss akzeptiert werden. Akzeptanz fußt jedoch auf einer wahrnehmbar angemessenen Qualität seitens des Managements und gewissermaßen auf einer Gleichbehandlung im Hinblick auf Beurteilung, Kritik, Infragestellung und Weiterentwicklung. Die Emanzipation des Mitarbeiters von der Organisation und deren Management führt dazu, dass Bindung und „Unterordnung" nicht qua Funktion gegeben sind, sondern qua Person erworben werden. Der psychologische Vertrag zwischen Organisation und Wissensarbeiter beruht stark auf dessen Motivation, sein Wissen, seine Fähigkeiten und Kompetenzen in eine Organisation einzubringen. Motivation ist jedoch in einem starken Maße abhängig von der Qualität des Managements.

Managementaufgabe: Institutionen auf den Weg bringen

Der Manager als Gärtner ist weniger ein Verwalter, Organisator und Controller als eine Führungspersönlichkeit, deren Hauptaugenmerk den Menschen in der Organisation gilt: „Die Grundaufgabe von Führung ist, denke ich, sich für Menschen zu interessieren, ihnen zu helfen, sich zu entwickeln, ihr maximales Leistungspotenzial zu erreichen und sie anzuregen, vielleicht etwas höher zu streben, als sie es selbst für möglich halten. (...) Leadership heißt, neue Möglichkeiten zu erschließen und umzusetzen oder umsetzen zu lassen. (...) Leadership und aufrichtiges Interesse für die Menschen gehören zusammen."[182]

Führung bezieht sich dabei auch auf das Vorleben von gewünschtem Verhalten im Sinne einer tätigen Unterstützung von Institutionalisierung. Erinnern wir uns: Institutionalisierte Handlung kann Wissensarbeit fördern, beispielsweise dann, wenn die institutionalisierte Handlung, die von der Gruppe erwartete Handlung also im Sinne eines Wissensraumes die der offenen Kommunikation und des Wissensaustausches ist.[183] Institutionen in Sinne von typisierten Handlungen und reziproken Verhaltenserwartungen können durch Managementhandeln angestoßen werden, beispielsweise durch das Gewähren eines großen Handlungsspielraumes, wodurch eine kooperative Verhaltenserwartung unterstützt werden kann.[184] Nach Meinung von Wilkesmann besteht Managementhandeln im Kontext der Wissensarbeit sogar „zu einem großen Teil aus dem ‚auf den Weg bringen' solcher Institutionen. Da Wissensarbeit nicht direkt beobachtbar und sanktionierbar ist, kann es nur über den Aufbau von Institu-

---

182 Hans H. Hinterhuber in: brand eins, Heft 02, 2006. S. 51 f.
183 S. auch Kapitel 3.5 „Wissensraum"
184 Wilkesmann 2005. S. 57

tionen, d.h. indirekt gesteuert werden."[185] Und Wissensarbeit kann über den Aufbau von Institutionen stabilisiert werden – der Gärtner stellt seinen Pflanzen Stangen an die Seite, an denen entlang sie sich in die Höhe ranken können. Auch dies gehört ganz wesentlich zur Gestaltung der Rahmenbedingungen.

4.2.3 Managementaufgabe: ausreichend gießen

Neben ausreichend Licht und Luft benötigen Pflanzen zum Wachsen auch genügend Feuchtigkeit; fehlt diese, ist es Aufgabe des Gärtners zu gießen. Wissensarbeiter brauchen neben klaren Zielvorstellungen und Wissensräumen zur Entfaltung auch die notwendigen Kompetenzen, um die ihnen übertragenen Aufgaben zu erfüllen; fehlen diese, ist es Aufgabe des Managers, die Wissensarbeiter durch geeignete Maßnahmen bei der individuellen Kompetenzentwicklung zu unterstützen und zur notwendigen Selbstdisposition zu befähigen.

> *Kompetenz, vom lateinischen **competencia**: zu etwas geeignet, fähig oder befugt sein, beschreibt die Fähigkeit, situationsadäquat zu handeln, d.h. die Fähigkeit, von außen herangetragenen oder selbst auferlegten Anforderungen gerecht zu werden. Von Kompetenz ist erst dann die Rede, wenn Wissen in Handlung umgesetzt wird.*

Kompetenz-management

Damit wird das Kompetenzmanagement zu einem Schwerpunkt der Managementtätigkeit. Zum Kompetenzmanagement gehört, Kompetenzen zu beschreiben, transparent zu machen sowie die Nutzung und die Entwicklung der Kompetenzen sicherzustellen.[186] Dabei gilt es, zwei Interessenlagen, nämlich die persönliche des Mitarbeiters und die Interessenlage der Gesamtorganisation, in Einklang zu bringen. Verstehen wir die Kernkompetenz einer Organisation als das Ergebnis der Vernetzung einzelner Mitarbeiterkompetenzen, umfasst ein solchermaßen definiertes Kompetenzmanagement sowohl die Ebene der strategischen Unternehmensführung in der Frage nach dem systematischen, an den übergeordneten Unternehmenszielen orientierten Umgang mit der (Kern-) Kompetenz des Unternehmens als auch die Ebene des operativen Personalmanagements in der Frage nach dem systematischen Umgang mit Mitarbeiterkompetenzen bei der Personalauswahl, dem Personaleinsatz (s.o.) und der Personalentwicklung.[187]

---

185 Vgl. North 2005
186 Vgl. North 2005
187 Das operative Kompetenzmanagement auf Personalebene wird in der Literatur oft als Skills Management bezeichnet und dadurch getrennt von einem rein strategischen Kompetenzmanagement auf Ebene der Organisation. Diese Trennung ist nach Meinung der Autorin eine künstliche, vor allem im Kontext der Wissensarbeit in intelligenten Organisationen.

Grundlage der Überlegungen sind die Ziele der Organisation sowie eine klare Einschätzung der organisationalen Umwelt und deren Veränderungstendenzen. Selbst gesetzte Ziele auf der einen und von der Umwelt vorgegebene Rahmenbedingungen bestimmen grundlegend, welche Kompetenzen die Organisation heute und in der Zukunft benötigt, damit also die strategische Komponente des Kompetenzmanagements. Aus Zielen und Rahmenbedingungen lässt sich ein Soll-Kompetenzprofil für die Gesamtorganisation ableiten: Was müssen wir wissen und können, um unter den gegebenen Umweltbedingungen auch in Zukunft zu bestehen und unsere gesteckten Ziele zu erreichen?[188]

Wissenslandkarten Das Kompetenzmanagement umfasst mehrere Phasen.[189] In der **Identifizierungs- und Analysephase** geht es darum, systematisch die in der Organisation vorhandenen Kompetenzen in Bezug auf die strategisch wichtigen Geschäftsfelder zu identifizieren und zu analysieren. Dabei werden ausgewählte Wertschöpfungsprozesse, Geschäftsprozesse, Produkte, Dienstleistungen, Projekte und Technologien untersucht und einer Selbstbewertung unterzogen.[190] Kompetenzen werden in dieser frühen Phase noch kaum auf individueller Ebene betrachtet – es sei denn, es gibt in der Organisation herausragende Wissensträger, die als Einzelperson gewissermaßen eine organisationale Kompetenz darstellen –, sondern auf Ebene des Personals im Sinne des sogenannten Humankapitals.

Die in dieser Phase gewonnene Transparenz im Hinblick auf organisationale und individuelle Kompetenz kann grafisch in sogenannten Wissenslandkarten umgesetzt werden. Diese können unterschiedlichste Formen annehmen; neben der bereits erwähnten Wissensträgerkarte[191] ist beispielsweise auch eine prozessorientierte Aufbereitung denkbar, bei der anhand eines konkreten Geschäftsprozesses Wissensbestände, sowohl impliziter, stiller als auch expliziter Art, visualisiert werden.

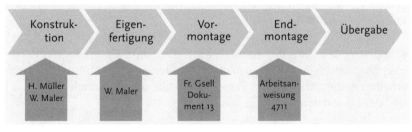

Abbildung 37: Einfache prozessorientierte Wissenslandkarte

---

188 Es ist auch ein ressourcenorientierter Ansatz denkbar, der mit der Identifizierungs- und Analysephase startet und aus deren Ergebnissen mögliche Ziele der Organisation erst ableitet. Im Kontext der intelligenten Organisation soll im Folgenden jedoch ein entwicklungsorientierter Ansatz betrachtet werden.
189 Vgl. North 2005
190 Hier kann beispielsweise das Instrument der Wissensbilanz zum Einsatz kommen. S. auch Kapitel 4.3.2 „Wissensbilanz"
191 Kapitel 4.2.2 „Managementaufgabe: den richtigen Standort vorbereiten"

Aufbauend auf den Ergebnissen der Identifizierungs- und Analysephase teilt sich der Blick nun erstmals in einen Blick auf die Organisation und einen Blick auf den einzelnen Mitarbeiter:

- In einem kritischen Abgleich zwischen Kompetenz-Soll-Profil für die Organisation und festgestelltem Kompetenz-Ist-Profil werden Lern- und Wissensziele für die Organisation definiert (strategisches Kompetenzmanagement), d.h., Lücken in der organisationalen Wissensbasis werden benannt, und es wird darüber entschieden, ob diese Lücken durch Erwerb, beispielsweise durch die Rekrutierung von neuen Mitarbeitern, die über diese Kompetenzen verfügen, oder durch ein eigenes Entwickeln dieser fehlenden Kompetenzen innerhalb der Organisation selbst geschlossen werden können und sollen. Darüber hinaus kann gegebenenfalls bereits in dieser frühen Phase erkannt werden, dass wichtige organisationale Kompetenzen lediglich von einzelnen Personen in der Organisation vertreten werden, deren Weggang hier eine Kompetenzlücke entstehen ließe. In der Folge kann es ein Lern- und Wissensziel sein, solche Experten bewusst stärker an die Organisation zu binden oder einmalig vorhandenes Expertenwissen verstärkt in die organisationale Wissensbasis zu überführen.
- Neben den strategischen Wissens- und Lernzielen leitet sich aus dem Soll-Kompetenzprofil der Organisation ein Katalog an notwendigen Aufgaben und Rollen ab. Nun wird in einem zweiten Schritt für jede dieser Rollen wiederum ein spezifisches Soll-Kompetenzprofil definiert, unabhängig von Funktion und Hierarchie. Das Profil umfasst sowohl fachliche als auch methodische und soziale Komponenten. In einer Art Kompetenzkatalog können diese rollenbezogenen Kompetenzen aggregiert und den einzelnen Kerngeschäftsfeldern zugeordnet werden, woraus ein weiteres Soll-Kompetenzprofil pro Geschäftsfeld entsteht.

An die Phase der Identifizierung und Analyse schließt sich die Phase der Validierung, deren Fokus auf den individuellen Kompetenzen der Mitarbeiter liegt: Nun werden die Ist-Kompetenzprofile der Mitarbeiter erhoben. Dies kann beispielsweise über Fragebogen geschehen, die sich an den jeweiligen aufgaben- und rollenbezogenen Soll-Profilen orientieren und wie diese fachliche, methodische und soziale Komponenten umfassen. Diese Fragebogen sollten sowohl vom Mitarbeiter selbst als auch von dessen Vorgesetzten ausgefüllt werden. In einem anschließenden Dialog werden dann die beiden unter Umständen unterschiedlichen oder widerstreitenden Einschätzungen gegebenenfalls unter Mitwirkung der Personalabteilung in Einklang gebracht.

Um Fremd- wie auch Selbsteinschätzung möglichst intuitiv treffen zu können, trotzdem kommunizierbar und vergleichbar zu machen, haben sich die vier Kompetenzstufen *Laie, Kenner, Könner* und *Experte* bewährt.

Diese sollten bei der praktischen Anwendung mit Beschreibungen hinterlegt werden, die das spezifisch in der Organisation vorhandene Verständnis dieser Kompetenzausprägung wiedergeben.

Allgemein liest sich das so:

Die vier Kompetenzstufen **Laien** verfügen kaum über Wissen zu einem Fachgebiet, weder theoretisch noch praktisch.

Kenner verfügen über theoretisches Wissen zu einem Fachgebiet, jedoch über wenig praktische Erfahrung. Sie sind in der Lage Problemlösungen aus der Theorie auf ähnliche Aufgabenstellungen in der Praxis anzuwenden.

Könner besitzen bereits vielfache praktische Erfahrung in der Anwendung ihres Wissens und können auch auf unvorhergesehene Situationen angemessen reagieren.

Experten beherrschen ihr Fachgebiet. Sie können Probleme intuitiv antizipieren und vollkommen neue Lösungswege entwickeln, sie können auch neuartige und komplexe Aufgabenstellungen meistern.[192]

Vor allem bei der Selbsteinschätzung neigen Mitarbeiter dazu, sich in einem neutralen Bereich in der Mitte anzusiedeln. Eine gerade Anzahl an Kompetenzstufen, also eine Skala ohne Mitte, zwingt hier zu einer eindeutigeren Verortung.

Ist-Kompetenzprofile müssen übrigens nicht zwingend auf der Ebene des einzelnen Mitarbeiters erstellt werden, sondern können, dann in Form von Workshops, auch für Mitarbeiterteams erarbeitet werden (s. o.).

Verschränkung von organisationalen und individuellen Kompetenzen Der nun folgende kritische Abgleich der ermittelten individuellen Ist-Profile mit den generischen aufgaben- und rollenbezogenen Soll-Profilen, die Gap-Analyse, führt zu unterschiedlichen Erkenntnissen:

- Beim individuellen Inhaber einer Stelle werden Lücken zwischen Ist-Profil und Soll-Profil im Hinblick auf heute bereits erforderliche Kompetenzen festgestellt. Abgeleiteter Handlungsbedarf: Durchführen entsprechender Personalentwicklungsmaßnahmen.
- Beim individuellen Inhaber einer Stelle werden Lücken zwischen Ist-Profil und Soll-Profil im Hinblick auf zukünftig erforderliche Kompetenzen festgestellt (antizipierte Lücke). Abgeleiteter Handlungsbedarf: strategische Bildungsprogrammplanung.[193]

---

192 Vgl. http://www.kompetenzen-managen.de/index.php/component/option,com_glossary/Itemid,65/ (27.02.2006)

193 Sowohl beim Festlegen von Personalentwicklungsmaßnahmen als auch bei der Bildungsprogrammplanung sollten die persönlichen Ziele des jeweiligen Mitarbeiters berücksichtigt werden. Dies geschieht am besten im Rahmen eines individuellen Zielvereinbarungsgespräches.

- Eine Aufgabe oder Rolle erweist sich als falsch oder gar nicht besetzt. Abgeleiteter Handlungsbedarf: Stellenumbesetzungen bzw. Entscheidung zwischen Maßnahmen zur Entwicklung der jeweiligen Kompetenzen in der Organisation und entsprechenden Personalbeschaffungsmaßnahmen.
- In der Identifizierungs- und Analysephase wurden geschäftsfeldbezogene Kompetenzen der Organisation unangemessen bewertet. Abgeleiteter Handlungsbedarf: Anpassung des organisationalen Kompetenzprofils.

Mit der Validierungsphase verschränkt das Kompetenzmanagement Kompetenzen auf Ebene der Organisation und auf Ebene des Individuums: Strategische Wissens- und Lernziele der Organisation werden übersetzt und konkretisiert in operativen Wissens- und Lernzielen, d.h. Entwicklungszielen des Individuums. Dessen Lernen schließlich beeinflusst wiederum im Sinne des dreidimensionalen Organisationslernens (s.o.) die Weiterentwicklung der organisationalen Kompetenz, indem das Individuum selbst Teil dieser Organisation ist und seine Kompetenzen in diese einbringt, aber auch indem in der dritten Phase des Kompetenzmanagements, der Transferphase, aufbauend auf der in den vorangegangenen Phasen gewonnenen Transparenz über die in der Organisation vorhandenen Kompetenzen der Transfer dieser Kompetenzen innerhalb der Organisation nun gestaltet werden kann. So können beispielsweise bisher isolierte Kompetenzbestände miteinander vernetzt werden, Aufgaben an die am besten dafür geeigneten Mitarbeiter übergeben und Teams anforderungsgemäß zusammengestellt werden (s.o.).

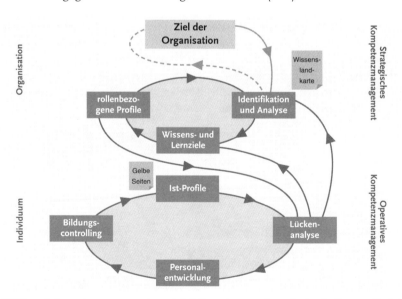

Abbildung 38: Kompetenzmanagement verschränkt Kompetenzen auf organisationaler Ebene und individueller Ebene

Zielgerichtete Einarbeitung und Qualifizierung: Kompetenzmanagement bei einem Software-Unternehmen

Das Software-Unternehmen wurde 1995 von drei Geschäftsführern gegründet. Im Jahr 2003 beschäftigte es bereits 80 Mitarbeiter an drei Standorten. Das Unternehmen wuchs rasant, fast jeden Monat wurden neue Mitarbeiter eingestellt, Mitarbeiter, die in der Regel kreative Wissensarbeit oder wissensintensive Arbeit zu leisten hatten. Der Erfolg des Unternehmens erklärte sich aus einem Vorsprung gegenüber dem Wettbewerber, der zurückzuführen war auf ein ausgesprochen tiefes technisches Wissen der Mitarbeiter – vor allem bezüglich der eigenen Produkte. Bei der Einstellung neuer Mitarbeiter bestand die Herausforderung nun darin, diese möglichst schnell und qualifiziert in die Komplexität der Produkte einzuführen, sodass auch die neuen Mitarbeiter ohne großen Zeitverzug produktiv tätig werden konnten. Gleichzeitig entwickelte sich das Wissen über Technologien, Kunden usw. inner- und außerhalb des Unternehmens mit einer hohen Dynamik. Das heißt, auch das Bestandspersonal musste kontinuierlich und zielgerichtet qualifiziert werden.

Das Unternehmen investierte viel in die Weiterbildung der Mitarbeiter, doch bestanden seitens der Geschäfts- und auch der Personalleitung zunehmend massive Zweifel an der Zielgerichtetheit und damit dem Nutzen dieser Weiterbildungen. Im Jahr 2003 begann das Unternehmen daher mit dem Aufbau eines eigenen Kompetenzmanagements. Ziele waren:
* die effiziente Einarbeitung neuer Mitarbeiter
* die gezielte Weiterbildung und Förderung bestehender Mitarbeiter
* unternehmensweite Transparenz über Verantwortlichkeiten und Aufgaben

Hierzu wurde in knapp vier Monaten ein modulares betriebliches Weiterbildungssystem entwickelt, das allgemeine Wissensinhalte standardisiert und mit stellen- bzw. aufgabenspezifischen und individuellen Inhalten kombiniert. Das Weiterbildungssystem bestand aus einzelnen, je nach spezifischen Anforderungen kombinierbaren Qualifizierungsbausteinen und beruhte auf den sogenannten Skill-Profilen, einem Soll-Ist-Kompetenzabgleich.

Abbildung 39: Die Bausteine des Weiterbildungssystems im Software-Unternehmen

Die allgemeinen Grundkompetenzen wurden allen neuen Mitarbeitern in den ersten Wochen ihrer Tätigkeit im Unternehmen unter dem Namen FirstSteps vermittelt, unabhängig davon, in welchem Bereich diese Mitarbeiter später eingesetzt werden.

Diese Qualifizierungsbausteine hatten das „Funktionieren des Unternehmens" zum Inhalt (Who is who, Telefonanlage, Outlook usw.), aber auch das Bekanntwerden mit den neuen Kollegen aus dem eigenen sowie den anderen Bereichen und das allmähliche Einleben in die Unternehmensatmosphäre und seine Kultur. Alle, auch die nicht technischen Mitarbeiter, erhielten bei den FirstSteps außerdem eine kurze Einführung in die Produkte des Unternehmens hinsichtlich deren Einsatz, Nutzen und grob ihrer Funktionsweise; denn alle Mitarbeiter, egal an welcher Stelle im Unternehmen, repräsentieren das Unternehmen nach außen und sollten deshalb Fragen in einem gewissen Umfang angemessen beantworten können.

Die einzelnen Schulungen im Rahmen der FirstSteps wurden von der Personalabteilung organisiert, und auch die Inhalte wurden intern – meist von den Bereichs- oder Funktionsverantwortlichen – vermittelt. Alle anderen Bereiche unterstützten die FirstSteps aktiv, z. B. durch kurze Bereichspräsentationen. Idealerweise fand dieses Training gleich zu Arbeitsbeginn statt, tatsächlich konnte es aber auch vorkommen, dass die FirstSteps so geplant wurden, dass gleichzeitig mehrere neue Mitarbeiter, die innerhalb einer nicht allzu langen Zeitspanne ins Unternehmen kamen, gemeinsam geschult werden konnten.

Nach Durchlaufen der FirstSteps und der in diesem Rahmen stattfindenden Basisschulung bezüglich der Produkte wurden sowohl die nicht technischen als auch die technischen Mitarbeiter stufenweise weiterqualifiziert.

Der Qualifizierungsplan setzte sich zusammen aus den einzelnen Qualifizierungsbausteinen, die für jede Stelle und jede Kompetenzstufe definiert waren. Die einzelnen Bausteine wurden für die technischen Mitarbeiter zu vier Schulungsblöcken zusammengefasst: Product Basics, Products Advanced, Experts 1 und Experts 2. Die Schulungen waren speziell konzipierte interne Mitarbeiterschulungen und wurden ergänzt durch Praxisübungen im Labor, Coaching und Mentoring sowie Learning on the Job, indem beispielsweise jüngere Mitarbeiter erfahrene Kollegen zu Vor-Ort-Einsätzen bei Kunden begleiteten. Für jeden Block existierten klare Lernziele.

Eine erste vorläufige Einstufung in das jeweilige Kompetenzraster des Bereiches und der jeweiligen Stelle erfolgte noch vor der Einstellung mittels eines Selbsteinschätzungsbogens, den der Bewerber ausfüllte. Hier wurde eine subjektive Einschätzung in Bezug auf Aussagen zu den Produkten des Unternehmens abgefragt, z. B. „Habe den Namen schon einmal gehört", „Ich kenne die Basisfunktionen" oder „Ich kann Fehleranalysen durchführen". Darauf aufbauend entwickelte die Personalabteilung in Rücksprache mit dem Vorgesetzten einen Qualifizierungsplan für die nächsten Wochen und Monate im Unternehmen, in dem festgelegt wurde, (1) ob sich der Mitarbeiter in eine höhere Kompetenzstufe nach dem Modell Kenner, Könner und Experte entwickeln soll und (2) welche Kompetenzen noch aufgebaut werden müssen, damit die derzeitigen Aufgaben oder damit zukünftige Aufgaben erfüllt werden können.

Eine zweite Einstufung im Abgleich von Eigenbild und Fremdbild erfolgte beim ersten Mitarbeitergespräch während der Probezeit im Dialog zwischen Vorgesetztem und Mitarbeiter sowie später in regelmäßigen Mitarbeitergesprächen. Der individuelle Qualifizierungsplan konnte dadurch immer an die sich verändernde persönliche Situation und sich verändernde Aufgabenstellungen und Wissensstände im Unternehmen angepasst werden.

Das Soll-Kompetenzprofil entstand auf Basis von Stellenbeschreibungen, unterstützt durch die Personalabteilung leitete der jeweilige Bereichsleiter daraus die zur Erfüllung dieser Aufgaben notwendigen fachlichen, methodischen und sozialen Kompetenzen ab. Dieser erste Profilentwurf wurde in einem zweiten Schritt mit den Mitarbeitern des Bereiches diskutiert und in einem dialogischen Prozess weiterentwickelt, bis am Ende ein Soll-Kompetenzprofil stand, das sowohl von Vorgesetzten als auch Mitarbeitern getragen wurde.

Das Kompetenzmanagement versetzt den Manager als Gärtner in die Lage, dürre oder dürregefährdete Regionen seines Gartens rechtzeitig zu erkennen und dort gezielt zu gießen oder auch einzelne Pflanzen mit der für ihr Wachstum notwendigen Feuchtigkeit zu versehen. Doch anders als der Gärtner sieht der Manager den Erfolg seiner Bemühungen nicht in Form von grünenden Landschaften und gesund wachsenden Pflanzen unmittelbar vor Augen. Erinnern wir uns: Von Kompetenz kann erst dann gesprochen werden, wenn Wissen in Handlung umgesetzt wird, d.h., die Durchführung einer Entwicklungsmaßnahme alleine lässt noch keine Rückschlüsse auf eine tatsächliche Kompetenzentwicklung zu. Es stellt sich die schwierige Frage nach Möglichkeiten einer Überprüfung des Erfolges von Entwicklungsmaßnahmen, zu denen neben klassischen Trainings und Seminaren auch Coachings, Mentoring-Konzepte, Hospitanzen, Jobrotation u. Ä. gehören können.

Mentoring Beim **Mentoring** gibt eine erfahrene Person (Mentorin bzw. Mentor) ihr Wissen und ihre Erfahrungen an eine noch unerfahrene Person (Mentee) weiter, um diese in ihrer persönlichen und beruflichen Entwicklung zu fördern. Inhaltlich geht es vor allem darum, die informellen und impliziten Regeln der jeweiligen Organisation zu vermitteln und in bestehende Netzwerke einzuführen.
Mentoren haben drei Hauptfunktionen für die Mentees: Sie fördern die Karriere, bieten psychosoziale Unterstützung und fungieren als Rollenvorbild.

Unter dem Begriff des Bildungscontrollings wurden in den letzten Jahren verschiedene Modelle entwickelt, die vorrangig unter dem Gesichtspunkt einer Wirtschaftlichkeitsüberprüfung den Lernerfolg in der Regel klassischer Weiterbildungsmaßnahmen, wie z. B. Seminaren, nachzuvollziehen versuchen.

Ziel und Aufgabe des **Bildungscontrollings** ist es, den Nutzen von Seminaren oder Trainings bzw. von Weiterbildungsmaßnahmen als messbare Daten zu erfassen und festzuhalten und um letztendlich die Maßnahme bewerten zu können. Dies ist notwendig, um die Gelder in die „richtigen", also wirtschaftlichsten Weiterbildungsmaßnahmen fließen zu lassen.[194]

Bildungscontrolling

Woran lässt sich der Erfolg einer Weiterbildungsmaßnahme festmachen und folglich überprüfen? Unmittelbar nach einer Qualifizierungsmaßnahme kann bereits die subjektive Zufriedenheit des Mitarbeiters mit der Maßnahme durch Bewertungsbogen, Flipchart-Abfragen o. Ä. erhoben werden. In einem bereits etwas größeren zeitlichen Abstand kann beispielsweise durch einen Fragebogen oder ein Interview mit dem Teilnehmer der Lernerfolg bewertet werden, wobei „Lernen" hier kaum im eigentlichen Sinne als manifeste Verhaltensänderung bewertet werden kann, sondern eher im Sinne einer theoretischen Wissenserweiterung beim Mitarbeiter in Folge einer Qualifizierungsmaßnahme. Schon dies setzt jedoch voraus, dass seitens der Organisation, vertreten in der Person des Managers, ein klares Bewusstsein darüber gegeben ist, welche Lerninhalte seitens des Mitarbeiters durch die Qualifizierungsmaßnahme erworben werden sollen. Noch wesentlicher für eine Erfolgsbewertung wird eine klare Zielvorstellung im Hinblick auf den von Donald Kirkpatrick[195] sogenannten und eigentlich angestrebten Transfererfolg, also die Umsetzung des Gelernten in der täglichen Arbeit. Diese lässt sich nur dann überprüfen, wenn konkrete Umsetzungsziele im Vorfeld vereinbart wurden. Das heißt, es braucht ein Mitarbeitergespräch vor der Entwicklungsmaßnahme, in dem Ziel und Weg definiert werden sowie eine sinnvolle Zeitspanne für die Zielüberprüfung in einem zweiten Gespräch. Die Bewertung des Transfererfolges bleibt trotzdem in der Regel stark subjektiv geprägt, eine gewisse „Objektivierung" findet lediglich durch den Abgleich zweier subjektiver Sichten, der des Mitarbeiters und der des Managers, statt. Eine Bewertung des Erfolges einer Entwicklungsmaßnahme ist daher immer eine Positionierung mit Unschärfe, auch wenn der Begriff des Bildungscontrollings an dieser Stelle die Möglichkeit einer objektiven, eindeutigen und reproduzierbaren Messbarkeit suggeriert.[196]

---

194 Quelle: http://www.4managers.de/10-Inhalte/asp/bildungscontrolling.asp (27.02.2006)
195 Vgl. http://www.e-learningguru.com/articles/art2.8.htm
196 Siehe S. 158

So zieht das Werkzeug des Kompetenzmanagements zwar Leitplanken ein in ein zuvor äußerst unstrukturiertes Gebiet und erlaubt damit bewusste Steuerung, wo dies ohne diese Leitplanken kaum möglich ist, trotzdem wird dem Manager aber auch bei diesem Thema viel abverlangt: nämlich die Fähigkeit, mit Unschärfe, mit Subjektivität, mit qualitativen Parametern anstelle von quantitativen, letztlich mit Kontrollverlust umgehen zu können. Dies setzt Vertrauen voraus, zu sich selbst wie auch zu den Mitarbeitern.

> [*Coaching* ist die professionelle Beratung und Begleitung einer Person (Coachee) durch einen Coach bei der Ausübung von komplexen Handlungen mit dem Ziel, den Coachee zu befähigen, optimale Ergebnisse hervorzubringen.]

Der Manager als Coach Und auch wenn der Manager im Kontext des Kompetenzmanagements noch weitgehend in seiner traditionellen Rolle des Planens und Prüfens zu bleiben scheint, setzt diese Aufgabe doch ein gewandeltes Grundverständnis voraus: der Manager als Coach. Dabei ist mit Coaching weniger ein Coaching im klassischen Sinne einer individuellen Beratung (s. Kasten) gemeint, sondern der Wille und die tätige Bereitschaft, die Potenziale aller Mitarbeiter zu entfalten, damit diese ihre Leistungen maximieren können.[197] Dies erfordert ein Verständnis von Führung als *Empowerment*, die Befähigung der Mitarbeiter zu Selbstverantwortung und Selbststeuerung, die Ermutigung, Handlungsräume auszufüllen und Ressourcen zu nutzen und zu entwickeln.

Und hier schließt sich der Kreis zum Kompetenzmanagement, denn *Empowerment* setzt eine vertiefte Kenntnis der Kompetenzen – und Persönlichkeiten – der Mitarbeiter voraus, um einschätzen zu können, wie viel Freiheit im jeweils individuellen Fall tragbar ist und wo ein aktives *Empowerment* im Sinne von tätiger Ermutigung, Unterstützung und Kompetenzentwicklung notwendig ist.

Und es gibt noch einen zweiten wichtigen Berührungspunkt zwischen Coaching und *Empowerment* auf der einen sowie Kompetenzmanagement auf der anderen Seite: Natürlich ist es Ziel der Ist-Profilerhebung, Lücken im Kompetenzprofil zu identifizieren bzw. zu antizipieren und Maßnahmen abzuleiten, um diese Lücken zu schließen. Nichtsdestotrotz sollte bei dieser Erhebung – wie auch beim *Empowerment* – immer auch

---

196 Nach Kirkpatric (2001) lässt sich sogar die Auswirkung von Qualifizierungsmaßnahmen auf den Unternehmenserfolg am einfachsten messen durch die direkte Auswirkung auf den Unternehmenserfolg, z. B. Umsatzsteigerung oder Senkung der Fehlerquote. Nach Meinung der Autorin ist genau dieser Bezug in einer solchen Unmittelbarkeit nicht gegeben, da hier keine eindeutigen monokausalen Beziehungen vorliegen, sondern ein komplexes Geflecht an Einflussfaktoren auf den Unternehmenserfolg einwirkt.

197 Vgl. Lenz/Ellebracht/Osterhold 2000

ein großes Gewicht auf die Stärken der Mitarbeiter gelegt werden, die ja dabei genau so wie ihre Schwächen zutage treten. Oder wie Peter Drucker es mit Blick auf die Steigerung der Produktivität von Wissensarbeitern ausdrückt: „The way one maximizes their performance is by capitalizing on their strengths and their knowledge rather than trying to force them into molds."[198]

4.2.4 Managementaufgabe: richtig düngen

> „Man kann dem Volk wohl Gehorsam befehlen,
> aber kein Wissen."
>
> Konfuzius

Manchmal jedoch reicht gießen alleine nicht aus, um die Pflanzen optimal in ihrem Wachstum zu unterstützen. Dann muss der Gärtner düngen, und zwar mit dem richtigen Dünger, und davon nicht zu viel und nicht zu wenig.

Bevor wir uns mit der Frage beschäftigen, wie die Motivation von Mitarbeitern optimal unterstützt werden kann, welcher Dünger hier also wann der richtige ist, schauen wir uns diesen Begriff der Motivation etwas näher an.

> *Motivation, von lateinisch movere, bewegen, bezeichnet in den Humanwissenschaften sowie in der Ethologie einen Zustand des Organismus, der die Richtung und die Energetisierung des aktuellen Verhaltens beeinflusst. Mit der Richtung des Verhaltens ist insbesondere die Ausrichtung auf Ziele gemeint. Energetisierung bezeichnet die psychischen Kräfte, welche das Verhalten antreiben. Quelle: wikipedia.de*

Motivation ist unsere Bereitschaft, etwas zu tun. Nach Maslow folgen wir dabei einer eindimensionalen Bedürfnispyramide, wobei wir unten beginnend immer erst die Bedürfnisse der einen Stufe befriedigen, bevor wir uns auf die nächste begeben.

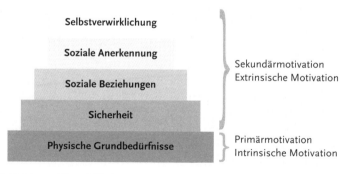

Abbildung 40: Bedürfnispyramide nach Maslow

---

198 Drucker 1998

Auch Correll[199] nennt fünf Grundmotivationen des Menschen, ohne diese jedoch zu hierarchisieren:

- soziale Anerkennung
- Sicherheit und Geborgenheit
- Vertrauen
- (kompromisslose) Selbstachtung
- Unabhängigkeit und Verantwortung

Der im mechanischen Management beliebte Dünger Geld spricht diese Grundmotivation sowohl nach Maslow als auch nach Correll interessanterweise kaum an: Bei Maslow könnte man allenfalls die physischen Grundbedürfnisse und die Sicherheit damit in Bezug setzen, gegebenenfalls soziale Anerkennung in einer Umgebung, in der diese „einkommensabhängig" ist, bei Correll außerdem noch Unabhängigkeit, auch hier in einem reduzierten Sinne als finanzielle Unabhängigkeit.

Nach Maslow gibt es eine primäre Motivation, die sich auf Dinge bezieht, ohne die wir nicht überleben können: Wir haben Hunger und brauchen Nahrung, wir frieren und sehnen uns nach Wärme und Kleidung. Er nennt diese Primärmotivation auch intrinsische Motivation, also eine quasi natürliche uns innewohnende Motivation.

Extrinsische und intrinsische Motivation Demgegenüber entwickelt sich eine sekundäre Motivation aus unserem Umfeld, unseren Lebensumständen heraus: Wir sehnen uns nach sozialen Kontakten, nach Sicherheit und Anerkennung. Diese von außen an uns herangetragene Motivation wird auch als extrinsische Motivation bezeichnet.

Eine differenziertere Betrachtungsweise dieser beiden Motivationstypen hat sich in der Nachfolge von Maslow entwickelt. Als extrinsisch motivierte Verhaltensweisen werden dabei solche Verhaltensweisen bezeichnet, die von außen durch Belohnung, wozu auch soziale Anerkennung gehören kann, oder Androhung von Sanktionen in Gang gesetzt werden. Die eigentlichen Handlungen werden folglich mit instrumenteller Absicht durchgeführt, d. h. nicht um ihrer selbst, sondern um einer von der Handlung losgelösten Konsequenz willen.

Im Gegensatz dazu gelten intrinsisch motivierte Verhaltensweisen als Prototyp selbstbestimmten Verhaltens und Handelns. Das Handeln stimmt mit der eigenen Auffassung überein, externe Anstöße beispielsweise in Form von Versprechungen oder Drohungen sind nicht nötig. Vielmehr ist die Ausführung der Handlung selbst aus sich heraus Belohnung. In diesem Sinne gilt eine Handlung dann als intrinsisch motiviert,

---

199 Vgl. Correll 2003

wenn „Mittel (Handlung) und Zweck (Handlungsziel) thematisch über-einstimmen, mit anderen Worten, wenn das Ziel gleichthematisch mit dem Handeln ist, sodass dieses um seiner eigenen Thematik willen er-folgt"[200].

Ein Mensch ist nie nicht motiviert, vielmehr wird er bei der Wahl der je-weils als für ihn selbst optimal empfundenen Handlungsweise – zumeist unbewusst – geleitet von einer ihm eigenen Motivationslage, einem Ge-flecht von Antrieben und Handlungsstrategien. Auch Vermeidungsstrate-gien und Leistungsverweigerung sind letztlich motivierte Handlungen.

Es kann also nicht unterschieden werden zwischen motivierten Mitarbei-tern auf der einen und unmotivierten Mitarbeitern auf der anderen Seite, wohl aber zwischen pro-aktiv Motivierten und re-aktiv Motivierten. Soge-nannte pro-aktiv motivierte Menschen verfügen über einen recht hohen Reflexionsgrad darüber, was sie antreibt und wie sie diese Bedürfnisse ge-zielt einsetzen können, um sich selbst zu motivieren. Als re-aktiv Moti-vierte werden hingegen Menschen bezeichnet, denen ihre eigenen Motiva-tionskonzepte nicht bewusst sind und die daher auch nur eingeschränkt zu einer Selbstmotivation in der Lage sind. Sie brauchen häufig ein exter-nes Motivationskonzept, das sich ihrer persönlichen Präferenzen und Erfahrungen bedient. Extrinsische Motivation, also durch die Bezahlung der Arbeit, Leistungsprämien und durch den daraus erwachsenden sozia-len Status und eben nicht durch die Arbeit selbst, die eher als unangeneh-me und gern zu vermeidende Notwendigkeit betrachtet wird, leitet das Handeln.

Die Motivationslage eines intrinsisch motivierten Menschen korrespon-diert mit einem höheren Status der tatsächlichen Bedürfnislage: Die nach der maslowschen Bedürfnispyramide Grund- und Existenzbedürfnisse werden als gesichert betrachtet, soziale Beziehungen, soziale Anerken-nung und insbesondere Selbstverwirklichung stehen im Vordergrund. Intrinsische Motivation nährt sich aus Neugier, Spontaneität, Exploration und Interesse an der Umwelt. Allesamt Eigenschaften, die auch den Wis-sensarbeiter auszeichnen.

Der Wissensarbeiter ist intrinsisch und pro-aktiv motiviert

Wenn wir nun von der Annahme ausgehen, dass der Wissensarbeiter per se intrinsisch und häufig pro-aktiv motiviert ist, d.h., er hat ein gro-ßes Interesse an seiner Arbeit und an deren Inhalten, kann sich selbst motivieren und reflektiert die eigene Motivationslage, welche Konse-quenzen ergeben sich daraus für das Management? Für das Fordern und Fördern von positiver Motivation im Sinne von (erhöhter) Leistungs-bereitschaft?

---

200 Heckhausen 1989. S. 459

Das von der mechanischen Organisation geprägte Management geht davon aus, dass Mitarbeiter extrinsisch motiviert werden müssen, da die Arbeit selbst nicht als ausreichendes Motivens betrachtet wird. Interessanterweise war eine Zeit lang auch im Kontext der Wissensarbeit viel von so genannten Incentives die Rede, also Geld- oder Sachprämien, Veranstaltungen oder Reisen als Ex-post-Belohnung für eine bestimmte Leistung, ein erwartetes Verhalten oder als Ex-ante-Motivation zur Erlangung einer bestimmten Leistung, eines bestimmten Verhaltens.

[*Incentive vom lateinischen **incendo**, Begeisterung anfachen, anzünden, erleuchten, steigern*]

Incentives für Wissensarbeit? Gerade im Kontext der Wissensarbeit sind das Incentive-Konzept im Besonderen und Konzepte der extrinsischen Motivation im Allgemeinen jedoch kritisch zu betrachten:

Kritisch erweist sich bereits die Frage nach der Art eines Incentive, und dies nicht nur im Kontext von Wissensarbeit. Der Motivationsgehalt von Geldprämien ist sehr flüchtig, Geldprämien werden schnell als Teil des Gehaltes und nicht mehr als Belohnung angesehen. Auch fehlt ein emotionales Element, das doch den Wert eines Lobes eigentlich ausmacht. Sachprämien erweisen sich als nachhaltiger, doch entspricht die Prämie nicht den individuellen Vorstellungen, können sie sogar nachhaltig kontraproduktiv wirken. Reisen und Veranstaltungen, verbunden mit einem Teamerlebnis, wiederum sind aufwendig und kostspielig.

Hat der Manager sich für die Art eines Incentive entschieden, stellt sich die Frage der Messbarkeit und Vergleichbarkeit der Leistung. Wir erinnern uns: Wissensarbeit zeichnet sich unter anderem dadurch aus, dass sowohl der Weg als auch das Ziel schwer bis gar nicht vorhersagbar sind und dass wahrgenommene Effekte sich nicht monokausal auf eindeutige Ursachen, Handlungen und Leistungen zurückführen lassen. Wann also soll was belohnt werden? Doch halt, gerade auch für Wissensarbeiter sind Ziele wesentlich, zwar sind dies in der Regel keine quantitativen Ziele, sondern eher qualitative Ziele und ergo schwieriger zu messen, doch ist genau dies eine Anforderung an die Formulierung der Ziele. Das heißt, es gibt ein Ziel (oder mehrere Ziele), dessen Erreichung, wobei die Feststellung dieser Erreichung in der Regel eine gemeinsam subjektive von Manager und Wissensarbeiter ist, belohnt werden kann.

Fehlgeleitete Innovation: eine Geschichte aus mnemonic nonstop

„Fundorte
Als ich Student war, habe ich einen Sommer lang auf einer archäologischen Ausgrabung gearbeitet. Auf einem Feld in der Nähe von Berlin wurde nach der Wende mit dem Bau einer Neubausiedlung begonnen. Dabei stießen die Bauarbeiter auf

ein prähistorisches Vasenstück. Für zwei Monate wurde der Bau der Siedlung gestoppt, und ein kleines Team von Archäologen fing an, das Feld zu untersuchen. Sie vermuteten, hier liege das Zentrum eines germanischen Dorfes. Da die Archäologen nur zwei Monate Zeit hatten, wurde ich mit neun weiteren Hilfskräften eingestellt, acht Stunden am Tag, den Boden zu durchsuchen. Jedes Mal, wenn wir ein Vasenstück gefunden hatten, wurde ein Archäologe herbeigerufen, damit die Scherbe und der Fundort untersucht werden konnten. Pro Stunde gab es 14 Mark, plus 25 Mark Prämie pro zehn Quadratmeter. Also lag es in unserem Interesse, so viel Boden wie möglich wegzuschaufeln: Ein Stück Vase zu finden bedeutete weniger Verdienst. Deshalb fingen wir nach einiger Zeit an, die wenigen Vasenstücke, die wir fanden, heimlich neben den Dixi-Klos zu vergraben. Nach zwei Monaten war die Hälfte des Feldes freigelegt, und da die Archäologen nicht ausreichend Vasenstücke an einer Stelle gefunden hatten, um das vermutete germanische Dorf nachzuweisen, wurde die Neubausiedlung weitergebaut. Als die Siedlung fertig war, wurden die Dixi-Klos demontiert. Beim Abtransport stießen die Bauarbeiter auf eine Ansammlung zahlreicher Vasenstücke. Durch diesen Fundort konnten die Archäologen nun doch nachweisen, dass ein germanisches Dorf existiert hatte."[201]

Eine solche Belohnung ist im Falle der kreativen Wissensarbeit jedoch einmaliger Natur und löst kaum nachhaltige Lerneffekte im Sinne einer dauerhaften Verhaltensänderung aus. Klassische Belohnungssysteme zielen jedoch auf genau eine solche dauerhafte Verhaltensänderung, indem auf ein Stimulus, ein gezeigtes erwünschtes oder auch nicht erwünschtes Verhalten, eine Reaktion folgt (Belohnung bzw. Bestrafung), die in der Folge zu einer Verstärkung bzw. Schwächung des die Reaktion auslösenden Verhaltens führt – Voraussetzung: Die Mitarbeiter reagieren wie pawlowsche Hunde. Man spricht in diesem Zusammenhang von der *Stimulus-Response-Reinforcement*-Kette (S-R-R). Diese Kette funktioniert jedoch nur unter bestimmten Voraussetzungen:
- Handlung/Arbeit ist repetitiv.
- Der Arbeiter kann sein Arbeitsergebnis kontrollieren und bewusst beeinflussen.
- Die Arbeitsumgebung ist vorhersagbar.
- Das System, in dem diese Arbeit erbracht wird, einschließlich dessen Management und dessen organisationaler Leitlinien, ist konstant.[202]

Pawlowscher Hund bezieht sich auf ein empirisches Experiment des russischen Biologen Iwan Pawlow zum Nachweis der klassischen Konditionierung: Wird einem Hund Futter angeboten, setzt Speichelfluss ein; ertönt ein Glocke, geschieht dies nicht. Wenn aber der Glockenton wiederholt im zeitlichen Zusammenhang mit dem Anbieten von Futter

Pawlowscher Hund

---

201 Geschichte aus dem Programmheft zur Tanz-Performance „mnemonic nonstop" von Jochen Roller und Martin Nachbar am 19. April 2006 in den Sophiensälen Berlin
202 Vgl. Amar 2004

erklingt, reagieren die Hunde schließlich bereits auf den Ton mit Speichelfluss. Durch Konditionierung wurde einem natürlichen Reflex ein neuer, bedingter Reflex hinzugefügt.

Motivation durch Vertrauensvorschuss

Diese Voraussetzungen sind bei Wissensarbeit jedoch nicht gegeben: Ein Wissensarbeiter kann eine erhaltene Belohnung in der Regel nicht eindeutig, d.h. in einer monokausalen Argumentationskette auf ein konkretes Handeln in der Vergangenheit zurückführen, und er kann, um eine solche Belohnung auch in Zukunft zu erhalten, das belohnte Arbeitsergebnis in der Zukunft nicht mit Sicherheit und selbstbestimmt bewusst herbeiführen. Eine möglicherweise folgende Belohnung kann das Arbeitsergebnis nicht beeinflussen, die S-R-R-Kette ist unterbrochen. Untersuchungen im Umfeld von Innovation und kreativer Wissensarbeit haben gezeigt, dass hingegen Vertrauen einen starken Stimulus für Wissensarbeiter darstellt.[203] Als Vertrauensbeweis seitens des Managers kann beispielsweise eine vom konkreten Arbeitsergebnis entkoppelte, diesem zeitlich vorgreifende Belohnung gewertet werden, mittels der kein Versuch einer klassischen Konditionierung unternommen wird: „The concept of giving priority to building trust over extracting desired behavior through reward manipulation has a special significance to getting innovation from knowledge workers as it is a product of the mind and cannot be manipulated by external rewards. (...) Because mind's output, such as an innovation, is a natural consequence of the mind's buoyancy, it is important to bring it to one such state. In the work setting, it is important to free it from any conditions. Conditioning will make the mind less free, and, thus, less likely to achieve a state of buoyancy at which it can naturally give an output of value to the organization."[204]

Belohnung als Vertrauensbeweis: Best Network Award bei Siemens PSE

Siemens PSE ist ein eigenständiger Forschungs- und Entwicklungsbereich innerhalb des Siemens-Konzerns, in dem weltweit 5.200 Mitarbeiter[205] beschäftigt sind.

Als Motivationsverstärker im Bereich der Forschungs- und Entwicklungsarbeit wurde ein sogenannter Best Network Award im Unternehmen ausgelobt. Mit dem Gewinn verknüpft war jedoch kein persönliches Incentive, sondern ein Zeitbudget von 500 Arbeitsstunden für das Gewinnerteam. Damit drückt das Management Vertrauen gegenüber dem Team aus, dass diese Zeit sinnvoll genutzt wird.

Zunächst hat Siemens PSE jedoch die Erfahrung gemacht, dass die Teams dieses freie Zeitbudget gar nicht genutzt haben, da sie in der Tagesarbeit bereits stark

---

203 Vgl. Monge et al. 1992
204 Amar 2004. S. 1822
205 Stand 2002

ausgelastet waren. Nun müssen die Gewinner bereits bei der Ausschreibung bekannt geben, für welches Thema sie diese Zeit nutzen wollen. In 500 Stunden können dabei sicherlich keine Lösungen erarbeitet werden, aber innovative Anstöße, die dann in Form neuer Projekte weitergeführt werden.[206]

Unabhängig davon, ob eine Belohnung als positiver Motivationsverstärker konditionierend oder nicht konditionierend eingesetzt werden soll, stellt sich die Frage nach der Zielgruppe. Wir erinnern uns nochmals: Wissensarbeit findet wesentlich in der Interaktion mit anderen statt. Incentives sollten sich also eher an ein Team als an Einzelpersonen richten. Letzteres kann sich gar schädlich auf die Wissensarbeit auswirken. Neuere Experimente in den Wirtschaftswissenschaften haben ergeben, dass eine individuell erfolgsabhängige Entlohnung die für die Wissensarbeit wesentliche Teamleistung schmälert. Dabei ist die Grundidee doch eine andere: Der durch individuelle Leistungsprämien angefachte Wettbewerb soll die Leistung des Einzelnen steigern und in der Summe damit auch die Leistung des Ganzen. Dieser Grundidee wohnen jedoch (mindestens) zwei Irrtümer inne: (1) Die Teamleistung als Ganzes ist mehr als die Summe der jeweiligen Einzelleistungen der Teammitglieder, da die Teamleistung immer auch abhängig ist von effektiver Interaktion und Kollaboration; Letzteres jedoch wird bei individuellen Incentives nicht berücksichtigt. (2) Hinzu kommt, das leistungsabhängige Entlohnung nicht die absolute Leistung des Einzelnen in den Blick nimmt, sondern dessen relative Leistung in Bezug auf die Leistung der anderen, d.h., um die eigene Leistung relativ zu steigern, genügt es auch, die Leistung der jeweils anderen zu reduzieren[207] und damit der Gesamtleistung zu schaden. Letztere liegt aber nicht im Interesse des Einzelnen, wenn auch im Interesse der Organisation, die mit solcherart Incentives folglich gegen die eigene Interessenlage arbeitet. Für die Wissensarbeit kommt noch hinzu, dass individuell ausgerichtete Incentive-Konzepte die für die Wissensarbeit notwendige Interaktion empfindlich beschädigen können, indem beispielsweise das sogenannte Herrschaftswissen dadurch gefördert wird.

Extrinsische Motivatoren korrumpieren intrinsische Motivation

Ein letzter kritischer Punkt beim Einsatz von extrinsischen Motivatoren im Hinblick auf die in der Mehrzahl der Fälle intrinsisch motivierten Wissensarbeit ist, dass eine vorhandene intrinsische Motivation durch extrinsische Motivatoren nicht weiter gesteigert werden kann, im Gegenteil kann eine vorhandene intrinsische Motivation durch extrinsische Motivatoren gemindert werden, da extrinsische Motivatoren, die in den Handlungsablauf einer eigentlich intrinsisch motivierten Aktivität einge-

---

206 Vgl. Schulze 2002. S. 25

207 Neuere Experimente in den Wirtschaftswissenschaften belegen in der Tat, dass eine Mehrheit der Probanden, wenn die Möglichkeit dazu besteht, dazu tendiert, die Leistung anderer zu schmälern, anstatt die eigene zu steigern.

führt werden, das für die intrinsische Motivation wesentliche Gefühl der Selbstbestimmung unterminieren. Man spricht dann von dem sogenannten Korrumpierungseffekt, der die Wertigkeit einer Handlung dauerhaft verschiebt und die nachhaltig wirkende intrinsische Motivation verdrängt.

Es ist Aufgabe des Managers, Motivation zu fördern und zu unterstützen. Der Manager von Wissensarbeit muss dabei jedoch umdenken: Er sollte sich weniger die Frage nach einsetzbaren extrinsischen Motivatoren und der dazu notwendigen Mess- und Bewertungsgrundlagen stellen, als die Frage danach, wie er die Primärmotivation, also die intrinsische Motivation, der Wissensarbeiter bewahren und gegebenenfalls verstärken kann.

Wie entsteht Bindung an die Organisation? Und dies ist eine für seine Aufgabe durchaus zentrale Fragestellung, denn Wissensarbeiter sind weitgehend autonom, anders als die im Garten angewachsenen Pflanzen befinden sie sich in keinem einseitigen Abhängigkeitsverhältnis zu einer Organisation, sie können ihre Kompetenzen und ihr Wissen ebenso in eine andere Organisation einbringen oder gegebenenfalls gar als Personenunternehmen selbst in Konkurrenz zur Organisation auf dem Markt auftreten. Peter Drucker betrachtet Wissensarbeiter daher wie freiwillige, ehrenamtliche Tätigkeit und fragt, was diese antreibt: „What motivates workers – especially knowledge workers – is what motivates volunteers. Volunteers, we know, have to get more satisfaction from their work than paid employees precisely because they do not get a pay check. They need, above all, challenge. They need to know the organization's mission and to believe in it. They need continuous training. They need to see results. Implicit in this is that employees have to be managed as associates, partners – and not in name only. The definition of a partnership is that all partners are equal."[208] Das Verständnis von einer Beziehung als Partnerschaft schließt die Rolle des Managers als „behavior modifier"[209] aus.

Was bindet einen Wissensarbeiter an eine Organisation? Was unterstützt und fördert seine Motivation? Es sind dies zum einen individual-ökonomische Faktoren: Als Homo oeconomicus überprüft der Wissensarbeiter, was er in eine Organisation einbringt und was er von der Organisation im Gegenzug erhält. Nur wenn diese Rechnung zumindest ausgeglichen ist, kann eine mittel- und langfristige Bindung entstehen. Der Mehrwert einer Bindung an eine Organisation kann in deren organisationaler Wissens- und Informationsbasis liegen, an welcher der Wissensarbeiter nur als Organisationsmitglied partizipieren kann; der Mehrwert kann darin liegen, dass die Organisation dem Wissensarbeiter einen Wissensraum,

---

208 Drucker 1998
209 Amar 2004. S. 1823

Ba, anbietet, in dem er in der Interaktion mit anderen Organisationsmitgliedern sein Wissen umsetzen und kontinuierlich erweitern kann; außerdem kann der Mehrwert in einer gezielten Wissens- und Kompetenzentwicklung liegen, welche die Organisation ermöglicht.

Doch Bindung ist selten eine ausschließlich rational begründete Entscheidung, sondern auch emotional geprägt. Hier spielt das Bewusstsein von der Nützlichkeit der eigenen Tätigkeit für Wissensarbeiter sicherlich eine wichtige Rolle.[210] Dazu gehört auch, dass die jeweils eigene Leistung angemessen erkannt, anerkannt und honoriert wird; Letzteres durchaus auch in monetärem Sinne. Hinzu kommen die Kenntnis von Vision und Zielen der Organisation, die Zustimmung zu diesen Zielen, d.h. eine möglichst hohe Übereinstimmung zwischen persönlichen Visionen und Zielen und solchen der Organisation, und die Möglichkeit, sowohl das Definieren als auch das Erreichen dieser Zeile aktiv beeinflussen zu können. Letzteres wiederum hängt davon ab, dass das übertragene Aufgabengebiet die eigenen Kompetenzen weder über- noch unterfordert.

Befragt nach Ursachen für Frust und fehlgeleitete Motivation antworten Mitarbeiter häufig:
- dass sie nicht wissen, was von ihnen erwartet wird
- dass ihre Vorgesetzten sich nicht für sie als Menschen interessieren
- dass sie eine Position ausfüllen, die ihnen nicht liegt
- dass ihre Meinungen und Ansichten kaum Gewicht haben.

Fazit: Alle im Vorausgegangenen behandelten Managementaufgaben, vom Gestalten der räumlichen, organisatorischen und personalen Rahmenbedingungen bis zum individuellen Kompetenzmanagement, fördern nachhaltig die intrinsische Motivation. Und sie schaffen in der Summe eine Kultur, welche wiederum als „Wohlfühlfaktor" auf die Motivation einwirkt (s.u.). Auch in der Disziplin des Düngens muss der Manager sich als Gärtner also auf eine lediglich mittelbare Beeinflussung zurückziehen oder frei nach Karl Schiller: Er kann die Pferde zwar zur Tränke führen, saufen müssen sie selber.

Extrinsische Motivatoren sinnvoll eingesetzt

Und trotzdem können auch extrinsische Motivatoren – richtig eingesetzt – nützliche Werkzeuge sein, vor allem dort, wo neue Handlungsweisen gefordert werden, insbesondere im Zusammenhang mit dem Einsatz neuer IT-Werkzeuge. Denn hier kommt ein Umstand zum Tragen, der sich nachteilig auf die intrinsische Motivation auswirkt: die Anonymität. In der Anonymität, wie sie in IT-Systemen häufig gegeben ist, so hat die Praxis gezeigt, ist die Motivation gering, beispielsweise gemeinsame Da-

---

210 S. auch „Fünf Kerndimensionen der Arbeitsmotivation" nach Hackman und Oldham in Kapitel 2.3 „Gesucht: der Wissensarbeiter"

tenbanken mit Inhalten zu füllen. Hier kann es nun sinnvoll sein, temporär extrinsische Motivatoren einzusetzen, um die typische Durststrecke nach Neueinführung solcher Systeme zu überbrücken, während derer z. B. noch nicht genügend Inhalte im System verfügbar sind, um in der praktischen Anwendung den Nutzen des Systems wahrnehmbar zu machen. Allerdings muss dabei berücksichtigt werden, dass die Wirkung extrinsischer Motivatoren mit der Zeit stark nachlässt, d. h., sollte es einem System nicht gelingen, nach Ablauf einer gewissen Zeitspanne für die Nutzer eine intrinsische Motivation durch einen wahrnehmbaren, persönlichen Nutzen zu generieren, z. B. durch Einsparen eigener Arbeitszeit, können auch extrinsische Motivatoren die Bereitschaft, ein solches System zu nutzen, nicht dauerhaft schaffen.

Motivation zum Wissensaustausch in einer geteilten Datenbank: ein Experiment am Psychologischen Institut der Universität Tübingen

Dr. Ulrike Creß vom Psychologischen Institut der Universität Tübingen und ihre Arbeitsgruppe am Institut für Wissensmedien haben in dem Projekt „Wissensaustausch mittels einer geteilten Datenbank" in Experimenten mit insgesamt rund 800 Versuchspersonen untersucht, wie sich die Motivation zur Nutzung eines sogenannten Wissenspools verbessern lässt.

Das Experiment beruhte auf einer Datenbank, in der je nach Art einer Organisation Projektberichte, Protokolle oder Ergebnisberichte von Arbeitssitzungen eingebracht werden können, um einmal erarbeitete Problemlösungen in der Organisation mehrfach nutzen zu können.

Die Mitarbeiter haben bei der Eingabe von Informationen einen gewissen Zeitaufwand; hinzu kommt, dass gegebenenfalls solch geteiltes Wissen – subjektiv oder objektiv – einen Machtverlust bedeuten kann. Anderseits könnte der Mitarbeiter Informationen nutzen, die andere eingegeben haben. Es entsteht ein soziales Dilemma.[211]

Dieses Dilemma beim Wissensaustausch in Firmendatenbanken wurde in zahlreichen Versuchen mit simulierten Arbeitsgruppen nachgestellt: Die Versuchspersonen hatten die Aufgabe, Gehälter und Provisionen im Akkord zu berechnen. Pro errechnetem Betrag erhielt der Einzelne 30 Cent gutgeschrieben. Die Ergebniseingabe in eine Datenbank wurde nicht honoriert, doch wurden diese Daten im zweiten Versuchsteil von anderen Teilnehmern benötigt. Das Interesse des Einzelnen stand also gegen das Interesse der Gruppe. Etwa 30 Prozent der Versuchspersonen erwiesen sich als reine Trittbrettfahrer, die praktisch keine Eingaben in die Datenbank machten und so ihren persönlichen Gewinn maximierten.

---

211 Dies entsteht nicht bei Interesse am direkten gegenseitigen Austausch oder bei einem sehr starken Gruppengefühl. Hier, so ein Ergebnis der Wissenschaftler, gibt es in der Regel keine Motivationsprobleme.

Etwa jeder Fünfte gab den überwiegenden Teil seiner Ergebnisse ein, die Hälfte der Probanden verfolgte eine Mischstrategie, um den eigenen Zeitaufwand gering, das persönliche Ergebnis aber möglichst hochzuhalten.

In weiteren Experimenten wurde versucht, das Dilemma der Versuchspersonen über unterschiedliche Bonussysteme zu lösen. Die Versuche waren so angelegt, dass jeweils sechs von ihnen suggeriert wurde, in einer Gruppe zusammenzuarbeiten. Der Versuch, einfach die Eintragungen in die Datenbank zu honorieren, führte zu einer größeren Zahl, aber schlechterer Qualität der Einträge. Erhalten die Versuchsteilnehmer eine Vorgabe zur gewünschten oder üblichen Zahl der Einträge in die Datenbank – etwa „zehn Beiträge pro Tag" oder „pro Tag zehn Minuten lang Informationen eingeben" –, bleiben die Teilnehmer zwar meist unter der Vorgabe, tragen aber mehr Informationen ein, wenn die Vorgaben höher sind. In weiteren Versuchsdurchgängen wurde die Anonymität reduziert, indem Bilder der Teilnehmer im System präsentiert wurden. Wenn wenig Gruppenbewusstsein vorhanden war, machten die Bilder der anderen die Versuchsteilnehmer kooperativer. Wer aber sowieso schon die Gruppe im Blick hatte, sah diese durch die Präsentation der einzelnen Mitglieder nicht mehr als homogen an, dann erwiesen sich die Bilder gar als kontraproduktiv.

Aus den Experimenten konnte unter anderem gefolgert werden, dass es sinnvoll ist, Bilder mit der Möglichkeit, diese zu aktivieren oder zu deaktivieren, in die Datenbank einzubringen. Ebenso sollten Systeme zur Inhaltsanzeige flexibel sein: Ist die Datenbank am Anfang fast leer, wirkt eine solche Rückmeldung negativ, sind später viele hilfreiche Daten eingegeben worden, positiv.

Trotz aller Anreize lassen sich nach den Erfahrungen der Medienpsychologin jedoch nicht alle „Trittbrettfahrer" zu Mitarbeitern wandeln, die stärker den Gewinn und das Fortkommen der Gruppe im Blick haben als ihren eigenen Vorteil.

www.uni-tuebingen.de/uni/sii/abtkmps/cress.htm#Projekte

Insgesamt sollte die Frage extrinsischer bzw. monetärer Anreize jedoch mit Vorsicht behandelt werden, wo möglich, die Entscheidung über Art und Gewicht solcher Motivatoren mit den Mitarbeitern gemeinsam getroffen werden, da die Reaktionen auf solche Systeme nur schwer vorhersagbar sind und sich durchaus kontraproduktiv auswirken können. Wie auch immer die Entscheidung ausfällt, wesentlich ist, dass die Grundlage von Offenheit und Vertrauen durch die Einführung eines solchen Anreizsystems nicht korrumpiert wird.

4.2.5 Managementaufgabe: den Boden bereiten

Ein guter Gärtner bereitet seinen Pflanzen den richtigen Boden und pflegt diesen Boden, indem er regelmäßig jätet und den Boden auflockert, damit seine Pflanzen sich gut entwickeln können. Der Boden der Organisation und damit auch des Wissensarbeiters ist die Organisationskultur.

Der Begriff **Kultur** leitet sich ab vom Lateinischen, und zwar sowohl von *cultura*, der Pflege und Bebauung des Bodens, als auch von *cultus*, Kult, Umgang mit den übermenschlichen Mächten. Mit Kultur wird die Gesamtheit der geistigen und künstlerischen Lebensäußerungen einer Gemeinschaft bzw. einer Ethnie bezeichnet sowie, bezogen auf den einzelnen Menschen, dessen Bildung, Einstellung und Lebensweise.

William James Durant gibt in seinem Werk „Kulturgeschichte der Menschheit" folgende Definition für den Begriff Kultur: „Kultur ist soziale Ordnung, welche schöpferische Tätigkeiten begünstigt. Vier Elemente setzen sie zusammen: Wirtschaftliche Vorsorge, politische Organisation, moralische Traditionen und das Streben nach Wissenschaft und Kunst. Sie beginnt, wo Chaos und Unsicherheit enden. Neugier und Erfindungsgeist werden frei, wenn die Angst besiegt ist, und der Mensch schreitet aus natürlichem Antrieb dem Verständnis und der Verschönerung des Lebens entgegen."[212]

Kultur bestimmt das Verhalten Obwohl Durant sich nicht auf eine Organisations- oder Unternehmenskultur bezieht, ist seine Definition auch in diesem Kontext interessant:
- Kultur ist, so verstanden, ein angstfreier Zustand, in dem eine kreative Tätigkeit, damit auch Wissensarbeit, erst möglich wird. Eine „Kultur" von Angst und Misstrauen, letztlich Unfreiheit wäre in diesem Sinne gar nicht als Kultur, sondern eher als Unkultur zu bezeichnen.[213]
- Kultur umfasst nicht nur die sogenannten weichen oder immateriellen Faktoren, sondern auch die wirtschaftliche Vorsorge. Denn nur dann ist der angestrebte angstfreie Zustand hergestellt. Kultur setzt also in der oberen Hälfte der maslowschen Bedürfnispyramide (s. o.) ein, beruht aber auf deren unterer Hälfte.
- Kultur ist eng verknüpft mit einer nachhaltigen intrinsischen Motivation, einem Streben nach Wissen.
- Und schließlich ist Kultur ein Konstituens einer Organisation. Eine spezifische Kultur zeichnet das Innen einer Organisation aus und trennt es dadurch vom Außen; sie schafft eine (spezifische) Ordnung innerhalb der Organisation in Abgrenzung zur relativen Unordnung (Chaos), die außerhalb der Organisation herrscht.

Bleiben wir ein wenig beim Gedanken von Kultur als Ordnungsmacht innerhalb der Organisation. Von Ordnung sprechen wir dann, wenn wir klare Strukturen wahrnehmen können.[214] Diese Ordnung manifestiert sich in Organisationen im Zusammenspiel von Normen, Denkhaltungen

---

212 Zitiert nach: http://www.kefk.net/Wissen/Theorie/Kultur/index.asp
213 Der Begriff „Kultur" wird damit gleichgesetzt mit wissensorientierter Kultur, so wie Management im Sinne eines organischen Managements immer per se ein wissensorientiertes Management ist.
214 Ein unstrukturierter Zustand, ein ungeordneter Zustand wäre ein Zustand der Entropie. Wir erinnern uns: Ein Merkmal einer organischen Organisation ist Negentropie, die negative Entropie

und Paradigmen, welche die Mitglieder der Organisation teilen und welche das Zusammenleben in der Organisation sowie das Auftreten nach außen hin, gegenüber Kunden, Lieferanten, Partnern usw., prägen. Die Organisationskultur schafft ein Klima, das auf die Beteiligten zurück wirkt, die sich der herrschenden Kultur (oder Unkultur) anpassen oder widersetzen, jedenfalls aber teilweise bewusst, teilweise unbewusst ihr Verhalten an ihr ausrichten. Im Englischen spricht man daher synonym zu *Organisational Culture* auch oft von *Corporate Behaviour*.

Eine spezifische Kultur kann anhand dreier Merkmale charakterisiert werden, die – aus biologischer Sicht – in allen Kulturen vorkommen und wovon zwei sich wiederum auf für die Kultur typische und von ihr geprägte Verhaltensweisen beziehen:[215]
- *Sozifakte*
  Erlernte, nicht angeborene Verhaltensweisen
- *Mentifakte*
  Mögliche Verhaltensweisen wie Annahmen, Ideen oder Werte
- *Artefakte*
  Materielle Ergebnisse offener Verhaltensweisen wie Werkzeuge und Geräte

Diese kulturtypischen Verhaltensweisen entstehen nach Edgar H. Schein durch Bewährung. Schein definiert Organisationskultur als „ein Muster aus gemeinsamen Grundprämissen, das die Gruppe bei der Bewältigung ihrer Probleme externer Anpassung und interner Integration gelernt hat und das sich bewährt hat. Daher wird es an neue Mitglieder als rational und emotional korrekter Ansatz für den Umgang mit Problemen weitergegeben."[216]

Zu den Grundprämissen zählen für Schein:[217]
- Wesen der Wirklichkeit und Wahrheit
- Wesen der Zeit
- Wesen des Raums
- Wesen des Menschen
- Wesen des menschlichen Handelns
- Wesen menschlicher Beziehungen

Die Organisationskultur wirkt also sinnbildend und sinnstiftend, hermeneutisch und epistemologisch. Sie bestimmt nicht nur das Verhalten, sondern auch die Wahrnehmung sowohl des Innen als auch des Außen und der Grenzen zwischen Innen und Außen. Kultur kann in diesem Sinne auch als das einem Kollektiv gemeinsame Wissen betrachtet werden, als

---

215 Vgl. Kull 1986. S.103
216 Schein 1995. S. 25
217 Vgl. Schein 1995. S. 33

die im Bewusstsein seiner Mitglieder verankerten Erwartungen hinsichtlich Verhaltensweisen[218], Werthaltungen, sozialer Deutungsmuster und Weltbilder. Kultur formt eine Organisation sowohl als unverwechselbares Ganzes als auch als Summe seiner Teile (Mitglieder). Es erstaunt daher nicht, dass beispielsweise bei einer Fusion regelmäßig unvereinbare Organisationskulturen der Grund des Scheiterns sind. Vielmehr erstaunt es da schon, dass dieser wichtige Aspekt so oft außer Acht gelassen wird.

Kulturveränderung Wissensarbeiter brauchen einen lockeren Boden, um sich und damit auch ihr Wissen entfalten zu können. Wie in den vorausgegangen Kapiteln bereits ausgeführt, sind Transparenz, Vertrauen, Eigenverantwortung, Freiheit und Autonomie wesentliche Charakteristika einer wissensförderlichen Kultur. Doch was, wenn eine herrschende Organisationskultur hier Defizite aufweist? Lästige Normen, Verhaltensweisen oder Denkmuster also gejätet, der Boden insgesamt gelockert werden muss? Ist eine Organisationskultur veränderbar und gestaltbar?

In der Organisationsentwicklung gibt es dazu keine eindeutige Meinung, sondern vier grundlegende Ansätze:

- *Autonomie-Ansatz*
  Die Kultur ist gegenüber Beeinflussungsmöglichkeiten vollkommen autonom. Sie ist ein zufälliges Ergebnis der Interaktion der Organisationsmitglieder. Gezielte Veränderungen durch das Management sind nicht möglich.
- *Krisen-Ansatz*
  Die Kultur ist so lange unveränderlich, solange keine Krise besteht. Im Falle einer Krise werden die Werte und Normen einer Organisation jedoch durch deren Mitglieder infrage gestellt, weil sie nicht mehr die richtigen Antworten auf die herrschenden Probleme liefern. In einer Revolution werden die nicht mehr adäquaten Regeln, damit die Kultur, durch neue ersetzt.
- *Gärtner-Ansatz*
  Die Kultur ist beeinflussbar. Das Management kann versuchen, sie zu beeinflussen. Diese Einflussnahme muss jedoch nicht immer zu den gewünschten Ergebnissen führen, sie kann vielmehr auch zu unbeabsichtigten Resultaten führen. Die Entwicklung der Kultur ist nicht vorhersagbar.
- *Macher-Ansatz*
  Die Kultur ist vom Manager immer mit den gewünschten Resultaten veränderbar. Sie ist, ähnlich wie ein Uhrwerk, berechenbar.

Gegen den Autonomie-Ansatz lässt sich einwenden, dass Kultur gegenüber einem rein instinkthaften Zustand geprägt ist von erlernten, durch

---

218 Institutionen sind in diesem Sinne prägendes Bestandteil der Organisationskultur.

das Umfeld geprägten Verhaltensweisen (s.o.). Diese Verhaltensweisen sind folglich beeinflussbar. Allerdings nicht in einem solchen Maße, wie dies der Macher-Ansatz zugrunde legt. Denn menschliche Verhaltensweisen sind komplex, folglich nicht monokausal und auch nicht vollkommen rational, sie sind daher auch nicht vollkommen berechen- und beeinflussbar.

Nach Meinung der Autorin sind der Gärtner- und auch der Krisen-Ansatz validere Denkmodelle. Denkmodelle, die sich nicht ausschließen, sondern ergänzen: In einer krisenhaften Situation kann eine Kultur sich revolutionär verändern, um sich an veränderte Rahmenbedingungen anzupassen. In einer nicht krisenhaften Situation kann eine Kultur evolutionär beeinflusst und gestaltet werden – behutsam, sorgsam und mit dem Bewusstsein eines ungewissen Ausganges.

Der erste Schritt zur Veränderung ist das Bewusstmachen der herrschenden Kultur. In vielen Organisationen findet sich ein – vermeintliches – Abbild der Organisationskultur in sogenannten Leitlinien, Verhaltenskodizes, die auf den Werten, zu denen sich die Organisation bekennt (oder in der öffentlichen Wahrnehmung bekennen möchte), beruhen und welche die Führungsgrundsätze und das gewünschte Verhalten der Mitarbeiter festlegen sollen. Solche Leitlinien transportieren jedoch allzu oft nur ein lediglich gewünschtes Image einer Organisation, wobei die Kommunikation eher nach außen denn nach innen gerichtet ist.

Um eine Kultur, damit auch das Selbstverständnis einer Organisation und ihrer Mitglieder nachhaltig zu verändern, genügt es nicht, ein solches Leitbild zu erstellen bzw. zu überarbeiten und im Rahmen der internen Kommunikation oder im Rahmen von Schulungsmaßnahmen zu vermitteln. Vielmehr ist eine gemeinsame Erarbeitung dieses Leitbildes selbst ein wesentlicher erster Schritt zu einer intendierten kulturellen Veränderung. Nachhaltige Veränderung, insbesondere Verhaltensänderung, setzt ein möglichst frühes Einbeziehen der Betroffenen voraus, d.h. aktives Mitgestalten der Veränderung und daraus folgend deren erhöhte Akzeptanz gegenüber den veränderten Rahmenbedingungen, Anforderungen, Haltungen oder erwarteten Verhaltensweisen. Frühes Einbeziehen, aktives Mitgestalten erzeugt darüber hinaus Sicherheit in einer Umbruch- oder Veränderungssituation, die ansonsten per se durch Unsicherheit geprägt ist. Unsicherheit, die sich negativ auf Kreativität und Motivation der Wissensarbeiter auswirken kann (s.o.)

Das individuelle Gefühl relativer Sicherheit, auch in einer Situation, die eher von Veränderung, Unsicherheit geprägt ist, fußt auf Vertrauen. Vertrauen wiederum entsteht dann, wenn beobachtetes Verhalten als authentisch und ehrlich wahrgenommen wird. Klaffen hingegen eine postulierte Organisationskultur und die gelebte Organisationswirklichkeit auseinander, entsteht eine für die Entwicklung der Organisationskultur nachteilige sogenannte *Cultural Gap*. Dabei steht das Verhalten des Managers/der Manager, gegebenenfalls als Initiatoren einer Veränderung, unter besonderer Beobachtung: „The way that an executive behaves, a senior executive in particular, sends very strong messages to the people around them about what is important and about what is valued in that organisation." [219] Ein Manager kann das Verhalten der Mitarbeiter – und damit auch die herrschende Kultur – nur dann nachhaltig beeinflussen und verändern, wenn er selbst dieses intendierte Verhalten bzw. die Verhaltensänderung konsequent vorlebt. Der Gärtner bereitet den Boden nicht, indem er darüber spricht, sondern indem er sich selbst die Hände schmutzig macht.

> „Handle nur nach derjenigen Maxime, durch die du zugleich wollen kannst, dass sie ein allgemeines Gesetz werde."
> Immanuel Kant: Kategorischer Imperativ

Der Manager als Change Agent

Ein Manager kann Veränderungsprozesse darüber hinaus unterstützen und gegebenenfalls beschleunigen, indem er als *Change Agent* wirkt. Als *Change Agent* nimmt er gezielt Einfluss auf Veränderungsprozesse,
- indem er für geeignete Rahmenbedingungen sorgt, die ein Heranreifen quasi-autonomer Veränderungsentscheidungen fördern
- indem er durch absichtsvolles Handeln, beispielsweise durch Veränderungskommunikation, Zielvorgaben, Motivationsunterstützung, direkt auf das Verhalten anderer einzuwirken versucht
- indem er mittelbar Reaktionen auf sein eigenes Verhalten auslöst.

Rollen im Veränderungsprozess

Um die oben erwähnten quasi-autonomen Veränderungsentscheidungen zu provozieren, kann der *Change Agent* bewusst Auslöser für Veränderungen platzieren, indem er beispielsweise Schwächen bis zur Lächerlichkeit überzeichnet darstellt und dadurch die Organisationsmitglieder zur kritischen (Selbst-)Reflexion anregt und im günstigsten Fall den Wunsch nach Veränderung weckt. Im Folgenden fördert er das Engagement für die tatsächliche Umsetzung durch seine eigene engagierte Mitwirkung, durch eine wahrnehmbare positive Einstellung gegenüber der neuen, angestrebten Situation und indem er seine eigene Betroffenheit – ehrlich – thematisiert.

Sowohl beim mittelbaren als auch beim unmittelbaren Einwirken auf das Verhalten anderer müssen vorhandene unterschiedliche Haltungen gegenüber Veränderung berücksichtigt werden: So gibt es Gestalter, also Personen, die Veränderungen prinzipiell positiv gegenüberstehen,

---

219 Prof. Lynda Gratton, London Business School, in einem Videointerview auf http://gurteen. 50lessons. com/viewlesson.asp?l=360 (13. März 2006)

bereit sind Veränderungen nicht nur mitzutragen, sondern auch mitzugestalten. Genau diese Personen können und sollen früh in den Veränderungsprozess einbezogen werden. Daneben gibt es sogenannte Mitläufer, im Englischen positiver als *Change Surfer* bezeichnet. Diese werden sich Veränderungen anpassen, sobald durch ein konsequentes Vorleben deutlich wird, dass eine Veränderung gewünscht und konsequent umgesetzt werden soll. Daneben gibt es aber auch die Veränderungsopfer. Diese sollten in der Veränderungskommunikation besonders bedacht werden, indem hier z. B. ihre Bedenken, soweit sinnvoll, offen angesprochen und thematisiert werden. Und schließlich gibt es noch die Veränderungsunwilligen, die sich konsequent widersetzen. Es ist nur in den seltensten Fällen möglich, bei Veränderungsprozessen alle Betroffenen „mit ins Boot zu holen". Daher ist es wichtig, potenzielle Veränderungsunwillige möglichst früh zu identifizieren und deren Einfluss innerhalb eines Veränderungsprozesses nach Möglichkeit zu minimieren.

Trotzdem bleibt der Ausgang von Veränderungsprozessen, die auf die Organisationskultur wirken, ungewiss. Und es sind langwierige Prozesse. Denn die Kultur einer Organisation entsteht aus den geteilten Erfahrungen ihrer Mitglieder und manifestiert sich in den Haltungen, Werten sowie im Verhalten jedes Einzelnen. Eine Kultur ändert sich erst dann, wenn sich auch all diese Faktoren – zumindest bei einer kritischen Masse an Organisationsmitgliedern – verändert haben. Und das braucht vor allem Zeit. Wir müssen uns den Manager als Gärtner als einen geduldigen Menschen vorstellen.

Stoff zum Nachdenken und Anregungen zum Handeln

1. Versuchen Sie einmal, spontan einem Außenstehenden die Vision Ihrer Organisation zu erläutern!
2. Sind Ihre persönlichen Ziele innerhalb der Organisation klar? Weisen diese in die gleiche Richtung wie die Ziele der Organisation?
3- Betrachten Sie Ihre Arbeitsumgebung einmal mit wachen Augen: Wie wissens- und kommunikationsförderlich ist die Sie umgebende Architektur? Welche räumlichen Settings bestimmen ggf. Ihr Denken und Handeln? Lassen sich bestimmte Gegebenheiten eventuell leicht verändern?
4. Erstellen Sie für sich selbst ein Kompetenzprofil: „Welche Kompetenzen benötige ich heute und in Zukunft mit Hinblick auf meine und die Ziele meiner Organisation? Welche Kompetenzen besitze ich heute in welchem Grad?"
5. Was motiviert Sie persönlich? Setzen Sie diese oder ähnliche Faktoren auch zur Motivation Ihrer Mitarbeiter und Kollegen ein?
6. Beschreiben Sie die Kultur Ihrer Organisation mit maximal acht Adjektiven! Und diskutieren Sie Ihre Einschätzung auch mit Kollegen! Wie wissensförderlich ist die herrschende bzw. wahrgenommene Kul-

tur? Woran manifestiert sie sich? Suchen Sie sich starke Mitstreiter (Meinungsbildner) und thematisieren Sie aus Ihrer Sicht Veränderungsbedarf (fangen Sie bei sich selbst an)!

4.3 Die Gartenwerkzeuge

Ein Gärtner setzt in seiner Arbeit Werkzeuge ein, um den Boden zu bearbeiten und zu wässern, die Pflanzen zu beschneiden und zu pflegen, um Unliebsames, Schädliches zu entfernen. Auch Manager verfügen über Werkzeuge. Klassische Managementwerkzeuge sind analytisch, sie begleiten und unterstützen vor allem Entscheidungsprozesse, wobei strategische Entscheidungen traditionellerweise auf drei Grundannahmen beruhen:
* Ordnung
* Rationale Wahl
* Absichtsvolles Handeln

Entscheidungsprozesse basieren darüber hinaus auf eindeutigen Planungsprozessen. Doch Planung setzt Linearität, d.h. rückwärtsblickend Kausalität und darauf beruhend vorwärtsblickend Vorhersagbarkeit voraus. Genau eine solche Linearität und damit verlässliche Planbarkeit ist jedoch in komplexen organischen Systemen und im Kontext kreativer Wissensarbeit von autonomen Wissensarbeitern, die darüber hinaus im Grunde gar nicht klassisch „gemanagt", d.h. gesteuert werden wollen, nicht gegeben.

Das Bierspiel wurde in den 1960er-Jahren am Massachusetts Institute of Technology (MIT) entwickelt. In dem Rollenspiel übernimmt jeder Teilnehmer eine Rolle innerhalb der Bierlogistikkette, Hopfenlieferant, Bierbrauer, Händler und Kunde. Im Verlauf des Spiels wird eine steigende Nachfrage simuliert. Erste Reaktion: Der Händler ordert beim Brauer mehr Bier. Doch bis die Bestellung eingeht und der Brauer seinerseits mehr Rohstoffe, z.B. Hopfen, geordert hat, vergehen Tage. In dieser Zeit trinkt der Kunde tapfer weiter, die Bestände beim Händler nehmen weiter ab, und dieser ordert zunehmend beunruhigt noch mehr Nachschub. Bis endlich die Brauerei auf Hochtouren produziert, lässt die Nachfrage jedoch bereits wieder nach. Am Ende sitzen alle Beteiligten, außer dem Kunden, auf hohen Lagerbeständen. Und alle geben sich gegenseitig die Schuld.

Was ist passiert? Die Akteure haben jeder für sich (scheinbar) rational gehandelt, ohne jedoch – wiederum jeder für sich – die gesamte Situation zu überschauen und in ihrer Komplexität zu begreifen. Ordnung, Linearität, eindeutige Kausalität und damit Vorhersagbarkeit und Planbarkeit wurden vorausgesetzt und dementsprechend gehandelt. Zu wenig berücksichtigt wurde dabei die Instabilität des Systems, die sich aus dem eben nicht verlässlich vorhersagbaren Verhalten des

Menschen Kunde ergibt. Die Akteure agieren unreflektiert und machen sich nicht klar, wie und vor allem wann, nämlich mit einer zeitlichen Verzögerung, ihre eigenen Signale das System beeinflussen. Dadurch, durch die Negierung der Instabilität, nimmt genau diese Instabilität des Systems immer weiter zu. In der Theorie spricht man vom sogenannten Peitschenschlag-Effekt.

Hätten die Akteure untereinander kommuniziert – und zwar über mehr als nur über Bestellmengen – und dabei die Chance genutzt, die Situation aus verschiedenen Blickwinkeln zu betrachten, hätten sie sich anbahnende Veränderungen vermutlich früher erkennen und früher – gemeinsam – darauf reagieren können.

Wo Management kein mechanisches Management mehr sein kann, dessen Hauptaufgabe die Planung ist, sondern ein gärtnerisches Management, dessen Aufgabe die Gestaltung von Rahmenbedingungen in komplexen Umgebungen für weitgehend unplanbare Prozesse und Ergebnisse ist, braucht es neue Werkzeuge. Zwei solche Werkzeuge werden im Folgenden kurz vorgestellt, zwei Werkzeuge, die einen weiten Spannungsbogen zwischen intellektuellem Anspruch und Pragmatismus aufmachen und deren Bezug zur Wissensarbeit in intelligenten Organisationen sich vielleicht nicht auf den ersten Blick erschließt: Das Cynefin-Modell unterstützt den Manager bei der Entscheidungsfindung in komplexen Systemen, unterstützt ihn also in seiner Arbeit innerhalb und mit einer komplexen intelligenten Organisation. Die Wissensbilanz ist – entgegen ihrem Namen – ein Steuerungsinstrument, welches die Gestaltung der Rahmenbedingungen – also die indirekte Unterstützung und Förderung der Wissensarbeit – ermöglicht. Beides sind dabei Modelle, die weggehen von den Ansätzen klassischer Planung und direkter Beeinflussung und Steuerung.

4.3.1 Sense-Making in komplexen Systemen: das Cynefin-Modell

Es ist die Aufgabe von Managern, Entscheidungen zu treffen. Betrachten wir zunächst einmal, wie Entscheidungen entstehen: In einer idealtypischen Betrachtung ist der Prozess der Entscheidungsfindung ein Dreischritt:

1. Sinnfindung: Was ist der Sinn, die Bedeutung der aktuellen Situation? „Was passiert?"
2. Entscheidung: Bewerten von Alternativen und Treffen einer Entscheidung, „Was sollte ich tun?"
3. Umsetzung: „Wie soll ich es tun?"

Beeinflusst wird dieser Prozess von unserem Wissen in Form von Referenzmodellen sowie begleitet von einem permanenten Monitoring im Hinblick auf die Auswirkungen der Entscheidung, mögliche Änderungen der Rahmenbedingungen usw. Das Wissen, das wir einsetzen und das unsere Entscheidungen bestimmt, wird selbst beeinflusst von unserem

Kontext, vor allem unserem sozialen Kontext und dessen „microcultures of meaning"[220], die unsere Wahrnehmung und die Interpretation des Wahrgenommen, damit auch unser Wissen beeinflussen.

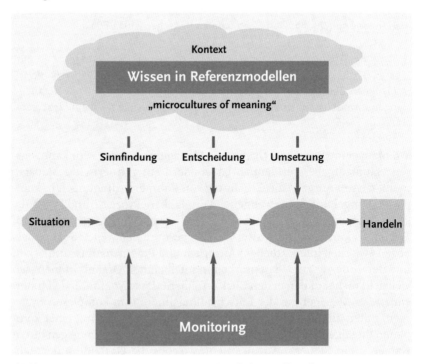

Abbildung 41: Der idealtypische Prozess der Entscheidungsfindung wird beeinflusst von unserem Wissen in Form von Referenzmodellen[221]

Muster unterstützen die Sinnfindung
Der erste und grundlegende Schritt im Prozess der Entscheidungsfindung ist das Erkennen von Sinn in einer gegebenen, eine Entscheidung verlangenden Situation. Doch wie kann ein solcher Sinn in einem komplexen System erkannt werden?

Komplexität ist nicht einfach Chaos, fehlende Ordnung, Komplexität bildet Muster aus. Muster, die nicht absichtsvoll, sondern emergent sind. Und Muster, die nicht einfach, aufgrund einer höheren, allgemeinen und einmaligen Ordnung bzw. Wahrheit, in der Welt sind, sondern Muster, die wir im Akt des Erkennens selbst aktiv gestalten: „(...) whatever we perceive is organized into patterns for which we the perceivers are largely responsible. (...) As perceivers we select from all the stimuli falling on our senses only those which interest us, and our interests are governed by a pattern-making tendency, sometimes called a schema. In a chaos of shift-

---

220 Vala-Webb, Pollard 2005. S. 12
221 Grafik in Anlehnung an Vala-Webb, Pollard 2005

ing impressions, each of us constructs a stable world in which objects have recognizable shapes, are located in depth and have permanence. (...) As time goes on and experience builds up, we make greater investment in our systems of labels. So a conservative bias is built in. It gives us confidence."[222]

Muster, die aus der Beobachtung und der Interpretation des Erlebten und Beobachteten entstehen, wirken sinnstiftend in einer ansonsten unstrukturierten Gegenwart und führen zum ersten Schritt im Prozess der Entscheidungsfindung. „Man kann (komplexe Systeme) nicht steuern, nur kitzeln. Man versucht Rahmen oder Impulse zu setzen, damit das System etwas damit tut. Man kann nicht vorhersehen, was das System macht, aber darauf setzen, dass es irgendwas macht. (...) Wenn eine Interaktion etwas bewirkt, können Sie versuchen, etwas daraus zu lernen."[223]

Wissensraum Cynefin

Cynthia Kurtz und David Snowden sind der Frage nachgegangen, inwieweit das Erkennen von Mustern, damit das Erkennen von Sinn und darauf aufbauend das Treffen von Entscheidungen innerhalb von Organisationen unterstützt werden kann. Der Waliser Snowden hat in der Beantwortung dieser Frage ein *Sense-Making*-Modell mit dem geheimnisvollen Namen Cynefin (gesprochen kan-ev-in) entwickelt: „The name ‚Cynefin' is a Welsh word whose literal translation into English as habitat or place fails to do it justice. It is more properly understood as the place of our multiple belongings; the sense that we all, individually and collectively, have many roots: cultural, religious, geographic, tribal etc. We can never be fully aware of the nature of those belongings, but they profoundly influence what we are. The name seeks to remind us that all human interactions are strongly influenced and frequently determined by the patterns of our multiple experiences, both through the direct influence of personal experience and through collective experience expressed as stories."[224]

Das Cynefin-Modell entstand 1997 ursprünglich aus Überlegungen zur Unterstützung und Steuerung informeller Netzwerke im Kontext von Wissensmanagement. Die Ausgangsthese: Nur Personen, die gemeinsame physische, zeitliche oder spirituelle Wurzeln haben, sind zu kreativer Zusammenarbeit fähig. Damit bewegt sich das Cynefin-Modell nah am Konzept des Ba von Nonaka, nimmt zusätzlich aber auch die zeitliche Dimension in den Blick. Seither hat sich das Modell weiterentwickelt und unterstützt als *Sense-Making*-Modell die Organisationsanalyse und -ent-

---

222 Douglas 1966
223 Dirk Baecker in einem Interview mit der Zeitschrift brand eins 01/2006. S. 115
224 http://www.cynefin.net/ (18. März 2006)

wicklung und gibt Hinweise auf mögliche Blockaden bei strategischen Veränderungsprozessen. Dabei fokussiert das Modell auf der dynamischen Interaktion zwischen den Beteiligten, weil gerade hier der Grund für die Komplexität von Organisationen zu suchen ist: „Humans are not limited to acting in accordance with predetermined rules."[225]

Cynefin schafft ein Bewusstsein darüber, dass es in einer Organisation neben der Ordnung immer auch die Un-Ordnung gibt. Wobei Un-Ordnung nicht das Fehlen von Ordnung bezeichnet, sondern deren andere Seite, ihr Gegenteil, das aber immer auch mit der Ordnung einhergeht. Es gibt keine Ordnung ohne Un-Ordnung und umgekehrt. So hat beispielsweise eine Organisation neben einer geordneten Kommandostruktur immer auch eine informelle Netzwerkstruktur. In den beiden Welten, der der Ordnung und der der Un-Ordnung, herrschen jeweils andere Regeln, die Werkzeuge aus der einen Welt sind in der anderen Welt nicht brauchbar. „In the ordered domain we focus in efficiency because the nature of system is such that they are amenable to reductionist approaches to problem solving; the whole is the sum of the parts, and we achieve optimization of the system by optimization of the parts. In the domain of un-order, the whole is never the sum of the parts; every intervention is also a diagnostic, and every diagnostic an intervention; any act changes the nature of the system. As a result, we have to allow a degree of sub-optimal behaviour of each of the components if the whole is to be optimized."[226]

Mustererkennung in dynamischen Umgebungen: das Spiel im Kindergarten

Kurtz und Snowden geben in ihrem Aufsatz zur Sinnstiftung in komplexen Umgebungen[227] ein Beispiel für die Überlegenheit der Mustererkennung gegenüber einem analytisch planerischen Vorgehen: Abschlussschüler der West-Point-Akademie sollten die Spielstunde in einem Kindergarten leiten. Die Absolventen bereiteten sich auf diesen Auftrag vor, wie sie dies gelernt hatten, d. h., sie analysierten, setzten Ziele, planten Maßnahmen. Kurz, sie unterstellten Ordnung und agierten dementsprechend rational. Das Ergebnis in der Spielstunde waren Chaos und Kontrollverlust. Nach dieser Erfahrung des Scheiterns beobachteten die Absolventen die Erzieher im Kindergarten. Diese ließen den Kindern zu Beginn der Stunde Freiraum und schritten dann immer nur ein, um erwünschte (Verhaltens-)Muster zu stabilisieren und unerwünschte Muster zu destabilisieren. Sehr gute Erzieher schafften es, den Raum so zu gestalten, dass die Wahrscheinlichkeit für das Auftreten erwünschter Muster zunahm.

---

225 Kurtz, Snowden 2003. S. 465
226 Kurtz, Snowden 2003. S. 466
227 Kurtz, Snowden 2003. S. 466

Das Cynefin-Modell besteht aus einer Struktur, einem Referenz- und Interpretationsrahmen, der fünf Dimensionen umfasst:

Komplex

Ursache-Wirkung-Beziehung nur retrospektiv erkennbar und nicht wiederholbar

Mustererkennung

Wahrnehmung über und von Perspektiven

Adaptives System

Ausprobieren – Bewerten – Reagieren

„Wissbar"

Ursache und Wirkung zeitlich und räumlich getrennt

Analytisch/Reduktionistisch

Szenario-Techniken

Systemdenken

Bewerten – Analysieren – Reagieren

Chaotisch

Keine Ursache-Wirkung-Beziehungen erkennbar

Intervention mit dem Ziel erhöhter Stabilität

Autoritäre Führung

Krisenmanagement

Agieren – Bewerten – Reagieren

Bekannt

Ursache-Wirkung-Beziehungen wiederholbar, erkennbar und vorhersagbar

Best Practices

Verfahrens- und Arbeitsanweisungen

Process-Reengineering

Bewerten – Kategoriesieren – Reagieren

Abbildung 42: die fünf Dimensionen des Cynefin-Modells[228] (die fünfte Dimensionen ist der helle Bereich in der Mitte)

Ordnung

- **Bekannte Ursachen und Wirkungen**

  In dieser Dimension sind Ursache-Wirkung-Beziehungen in der Regel linear und empirisch nachvollziehbar. Wiederholung erlaubt verlässliche Vorhersagen. Wissen wird erfasst und in definierte, strukturierte Prozesse gegossen.

  Entscheidungen entstehen durch die Auswertung und Kategorisierung von Daten entlang vorgegebener Handlungsweisen.

  Werkzeuge sind beispielsweise Regeln, Handlungsanweisungen, Entscheidungsbäume.

- **„Wissbare" (knowable) Ursachen und Wirkungen**

  In dieser Dimension bestehen zwar stabile Ursache-Wirkung-Relationen, doch sind diese noch nicht oder nur einer kleinen Gruppe von Personen (Experten) bekannt. Alles in der Dimension des „Wissbaren" kann in die Dimension des Bekannten überführt werden, sofern ausreichend Zeit und Ressourcen dafür vorhanden sind. Werkzeuge

---

228 Grafik in Anlehnung an Kurtz, Snowden 2003

in dieser Dimension sind beispielsweise Anhörung von Expertenmeinung, Experiment und Planung mittels Szenario-Techniken.
Entscheidungen entstehen durch die Bewertung und Analyse von Daten und der Interpretation dieser Analyse (durch Experten). Dabei wird in der Regel von Annahmen ausgegangen, deren Nichthinterfragen zu Fehlentscheidungen führen kann.

Im Bereich der Ordnung wird das *Sense-Making* und darauf aufbauend die Entscheidungsfindung beeinflusst von der Grenze zwischen dem, was wir schon wissen, und dem, was wir wissen können.

Unordnung
- **Komplexe Beziehungen**
  In dieser Dimension entstehen Muster durch die Interaktion vieler Agenten. Diese Muster sind erkenn-, aber nicht vorhersagbar. Hat sich ein Muster stabilisiert, erscheint sein Zustandekommen logisch und nachvollziehbar. Es ist jedoch nur ein mögliches Muster aus einer Vielzahl ebenso möglicher Muster, deren Zustandekommen retrospektiv betrachtet ebenso logisch gewesen wäre. Bestehende Muster dienen daher nicht als Erklärungsmuster für kommende; es gibt keine verlässliche Musterwiederholung.
  Entscheidungen beruhen darauf, vorhandene und potenzielle Muster sichtbar zu machen und zu bewerten. Es kann dann versucht werden, erwünschte Muster zu stabilisieren und unerwünschte zu destabilisieren sowie durch das Gestalten angemessener Rahmenbedingungen das Auftauchen erwünschter Muster zu unterstützen. Wichtig dabei ist, ein System, eine Situation aus unterschiedlichen Perspektiven wahrzunehmen. Die Werkzeuge der beiden geordneten Dimensionen funktionieren hier nicht, hingegen entfalten narrative Techniken (z. B. Story Telling, Open Space) hier ihre Wirkung.

Story Telling und Open Space

Das sogenannte **Story Telling** oder auch narrative Wissensmanagement nutzt die Macht von Geschichten, um komplexe Botschaften zu vermitteln, die Kluft zwischen Wissen und Handeln zu verringern oder weitreichende Veränderungen anzustoßen. Geschichten helfen uns, Komplexität zu verstehen, sie befriedigen die Frage nach dem Warum, füllen Fakten mit Leben und haben eine Botschaft, die bisweilen überraschend ins Auge springt, bisweilen aber auch genussvoll entdeckt werden will. Geschichten sind unmittelbar und einzigartig, sie sprechen eine anschauliche Sprache und haben eine eigene Ästhetik. Gemeinsam ist allen Arten von Geschichten, dass sie konkrete Vorstellungen hervorrufen, nicht nur den Verstand, sondern auch das Gefühl ansprechen und neue Denk- und Handlungsmöglichkeiten aufzeigen.[229]

---

229 Reinmann-Rothmeier, Gabi et al.: Story Telling in Unternehmen. Vom Reden zum Handeln – aber wie? Zitiert nach http://www.wissensmanagement.net/online/archiv/2003/02_2003/story-telling.shtml (18.03.2006)

Open Space ist eine Konferenzmethode für große Gruppen. Hauptziel ist es, möglichst viele Menschen zu mobilisieren, um gemeinschaftlich Aufgaben/Probleme zu lösen. Eine Veranstaltung dauert einen halben bis drei Tage. Es gibt keine feste Tagesordnung, vielmehr gliedert sich der Ablauf in sieben Phasen: In der Mond-Phase versenkt sich jeder Teilnehmer in das Thema und formuliert die für ihn wichtigen Anliegen. In der Mars-Phase hat jeder die Möglichkeit, seinen Namen zu nennen und sein Anliegen kurz vorzustellen. In der Merkur-Phase finden Verhandlungen zwischen den Teilnehmern statt, ob Themen zusammengelegt werden können. In der Jupiter-Phase liegt der Schwerpunkt auf Begegnungen und daraus entstehenden Geistesblitzen. Die Venus-Phase steht für ein Sichüben in gegenseitiger Akzeptanz und das Anerkennen von Lösungen. Die Saturn-Phase dient der Zusammenfassung der Ergebnisse. In der abschließenden Sonnen-Phase ist Zeit, das Erlebte noch einmal zu reflektieren und gegebenenfalls begonnene Bekanntschaften zu vertiefen.

- **Chaotisch**
  In dieser turbulenten Dimension gibt es keine wahrnehmbaren Beziehungen zwischen Wirkungen, und wir haben auch gar nicht die Zeit, auftretende Veränderungen zu reflektieren: „(...) waiting for patterns to emerge is a waste of time."[230]
  Das Entscheidungsmodell in der chaotischen Dimension ist rasches Handeln und rasche Bewertung der Folgen unseres Handelns, um weiteres Handeln danach auszurichten. Unser Handeln kann danach zielen, den chaotischen mittels Autorität in einen geordneten Zustand zu überführen oder durch vielfältige Intervention Muster zu provozieren, um ihn in einen komplexen Zustand zu überführen, oder aber ihn als chaotisch zu akzeptieren und als Quelle für Innovation und neue, bisher ungedachte Möglichkeiten zu nutzen.

Im Bereich der Un-Ordnung wird das *Sense-Making* und darauf aufbauend die Entscheidungsfindung weniger beeinflusst von der Frage der „Wissbarkeit" als von der Interaktion; die entscheidende Grenze verläuft hier zwischen der Mustererkennung und der Frage, was und wo wir Zustände stabilisieren müssen, um erkennbare Muster auftreten zu lassen.

Mitten zwischen diesen vier Dimensionen liegt als fünfte Dimension die Dimension des **Unbestimmten**, weder Ordnung noch Un-Ordnung, sondern im englischen Original *disorder*. Hier entzünden sich Konflikte, da Personen dazu tendieren, diesen Bereich entsprechend ihrem eigenen bevorzugten Bereich und damit entsprechend ihrer bevorzugten Handlungsweise, bekannt, wissbar, komplex oder chaotisch, zu interpretieren. Es ist daher ein wesentlicher Bestandteil in der Anwendung des Cynefin-Modells, diesen zentralen Bereich des Unbestimmten in einem offenen

---

230 Kurtz, Snowden 2003. S. 469

Diskurs durch die Ausweitung der anderen Dimensionen möglichst zu reduzieren und dabei einen Konsens über die Art des verhandelten Problems zu erzielen.

Der Nutzen   Wie kann das Cynefin-Modell nun eingesetzt werden?
von Cynefin

1. Der erste Schritt in der Arbeit mit Cynefin als *Sense-Making-Modell* ist die sogenannte Kontextualisierung. Dabei geht es darum, in einem strukturierten Brainstorming Faktoren zu identifizieren. Dies können Produkte, Handlungen, Communities, Ereignisse, Standpunkte, Metaphern, Meinungen usw. sein; alles, was der Sinnstiftung dienen kann. Diese Faktoren werden einem wesentlichen Thema, einer wesentlichen Fragestellung zugeordnet. Damit diese Faktoren möglichst konkret benannt werden, können narrative Methoden zum Einsatz kommen, beispielsweise *Story Telling,* das gemeinsame Konstruieren von Fabeln auf der Basis erzählter Anekdoten, oder *reverse history,* das Erzählen der Geschichte einer Organisation oder eines Projektes von der Gegenwart aus zu den Anfängen, wobei wichtige Wendepunkte auf Karten notiert werden. Um diese Wendepunkte herum werden dann Akteure, Ereignisse usw. beschrieben, welche dann zu den Faktoren im *Sense-Making*-Prozess werden.

2. Nun werden die identifizierten Faktoren auf das Cynefin-Modell projiziert: Dazu werden in einem ersten Schritt die Extreme besetzt, also die Ecke, in der jeder die Antwort kennt; die Ecke, in der man vermutet, dass Experten die Antwort kennen; die Ecke, in der die Situation erst im Nachhinein klar wird, und schließlich die Ecke, in der es keine wirkliche Antwort gibt. In Diskussionen werden die Einflussfaktoren in Relation zu diesen Extrempositionen so lange verschoben, bis ein stabiles Bild entsteht – noch ohne Grenzen zwischen den einzelnen Dimensionen.

3. Dann werden die Grenzen zwischen den Dimensionen eingezeichnet, wobei üblicherweise zu Anfang die Dimension des Unbestimmten sehr groß ist. In gemeinsamen Diskussionen werden die Grenzen zwischen den Dimensionen nun verschoben, um die Dimension des Unbestimmten möglichst zu reduzieren. Es entsteht schließlich ein jeweils individueller Cynefin-Modellrahmen.

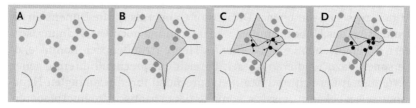

Abbildung 43: Arbeiten mit den Cynefin-Modell: Verorten der Einflussfaktoren, Einziehen der Dimensionsgrenzen, -übergänge, Reduzieren des unbestimmten Bereiches[231]

---

231 Grafik in Anlehnung an Kurtz, Snowden 2003

Worin liegt der Nutzen dieses Vorgehens? Cynefin gibt keine klaren Handlungsempfehlungen, sondern unterstützt einen Erkenntnisprozess in einer Organisation oder einer Gruppe. Es lässt Muster erkennen (bzw. gestaltend wahrnehmen) und kann dadurch sinnstiftend wirken. Die das Modell erstellende Gruppe hat im Laufe der Diskussion die Hintergründe der Problemstellung oder der aktuellen Situation der Organisation vertieft erkannt. Außerdem hat diese Gruppe im Laufe der Diskussionen eine gemeinsame Sprache entwickelt, die es in der Folge erlaubt, Situationen, Standpunkte und Wahrnehmungen sowie Handlungen unmissverständlicher und konstruktiver zu thematisieren und zu diskutieren. Nicht zuletzt kann Cynefin bei der Wahrnehmung unterschiedlicher Haltungen unterstützen, vor allem wenn unterschiedliche Gruppen ein jeweils eigenes Referenzmodell entwickelt haben. So hat beispielsweise eine Gruppe den Faktor „Demokratisierung des Internets" im Bereich „komplex" platziert, eine andere im Bereich „Chaos". Aus dieser unterschiedlichen Platzierung lernen beide Gruppen etwas über die jeweils eigene, aber auch die andere Sichtweise, was die weitere Zusammenarbeit positiv beeinflussen kann.

Neben der Verortung sinnstiftender Faktoren innerhalb der Grenzen der Cynefin-Dimensionen spielen diese Grenzen selbst im *Sense-Making-Prozess* eine wesentliche Rolle: „Boundaries are possibly the most important elements in sense-making, because they represent differences among or transitions between the patterns we create in the world that we perceive."[232] Der Wechsel von einer Dimension in eine andere, also das Überschreiten einer Grenze, impliziert ein jeweils verändertes Verständnis sowie ein verändertes Führungsverhalten. Es ist daher interessant, gemeinsam in der Gruppe die unterschiedliche Wahrnehmung dieser Grenzen oder Übergänge zu thematisieren.

Um die unterschiedlichen Sichtweisen zu illustrieren, wählen Kurtz und Snowden eine metaphorische Darstellung der möglichen Grenzen:
- Ein flacher Flusslauf ist eine Grenze, die leicht überwunden werden kann. Es bleiben aber Spuren dieses Durchschreitens: die nassen Füße. Ein Beispiel für ein Überschreiten dieser Grenze ist der langsame Übergang vom neu eingestellten zum erfahrenen Mitarbeiter. Solche durchlässigen Grenzen in der Organisation zu bewahren kann dann sinnvoll sein, wenn zwar breiter und vielfältiger Austausch gewünscht, dieser aber kontrolliert stattfinden soll.
- Eine tiefe Schlucht ist eine Grenze, die nur mit einer Brücke überwunden werden kann. Beispiel: eine Webseite, bei der Teile des Inhalts nur derjenige sehen darf, der sich mit Namen und Adresse registriert. Eine solche Grenze beizubehalten ist dann sinnvoll, wenn unkontrollierte Zustände unbedingt ausgeschlossen werden sollen.

---

232 Kurtz, Snowden 2003. S. 474

- Auch ein Hochplateau ist ein möglicher Übergang, und zwar ein gefährlicher, weil es leicht ist, die Gefahr zu übersehen und abzustürzen. Ein Hochplateau wird beispielsweise bei einer größeren Umorganisation beschritten, wenn Verantwortlichkeiten in der Organisation zunächst unklar sind und es dadurch zu Effizienzverlusten kommt. Ein Hochplateau-Übergang kann aber auch sinnvoll sein, etwa um Innovation anzustoßen oder um mit lähmend gewordenen Verhaltensweisen zu brechen.

Die zwischen den einzelnen Dimensionen wahrgenommenen Grenzen bzw. Übergänge sind nicht eindimensional. So kann ein Übergang vom komplexen zum „wissbaren" Zustand eine tiefe Schlucht, in die andere Richtung aber ein flacher Fluss sein. Darüber hinaus variiert die Wahrnehmung dieser Grenzen individuell, was in der gemeinschaftlichen Erarbeitung und Diskussion Haltungen und Einstellungen der einzelnen Mitglieder für die Gruppe transparent macht.

Die Grenzen zwischen den Cynefin-Dimensionen Betrachten wir im Folgenden die Grenzen bzw. Übergänge zwischen den vier Hauptdimensionen etwas genauer:
- **Grenze/Übergang zwischen „bekannt" und „chaotisch"**
  Der direkte Übergang vom Bekannten ins Chaotische ist meist ein Sturz: Unternehmen verharren ausschließlich in der Dimension des Geordneten und Bekannten und negieren Dynamik, Veränderung und Ambiguität. Von außen kommende Veränderung bricht dann in die scheinbar stabile Organisation ein und stürzt diese ins Chaos. Als Reaktion darauf kann eine verordnete, autoritär oktroyierte und in der Regel auch verschärfte Ordnung die Organisation aus dem Chaos zurück in die Dimension des Geordneten zwingen.
- **Grenze/Übergang zwischen „bekannt" und „wissbar"**
  Diese Grenze ist sehr durchlässig und in der Regel stark frequentiert nach beiden Seiten. Die Art der Bewegung ist die einer kontinuierlichen Verbesserung auf Basis eines kontinuierlichen Informationsflusses.
- **Grenze/Übergang zwischen „wissbar" und „komplex"**
  Diese Grenze ist nicht ganz so durchlässig wie die zwischen „bekannt" und „wissbar", und sie ist schwieriger zu überschreiten, da auf der jeweils anderen Seite andere Regeln und Denkmodelle vorherrschen, ihr Überschreiten kann aber gerade durch diese Andersartigkeit inspirierend wirken und neue Ideen, neues Wissen entstehen lassen.
  Unter Exploration versteht man den Übergang vom „Wissbaren" zum Komplexen, durch die Reduktion von Kontrolle und das Eröffnen neuer Freiräume und dadurch neuer Möglichkeiten, beispielsweise durch das Unterstützen von *Communities* in Organisationen. Wichtige Grundlage: Vertrauen.

Unter Nutzung (*exploitation*) versteht man den Übergang vom Komplexen zum „Wissbaren", also die Stabilisierung von Mustern, um diese allgemein nachvollziehbar und verstehbar zu machen; implizites Wissen wird – bei Bedarf – externalisiert.

• **Grenze zwischen „komplex" und „chaotisch"**
Diese Grenze ist fließend und nur schwer festzulegen.

Der Übergang vom Chaotischen ins Komplexe wird angeregt durch Kristallisationspunkte innerhalb der komplexen Dimension, um die herum Chaos sich zu Mustern verfestigen kann. Kurtz und Snowden sprechen in diesem Kontext von *swarming*[233]. Erwünschte Muster können dann in die Dimension des „Wissbaren" überführt werden, um sie dauerhafter zu stabilisieren, unerwünschte werden aufgegeben.

Mit Divergenz – Konvergenz wird eine Bewegung vom Komplexen ins Chaotische und wieder zurück bezeichnet. Dieser Übergang ist bei radikalen Umbruchsituationen in Organisationen gefragt und dann auch notwendig, um eine Organisation nicht ins Chaos stürzen zu lassen (s. o.), sondern dies konstruktiv als inspirierende und veränderungstreibende Kraft nutzen zu lassen.[234]

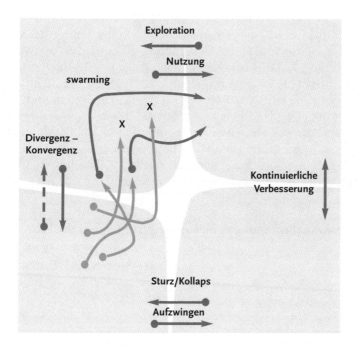

Abbildung 44: Mögliche Übergänge im Cynefin-Modell[235]

---

233 Kurtz, Snowden 2003. S. 477
234 Für eine detailliertere und umfassendere Beschreibung möglicher Übergange s. Kurtz, Snowden 2003
235 Grafik in Anlehnung an Kurtz, Snowden 2003

Der Zustand des Chaos wird im Cynefin-Modell weder negiert noch verteufelt, sondern vielmehr – in bestimmten Situationen – als notwendiges Zwischenstadium betrachtet, dessen temporärer Besuch lohnt, um beispielsweise verkrustete Strukturen und Handlungsweisen aufzubrechen, Innovation freizusetzen oder schlicht aufzurütteln.

Die Betrachtung und Reflexion der Grenzen und Grenzübertritte – in der Vergangenheit einer Organisation oder potenziell in der Zukunft – kann Veränderungen in der Organisation unterstützen. Grundlegend dabei, wie überhaupt beim Einsatz des Cynefin-Modells, sind narrative Techniken, also das Erzählen in Geschichten und in Bildern. Im Gegensatz zu Szenario-Techniken, also dem gemeinsamen Modellieren von Zukunftsbildern, beruht Cynefin dabei jedoch nicht auf einem Set an definierten Variablen, sondern betrachtet grundsätzlich die dynamische Entwicklung, deren Variablen teilweise unscharf oder gar unbekannt sind. Dies macht das Modell flexibler und schließt keine Möglichkeit (und auch keine aus heutiger Warte Unmöglichkeit) prinzipiell aus der Betrachtung aus.

Für den Manager schafft das Cynefin-Modell zunächst ein Bewusstsein darüber, dass es in einer Organisation neben der Sphäre der Ordnung immer auch die Sphäre der Un-Ordnung gibt und dass die Werkzeuge der Ordnung dort nicht taugen. Es kann dabei helfen Ambiguität auszuhalten, anstatt sie zu negieren, denn eine Negation von Mehrdeutigkeit ist immer auch eine Negation von Kreativität, Innovation und Wissensgenerierung. Darüber hinaus schärft es das Bewusstsein darüber, dass es keine objektiven Wahrheiten in Organisationen und damit auch keine im eigentlichen Sinne rationalen Entscheidungen gibt, sondern dass Wahrheit immer eine Frage der individuellen Wahrnehmung und Interpretation ist. Dies zu verstehen ist grundlegend für jede Art von Veränderung.

4.3.2 Rahmenbedingungen bewusster gestalten mit der Wissensbilanz

„What gets measured, gets done.
If you are looking for quick ways to change
how an organisation behaves,
change the measurement system."

MASON HAIRE

Im Vorausgegangen haben wir gesehen, wie wichtig die Gestaltung angemessener Rahmenbedingungen für eine erfolgreiche Wissensarbeit und das „Managen" von Wissensarbeit ist. Sich auf das Gestalten von Rahmenbedingungen zurückzuziehen ist für klassisch ausgebildete Manager aber eigentlich eine Zumutung, denn damit begeben sie sich in das diffuse Feld der sogenannten *intangible assets*, der nur schwer fass- und messbaren Faktoren in einer Organisation. Ist Management hier überhaupt möglich? Nein, lautet die Antwort aus dem Lager der Traditionalisten (und mechanischen „Maschinenführer-Manager"): „If you can't measure it, you can't manage it" (D. Garvin). Und „bitte nicht" hört man aus dem Lager der Wissenarbeiter: „Measurement kills learning" (A. Kleiner).

> „An intangible asset is an identifiable non-monetary asset without physical substance held for use in the production or supply of goods or services, for rental to others, or for administrative purposes. (...) An asset is a resource, controlled by an enterprise as a result of past events and from which future economic benefits are expected to flow to the enterprise." *(Quelle: IAS 38)*

Eine angemessene Steuerung der *intangible assets*, der immateriellen Werte einer Organisation, oft auch als deren intellektuelles Kapital bezeichnet, versucht die Wissensbilanz „Made in Germany". Diese wurde im Auftrag des Bundesministeriums für Wirtschaft und Technologie (BMWi)[236] vom Arbeitskreis Wissensbilanz[237] entwickelt. Ziel der Wissensbilanz ist es, die immateriellen Unternehmenswerte, also diejenigen Faktoren, welche unter anderem die Rahmenbedingungen für Wissensarbeit ausmachen, strukturiert darzustellen und zu bewerten. Sie nimmt dabei unterschiedliche Dimensionen in den Blick, die allesamt Einfluss auf den Erfolg einer Organisation haben:

- *Vision und Strategie*
- *Leistungsprozesse*
- *Humankapital*
  Kompetenz, Motivation und Lernfähigkeit der Mitarbeiter mit dem Fokus auf dem Individuum
- *Strukturkapital*
  Das Zusammenwirken der Individuen über die Infrastruktur des Unternehmens: Kommunikations- und Kollaborationsprozesse, Führungsprozesse, Unternehmenskultur, IT-Systeme usw.
- *Beziehungskapital*
  Beziehungen über die Grenzen der Organisation hinaus, beispielsweise zu Kunden und Lieferanten, Eignern und Mitarbeiter, Kooperationen und Netzwerken

---

236 Einen ausführlichen Leitfaden zur Durchführung stellt das BMWi auf seiner Website zur Verfügung: http://www.bmwi.bund.de/BMWi/Redaktion/PDF/W/wissensbilanz-made-in-germany-leitfaden,property=pdf,bereich=bmwi,sprache=de,rwb=true.pdf (17. 03. 2006)
237 www.akwissensbilanz.org

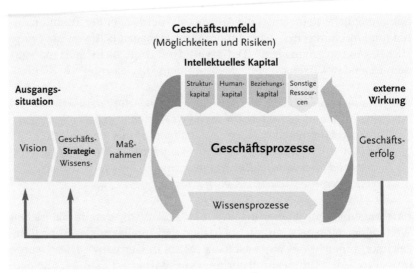

Abbildung 45: Modell der Wissensbilanz „Made in Germany"[238]

Ausgehend von der Vision und den Zielen der Organisation wird die Frage gestellt nach dem Wissen, den Kompetenzen und Fähigkeiten, welche die Organisation heute oder in der Zukunft benötigen wird, um diese Ziele zu erreichen. Daraus ergeben sich dann sogenannte Wissensziele, im Grunde Lernziele der Organisation.[239] Beispiel: Ein Unternehmen hat sich zum Ziel gesetzt, in den nächsten fünf Jahren den europäischen Markt zu erschließen. Davon abgeleitete Wissensziele können sein, die Sprachkompetenz bei den Mitarbeitern zu entwickeln, Know-how über das Funktionieren ausländischer Märkte zu erwerben usw.

Um diese Lernziele aber überhaupt klar erkennen zu können, werden zunächst mit Blick auf die strategischen Ziele einerseits und das operative Geschäft, die Kerngeschäftsprozesse, andererseits wichtige Einflussfaktoren auf den Geschäftserfolg identifiziert, und zwar in interdisziplinär und vor allem interhierarchisch besetzten Workshops, d. h. einem partizipativen Aushandlungsprozess. Der Fokus liegt dabei auf den Einflussfaktoren aus den Dimensionen „Humankapital", „Strukturkapital" und „Beziehungskapital".

Die erkannten Einflussfaktoren werden erfasst, beschrieben und in einem *self assessment* bewertet nach
- *Quantität*
  Haben wir genug davon?
- *Qualität*
  Haben wir das Richtige und stimmt die Güte des Faktors?

---

238 Quelle: BMWi
239 S. auch Kapitel 1.4 „Wissen und Nichtwissen"

- *Systematik*
  Wie systematisch entwickeln wir diesen Einflussfaktor weiter? Verbessern und pflegen wir ihn?

Aus der Betrachtung dieser Bewertung ergibt sich bereits ein klares Bild der Stärken und Schwächen in der Organisation. Beispiel: Ein Unternehmen der Übersetzungsbranche hat die hohe Qualifikation der Mitarbeiter, deren langjährige Berufserfahrung und gutes Miteinander als entscheidenden Erfolgsfaktor aus der Dimension „Humankapital" identifiziert. Nun hatte sich das Unternehmen zum Ziel gesetzt, personell in den folgenden Monaten zu wachsen. Es ergab sich die Frage, ob das Unternehmen über genügend Wissen, eine ausreichende Kompetenz verfügt, um neue Mitarbeiter möglichst rasch und effizient so gut zu integrieren, dass das hohe Qualitätsniveau des Personals gehalten werden kann.

Intellektuelles Kapital bewerten und steuern: die Wissensbilanz der beo GmbH

Die beo Gesellschaft für Sprachen und Technologie bmH in Stuttgart wurde 2003 von einem kleinen Team aus Projektmanagement-, Fremdsprachen- und Technologie-Spezialisten gegründet. Der Übersetzungsdienstleister beschäftigt 28 Mitarbeiter[243] an drei Standorten in Deutschland.

Als wissensorientiertes Dienstleistungsunternehmen erkannte beo die hohe Bedeutung der sogenannten immateriellen Faktoren für den Geschäftserfolg in einem dynamisch sich entwickelnden und hart umkämpften Markt. Um diese Faktoren spezifisch für das eigene Unternehmen eindeutig benennen, bewerten und in der Folge gezielt beeinflussen und weiterentwickeln zu können, entschied man sich, das Instrument der Wissensbilanz zur strategischen Steuerung des Unternehmens einzusetzen.

Die erste beo-Wissensbilanz entstand zwischen November 2005 und März 2006. Die Bilanz wurde gemeinschaftlich mit den Mitarbeitern in insgesamt drei Workshops erarbeitet:

1. *Ziele-Workshop*
   Zu Beginn wurden die Unternehmensziele diskutiert und daraus gemeinsam Wissens- und Lernziele abgeleitet. Außerdem wurden die zentralen Geschäftsprozesse benannt und deren Verbesserungspotenziale identifiziert.
2. *Stärken-Schwächen-Workshop*
   In einem zweiten Schritt ging es darum, die Einflussfaktoren zu identifizieren, zu beschreiben und vor allem zu bewerten, um Stärken, aber auch Schwächen zu erkennen.
   Um diese Selbstbewertung zu unterstützen, wurde im Vorfeld eine schriftliche Mitarbeiterbefragung durchgeführt.

---

240 Stand März 2006

3. *Maßnahmen-Workshop*

In einem letzten gemeinsamen Workshop wurden schließlich die Kennzahlen zur Steuerung definiert und Messmethoden bestimmt. Außerdem wurden Verbesserungsmaßnahmen festgelegt und bewertet.

Danach begab sich das Team der Geschäftsleitung in Klausur, um einen konkreten Aktionsplan zu erstellen, die Kennzahlen als Steuerungsinstrument zu implementieren und die Arbeitsergebnisse der Wissensbilanz für die interne und externe Kommunikation aufzubereiten.

Was waren nun Ergebnisse dieses Prozesses?[241] Grundsätzlich erkannten Mitarbeiter und Geschäftsleitung, dass das Unternehmen in Bezug auf Qualität und Quantität bei den identifizierten Einflussfaktoren, wie beispielsweise Verantwortung, Fachwissen, Motivation, IT-Unterstützung, Innovation, Partner, Kundenzufriedenheit und Kundenbindung, gut aufgestellt war, jedoch kaum einen dieser Einflussfaktoren systematisch pflegte und entwickelte. So entstanden beispielsweise zwar immer wieder Innovationen im Unternehmen, jedoch nicht auf Basis eines definierten Prozesses und folglich teilweise zufällig und in der Umsetzung nicht immer so effektiv und effizient wie eigentlich gewünscht. Der geringe Stellenwert von Systematik in manchen Bereichen war bei einem so jungen Unternehmen nicht überraschend, doch nach fast drei Jahren Bestehen am Markt der richtige Zeitpunkt, sich stärker auch darauf zu konzentrieren.

Insgesamt wurde durch die Darstellung der Wechselwirkung wischen den einzelnen Einflussfaktoren außerdem deutlich, dass die Einflussfaktoren des Humankapitals wie Motivation oder auch Sozialkompetenz zwar keinen direkten Einfluss auf den Geschäftserfolg ausüben, der indirekte Einfluss aber extrem hoch ist, was diese sehr weichen Faktoren für die Zukunft noch deutlicher in den Fokus der Aufmerksamkeit rückte.

Als eindeutiges Lernziel wurde unter anderem die Integration neuer Mitarbeiter erkannt. Bei der Bewertung der Einflussfaktoren hat sich gezeigt, dass ein sehr homogenes, kompetentes, branchenerfahrenes und motiviertes Personal einer der Haupterfolgsfaktoren des Unternehmens ist, dank dessen beo angemessene Preise für die Dienstleistung an einem ansonsten sich in einem immer härter werdenden Preiskampf befindlichen Markt durchsetzen kann. Ein Unternehmensziel war ein gesundes Wachstum, auch in personeller Hinsicht. Diese beiden Aspekte, die Bereitschaft zu personellem Wachstum und das latente Wissen um die Bedeutung eines hochkompetenten Personals, wurden im Zuge der Wissensbilanz erstmals in einen Zusammenhang gebracht. Und hier stellte sich nun die Frage, wie das Unternehmen die homogene Qualität des Personals bei gleichzeitigem personellen Wachstum gewährleisten konnte. Daraus leitete sich die Maßnahme „Entwickeln eines Integrationskonzeptes für neue Mitarbeiter", was es bisher im

---

241 Die Ergebnisse werden nur auszugsweise wiedergegeben. Die komplette Wissensbilanz ist beim Unternehmen direkt nachzufragen.

Unternehmen nicht gegeben hatte, ab. Neben den Handlungsfeldern Ressourcen-Management und interne Kommunikation wurde diese Maßnahme seitens der Geschäftleitung mit einer hohen Priorität bezüglich einer zeitnahen Umsetzung belegt.

All diese Ergebnisse wurden von Mitarbeitern und Geschäftsführung gemeinsam in einem konstruktiven Dialog erarbeitet. In der Folge war die Akzeptanz gegenüber den dann anzugehenden Verbesserungsmaßnahmen seitens der Mitarbeiter groß. Nach Aussage der beiden Geschäftsführer reduzierte die gemeinsame Arbeit an der Wissensbilanz den eigenen Aufwand für Steuerung und interne Kommunikation. Gleichzeitig hatte sich für die Geschäftleitung aber auch in einigen – schon länger latent bekannten – Aufgabenstellungen der Handlungsdruck erhöht. (www.beo-doc.de)

Doch wie wichtig ist diese Erkenntnis, wie stark ist der Einfluss dieses Faktors auf den Geschäftserfolg? Das heißt, lohnt es sich für die Organisation, Aufwand in die Behebung dieser konstatierten Schwäche zu investieren? Gerade hier liegt sicherlich eine der größten Herausforderungen eines Managements von Rahmenbedingungen in zunehmend nicht mechanischen, komplexen Organisationen: Es gibt keine monokausalen Zusammenhänge, sondern der Manager sieht sich mit einem Wirkungsgeflecht konfrontiert, in dem sich zahlreiche Faktoren unterschiedlich stark gegenseitig beeinflussen und in der Summe schwer vorhersagbar auf das Gesamtergebnis wirken. Es stellt sich also die Frage nach den wirkungsvollen Hebeln in diesem Geflecht: Investiere ich bei nur begrenzten Ressourcen eher in den Einflussfaktor „Fachkompetenz" oder in den Einflussfaktor „Externe Netzwerke"? Wo steht meinem Aufwand die größere Wirkung gegenüber?

Um diese Fragen zumindest annähernd im Sinne einer Entscheidungshilfe zu beantworten, schafft die Wissensbilanz über eine Sensitivitätsanalyse nach Vester[242] Transparenz über Wirkungszusammenhänge und gibt damit Hinweise auf mächtige Hebel, also Einflussfaktoren, die entweder sehr direkt auf den Erfolg einer Unternehmung einwirken oder sehr viele andere Faktoren beeinflussen und die selbst wiederum nur von wenigen anderen beeinflusst werden, dadurch relativ gut steuerbar sind. Darüber hinaus lässt die Wirkungsanalyse sogenannte selbst verstärkende Generatoren erkennen, das sind Kreisläufe starker Wechselwirkungen, die sich quasi gegenseitig „aufschaukeln".

---

242 Vgl. Vester 2005

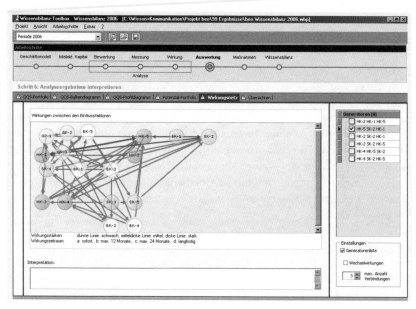

Abbildung 46: Darstellung der Wirkungszusammenhänge zwischen den Geschäftsprozessen und den Einflussfaktoren ab Wirkungsstärke 3 (starke Beeinflussung), rot hervorgehoben ist ein Gene-
rator (s. auch Fallbeispiel beo GmbH)

Die Wissensbilanz hilft also bei der Entscheidung darüber, an welcher
Stelle im komplexen System einer Organisation Aufwände effektiv investiert werden sollten; sie verschafft Klarheit über Stärken und Schwächen
und über die „richtigen" Hebel, und all dies in einem partizipativen Prozess zwischen den Mitgliedern der Organisation, wodurch die Akzeptanz
möglicher Veränderungsmaßnahmen deutlich erhöht wird. Damit ist die
Wissensbilanz ein Instrument der Organisationsentwicklung und des gezielten Veränderungsmanagements.

In einem nächsten Schritt werden dann Kennzahlen für jeden Einflussfaktor definiert, um die Wirkung eingeleiteter Maßnahmen auch nachhaltig monitoren zu können. Mit der Definition von Kennzahlen wird die
Wissensbilanz zu einem internen Steuerungsinstrument, vergleichbar
der Balanced Scorecard. Die Kennzahlen der Wissensbilanz sind jedoch
zu einem nicht geringen Teil keine eigentlich harten Zahlen, sondern
bilden subjektive Meinungen und Stimmungsbilder ab, beispielsweise
in Form von Kennzahlen zur Kunden- und Mitarbeiterzufriedenheit. Gerade diese qualitativen Kennzahlen verfügen in der Regel über einen
hohen Aussagewert hinsichtlich der Qualität der Rahmenbedingungen
für Wissensarbeit in der Organisation.

Abschließend werden die Ergebnisse der Wissensbilanz textlich aufbereitet, um für die externe Kommunikation, z. B. als Anhang zur Finanzbi-
lanz, dienen zu können.

Trotz ihres Namens ist die Wissensbilanz keine Bilanz im finanziellen Sinne. Sie ist ein strategisches Steuerungsinstrument, mit dessen Hilfe Zusammenhänge zwischen den Zielen einer Organisation, den Leistungsprozessen, dem intellektuellen Kapital sowie dem Erfolg transparent gemacht werden können, und zwar in einem für die Organisation wertvollen Lernprozess. Denn die im Vorangegangenen beschriebenen Ergebnisse, Definieren der Lernziele, Identifizieren und Bewerten der Einflussfaktoren, Festlegen von Kennzahlen und Maßnahmen, werden in Workshops gemeinschaftlich von Mitgliedern der Organisation und Management erarbeitet und dabei eingehend, teilweise auch konträr diskutiert. Das partizipative Erarbeiten der Wissensbilanz kommt den Wissensarbeitern in ihrem Verständnis von Autonomie und Selbstbestimmung entgegen.

Durch die mit der Wissensbilanz erzielte Transparenz hinsichtlich der sogenannten immateriellen Faktoren können die für die Wissensarbeit so wesentlichen Rahmenbedingungen gezielter gestaltet werden. Die Wissensbilanz setzt dazu klassische Managementwerkzeuge ein, die des Messens und Monitorens, wendet diese aber eben auf die Rahmenbedingungen der Wissensarbeit, nicht auf die Wissensarbeit selbst an. Dadurch versöhnt die Wissensbilanz beide Lager und baut eine Brücke, über die auch traditionell tayloristisch geprägte Manager den Weg zu einem eher gärtnerischen Management finden können.

Bei aller Unterschiedlichkeit des Cynefin- und des Wissensbilanz-Modelles, zwischen intellektuellem Anspruch und Pragmatismus, zwischen Komplexität und möglichster Einfachheit, verbindet die beiden Modelle Wesentliches:

Gemeinsamkeiten von Cynefin und Wissensbilanz

- Beide Modelle versuchen dort Steuerung zu unterstützen oder überhaupt erst zu etablieren, wo traditionelle Steuerungsinstrumente nicht oder doch kaum mehr greifen.
- Bei beiden Modellen geht es, frei nach dem bekannten Statistiker W. Edward Demming: „Man kann nie mehr als drei Prozent dessen messen, worauf es ankommt", weniger um eine konkrete Messung und Planung als um das Bewusstwerden von (möglichen) Zusammenhängen, um das Erkennen von Mustern und um das Begreifen von dynamischen, veränderlichen Systemzuständen mit dem Ziel, sich immer wieder flexibel daran anpassen zu können. Planung, Messung und Kontrolle werden in ihrer Bedeutung reduziert.
- Es geht bei beiden Modellen um das Erkennen und in der Folge die Ermöglichung der Gestaltung von Rahmenbedingungen.
- Bei beiden Modellen stehen folglich Einflussfaktoren im Mittelpunkt der Betrachtung, die nur schwer fassbar sind.
- Aus diesem Grund spielt bei beiden Modellen die Selbstbewertung eine wesentliche Rolle. Auch wenn vor allem die Wissensbilanz durch den Einsatz von Kennzahlen eine gewissen Objektivierbarkeit an-

strebt, so ist das Ziel dabei doch weniger eine tatsächliche objektive Messbarkeit als die Ermöglichung und Unterstützung eines Bewusstsein schaffenden Dialoges innerhalb der Organisation und über deren Grenzen hinaus; eines Dialoges, der auch die Vertreter eines traditionell messenden und kontrollierenden Managements anspricht und angemessen einbindet.

- Wie überhaupt bei beiden Modellen der Diskurs, der zu den Modellen führt, nicht nur Weg, sondern auch wichtiges Ziel ist. Das gemeinschaftliche Erarbeiten in Diskussionen ist mindestens genauso wertvoll wie das am Ende stehende Ergebnis in Form eines organisationsspezifischen Cynefin-Referenzrahmens oder einer Wissensbilanz.
- Damit stellt das jeweilige Ergebnis weder beim Cynefin-Modell noch bei der Wissensbilanz einen Endpunkt dar, sondern lediglich einen immer wiederkehrenden *point of clearance* in einem kontinuierlichen Prozess der Positionierung und Positionsveränderung, in der Sprache der Luftfahrt ein kurzes Innehalten innerhalb eines Prozesses, um sich zu versichern über die „richtige" Richtung und das „richtige" Vorgehen.

Für den Manager bedeutet der Einsatz solcher Instrumente, dass er ...
- ... die Deutungshoheit aufgibt zugunsten einer kollektiven und diskursiven Erarbeitung von „Wahrheit" und „Sinn".
- ... eine Positionierung mit Unschärfe akzeptiert.
- ... Ambiguität aushält und thematisiert anstatt sie zugunsten einer Scheinstabilität zu negieren.
- ... das Reich (scheinbar) objektiver und zuverlässiger Daten und Informationen verlässt, sich auf das Wissen einlässt und damit auch den Zweifel akzeptiert.
- ... sich einlässt auf die bloße Gestaltung sogenannter weicher, wenig fassbarer Faktoren.
- ... erkennt und akzeptiert, dass Ergebnisse nur mittelbar zu beeinflussen, weder zuverlässig zu planen noch gar zu erzwingen sind.

Kurz, es bedeutet, dass der Manager sein Dasein als Gärtner akzeptiert und sich vom Traum des Daseins als Maschinenführer verabschiedet.

Wissensmanagement? Eine kurze Polemik zum Abschluss

Und wo bleibt bei alldem das sogenannte Wissensmanagement? Das Wissensmanagement, wie es heute in der Mehrzahl der Fälle betrieben wird, ist geprägt durch ein Übergewicht des Aspektes Management über den Aspekt Wissen, und es ist geprägt von einem fehlgeleiteten Verständnis von Wissen, nämlich dem Irrglauben, Wissen sei eine Ressource wie andere und daher auch so zu behandeln. Definitionen wie „Wissensmanagement ist das Bemühen, den Wert der Ressource Wissen so zu optimieren, dass er zum Erfolg der Firma beiträgt"[243] machen deutlich, dass ...

a   ... Wissen als stabiles, distinktes, verfügbares und messbares Gut betrachtet wird, nicht aber als dynamischer, kaum vorhersag- und messbarer, daher auch nicht direkt steuerbarer Prozess.

b   ... Wissen als vom Menschen losgelöst betrachtet wird, als unabhängig vom Wissensarbeiter und dem Prozess der Wissensarbeit erkennbar und verfügbar.

c   ... Wissen mit den bekannten Managementinstrumenten betrachtet wird, das Wissen also gleichsam dem Management unterworfen wird.

d   ... dem Wissen an sich ein Wert zugemessen wird, die eigentliche Wissensarbeit dabei völlig aus dem Blick geraten ist.

Die Folge dieser Art von Wissensmanagement ist das bereits erwähnte exzessive Wissensmanagement[243] mit den uns allen bekannten Folgen der (nutzlosen) Überinformiertheit als Ergebnis des Versuches, Wissen auf Vorrat zu halten. Doch welchen Wert hat dieses Vorratswissen überhaupt? Einen geringen, wie Peter Drucker meint, wenn er sagt: „Knowledge constantly makes itself obsolete, with the result that today's advanced knowledge is tomorrow's ignorance. The only competitive advantage of the developed countries is in the supply of knowledge workers."

In der Unterstützung der Wissensarbeiter, nicht in der Vorratshaltung von Wissen liegt die eigentliche Aufgabe eines „Wissensmanagements".

---

243 Quelle unbekannt
244 S. auch Kapitel 1.4 „Wissen und Nichtwissen"

Doch dies nicht mit dem Versuch einer Taylorisierung der Wissensarbeit, d. h. einer unreflektierten Anwendung traditioneller Werkzeuge mit dem Anspruch der Messung, Planung und direkten Steuerung auf die Wissensarbeit, sondern unter Berücksichtigung der Besonderheiten von Wissensarbeit. Genau diese Spezifika machen nämlich eine Taylorisierung unmöglich, der Versuch einer solchen führt nicht zur erwünschten Produktivitätssteigerung, sondern schadet der Produktivität der Wissensarbeiter.

Die Unterstützung der Wissensarbeiter kann nur eine mittelbare sein, d. h. durch das Gestalten förderlicher Rahmenbedingungen. „Hire small people and leave them alone"[245]: Was auf den ersten Blick als Kritik am herrschenden Desinteresse an der Managementaufgabe „Produktivitätssteigerung der Wissensarbeit" erscheint, gewinnt positive Aspekte, wenn wir damit die Abstinenz von einem direkten „Management" von Wissensarbeitern meinen und damit einhergehend das Vertrauen in das Tun dieser „smart people", dort, wo eine Kontrolle sowieso kaum möglich ist.

Das Management stellt diese Einsicht in die Besonderheit von Wissen und Wissensarbeit vor eine herausfordernde Veränderung: Vertrauen statt Kontrolle, Gestaltung von Rahmenbedingungen anstatt direkte Steuerung von Prozessen und Ergebnissen, weitgehender Verzicht auf Messung und klassische Planung, Anerkennen von Komplexität statt Begeisterung für Simplify-Methoden, das Aushalten von erhöhter Ambiguität und Reflexivität von Entscheidungen und vor allem die Herausforderung, Menschen zu führen und gemeinsam mit Menschen „etwas zu erledigen"[246].

Der Begriff Wissensmanagement erfährt dann eine Umdeutung: Wir verstehen dann darunter nicht mehr ein Management der „Ressource Wissen", sondern ein gleichsam wissenssensibles Management, welches die Wissensperspektive in alle Aspekte des Managementhandelns integriert. Dies erfordert ein radikales Umdenken. Ein Umdenken, das aber dringend notwendig ist, wollen wir uns weiter auf einem enger werdenden Weltmarkt behaupten.

---

245 Thomas H. Davenport
246 Mary Parker Follet

Danke

Herzlichen Dank an meine Kollegen Daniela Nowak, Christian Keller, Christian Kuhlmann und Ulrich Steller, mit denen zusammen ich in einem Projekt für das Bundesministerium für Wirtschaft und Technologie (BMWi) Beispiele guter Praxis für den Umgang mit Wissen in kleinen und mittelständischen Unternehmen lokalisiert und evaluiert habe. Diese Beispiele haben mir manche wertvolle Anregung für dieses Buch geliefert.[247]

Außerdem danke ich meinem Mann Markus und unserer Tochter Pauline für ihr Verständnis für durchgeschriebene Wochenenden.

---

247 Die Beispiele sind zu finden auf www.wissenmanagen.net.

Zur Autorin

Gabriele Vollmar M.A. ist als Beraterin und Trainerin selbstständig. Ihre Schwerpunkte sind Organisationsentwicklung, Führung und Strategiefindung, Wissensmanagement und Wissensbilanzen sowie strategisches und operatives Kompetenzmanagement. Ihr besonderes Augenmerk gilt dabei den kommunikativen und zwischenmenschlichen Prozessen in Organisationen. Gabriele Vollmar lebt und arbeitet mit Mann und Tochter in Reutlingen.

Register

Literaturverzeichnis

Albrecht, Frank: Strategisches Management der Unternehmensressource Wissen. Frankfurt 1993

Amar, A. D.: Models for Subliminal Learning of the Mind. In: International Journal of Knowledge, Culture and Change Management. Volume 4. 2004. S. 1819–1825

Baecker, Dirk/Kluge, Alexander: Vom Nutzen ungelöster Probleme. Berlin 2003

Baecker, Dirk: Organisation und Management. Frankfurt am Main 2003

Bateson, Gregory: Steps to an Ecology of Mind. New York 1972

Berger, Peter L./Luckmann, Thomas: Die gesellschaftliche Konstruktion der Wirklichkeit. Eine Theorie der Wissenssoziologie. Frankfurt am Main 2004

Bullinger, Hans-Jörg: Arbeit der Zukunft. Vortrag im Rahmen der Tagung „Arbeit der Zukunft – produktiv und attraktiv gestalten. 25. April 2001 in Stuttgart. Fraunhofer Institut für Arbeitswirtschaft und Organisation 2001.

Ciesinger, Kurt-Georg/Howaldt, Jürgen/Klatt, Rüdiger/Kopp, Ralf (Hrsg.): Modernes Wissensmanagement in Netzwerken. Wiesbaden 2005

Correll, Werner: Menschen durchschauen und richtig behandeln. Heidelberg. 18. Aufl. 2003

Davenport, T. H./Jarvenpaa, S. L./Beers, M. C.: Improving Knowledge Work Processes. In: Sloan Management Review. 1996. S. 53–65

Davenport, T. H.: Human capital: What it is and why people invest it. San Francisco 1999

Davenport, T. H.: A measurable proposal. In: CIO Magazine, Juni 2003. http://www.cio.com/archive/060103/order.html

Dodgson, M.: Organizational Learning. In: Organization Studies 14 (3) 1993. S. 375–394

Douglas, Mary: Purity and Danger. London 1966

Drucker, Peter: L. Godkin Lecture at Harvard University John F. Kennedy School of Government. 4. Mai 1994. http://www.ksg.harvard.edu/ifactory/ksgpress/www/ksg_news/transcripts/drucklec.htm (03.01.2006)

Drucker, Peter: Knowledge-worker productivity: The biggest challenge. In: California Management Review. 41/1999. S. 79–94

Drucker, Peter: Management's new paradigms. In: Forbes 1998. 5. Oktober

Drucker, Peter: Die Kunst des Managements. München 2000

Durant, Will/Durant, Ariel: Kulturgeschichte der Menschheit. Köln 1985

Freimuth, Joachim: Nur ein Augen-Blick? Die Bedeutung des Blickkontaktes in kommunikativen Settings. In: Gruppendynamik 23 (3) 1992. S. 297–309

Freimuth, Joachim: Kommunikative Architektur und die Diffusion von Wissen. In: wissensmanagement – das Fachmagazin für Führungskräfte Juli 2000. S. 41–45

Giddens, Anthony: The Constitution of Society. Berkley 1984

Gross, Peter: Kontingenzmanagement. In: Sattelberger, Thomas (Hrsg.): Humankapital schafft Shareholder Value. Köln 1999. S. 19–32

Hackman, R./Oldman, G.: Work Redesign. Reading 1980

Häring, Karin: Zur Praxis der Evaluation und des Bildungscontrollings. In: Personalführung 7/2001. S. 72–76

Hauptman, O./Neuriger, J. In: Technological Forecasting and Social Change, 1997, 55. S. 99–101

Heckhausen, Heinz/Heckhausen, Jutta: Motivation und Handeln. Berlin 1989

Hedberg, Bo: How organizations learn and unlearn. In: Nystrom, P. C.; Starbuck, W. H. (Eds.): Handbook of Organizational design. 1981. Bd. 1. S. 3–27

Heinen, Edmund: Grundfragen der entscheidungsorientierten Betriebswirtschaftslehre. München 1972

Hermann, Sibylle: Produktive Wissensarbeit: Eine Herausforderung. Vorabdruck. http://www.pm.iao.fraunhofer.de/wissensarbeit/kwm-papers/produktivewissensarbeit.pdf (20.03.2006)

Hill, Wilhelm/Fehlbaum, Raymond/Ulrich, Peter: Organisationslehre 1: Ziele, Instrumente und Bedingungen der Organisation sozialer Systeme. 5. Aufl. Stuttgart 1994

Hoffmann, Friedrich: Entwicklung der Organisationsforschung. Wiesbaden 1976

Kalkowski Peter: Wissensarbeit lässt sich nicht standardisieren. In: Mitbestimmung 3/2004. S. 56–59

Kandel, Eric/Hawkins, Robert: Molekulare Grundlage des Lernens. In: Spektrum der Wissenschaft 11 (1992). S. 66–76

Kelley, Robert Earl: The gold-collar worker. Harnessing the brainpower of the new work-force. Reading 1985

Kelloway, E. K./Barling, J.: Knowledge work as organizational behavior. In: International Journal of Management Reviews, 2, 2000. S. 287–304

Kieser, Alfred: Über die allmähliche Verfertigung der Organisation beim Reden. In: Industrielle Beziehungen 5 (1998). S. 45–75

Klimecki, Rüdiger/Probst, Gilbert/Eberl, Peter: Systementwicklung als Managementproblem. In: Staehle, Wolfgang; Sydow, Jürgen: Managementforschung 1. Berlin 1991. S. 103–162

Krackhardt, David/Hansen, Jeffrey: Informal Networks: The Company. In: Harvard Business Review Juli/August 1993.

Krogh, Georg von/Ichijo, Kazuo/Nonaka, Ikujiro: Enabling Knowledge Creation. How to Unlock the Mystery of Tacit Knowledge and Release the Power of Innovation. Oxford 2000

Kull, Ulrich: Evolution des Menschen. Biologische, soziale und kulturelle Evolution. Stuttgart 1986

Kurtz, Cynthia F./Snowden, David J.: The new dynamics of strategy: Sense-making in a complex and complicated world. In: IBM Systems Journal. Vol. 42. No. 3, 2003. S. 462–483

Langer, Susanne: Philosophie auf neuem Wege. Das Symbol im Denken, im Ritus und in der Kunst. Frankfurt am Main 1984

Lave, Jean/Wenger, Etienne: Situated Learning: Legitimate Peripheral Participation. Cambridge University Press 1991

Lembke, Gerald: www.vordenker.de/gerald 1997 (23.01.2006)

Lenz, G./Ellebracht H./Osterhold G.: Vom Chef zum Coach. Der Weg zu einer neuen Führungskultur. Wiesbaden 2000

Luczak, Holger: Arbeitswissenschaft. 2. vollständig neu bearbeitete Auflage. Berlin 1998

Malik, Fredmund: Führen, Leisten, Leben. Wirksames Management für eine neue Zeit. München 2001

Monge, P. R./Cozzens, M. D./Contractor, N. S.: Communication and motivational predictors of the dynamics of organizational innovation. In: Organization Science. 3/1992. S. 250–274

Natour, Nadya: WissensarbeiterInnen – eine neue Beschäftigtenelite? In: Journal Arbeit. Nr. 2/2002. S. 24–25

Nonaka, Ikujiro/Konno, Noboru: The Concept of „Ba". Building a Foundation for Knowledge Creation. In: California Management Review. Vol. 40. No. 3. Spring 1998. S. 40–54

Nonaka, Ikujiro/Takeuchi, Hirotaka: Die Organisation des Wissens. Frankfurt am Main 1997

North, Klaus: Wissensorientierte Unternehmensführung. Wiesbaden 1998

North, Klaus/Reinhardt, Kai: Kompetenzmanagement in der Praxis. Wiesbaden 2005

Pedler, Mike/Burgoyne, John/Boydell, Tim: Auf dem Weg zum Lernenden Unternehmen. In: Sattelberger, Thomas: Die lernende Organisation: Konzepte für eine neue Qualität der Unternehmensentwicklung. Wiesbaden 1991. S. 58–65

Polanyi, Michael: Implizites Wissen. Frankfurt am Main 1985

Polanyi, Michael: Personal Knowledge. Chicago 1958

Probst, Gilbert/Büchel, Bettina: Organisationales Lernen. Wiesbaden 1994

Schein, Edgar: Unternehmenskultur. Ein Handbuch für Führungskräfte. Frankfurt am Main 1995

Schmidt, Michael Peter: Knowledge Communities. Mit virtuellen Wissensmärkten das Wissen in Unternehmen effektiv nutzen. Addison-Wesley. München 2000

Schneider, Ursula: Wie viel Wissen verträgt Handeln? Anleitung zum Umgang mit Ignoranz, Glaube und Zweifel. In: Ciesinger 2005. S. 21–39

Schütt, Peter: Wissen managen heißt auch Communities managen. In: wissensmanagement – das Fachmagazin für Führungskräfte 3/2001. S. 5–8

Schütt, Peter: Communities – die Zukunft der Unternehmensorganisation: In: wissensmanagement – das Fachmagazin für Führungskräfte 4/2001. S. 50–53

Schütt, Peter: Der lange Weg vom Taylorismus zum Wissensmanagement. In: wissensmanagement – das Fachmagazin für Führungskräfte 3/2003. S. 48–52

Schütt, Peter: Die wahre Organisation liegt im Verborgenen. In: wissensmanagement – das Fachmagazin für Führungskräfte 6/2003 S. 50–54

Schütt, Peter: Cynefin – ein Sense-Making-Modell für Wissensorganisationen: In: wissensmanagement – das Fachmagazin für Führungskräfte 3/2004. S. 14–17

Schulze, Anja: Unternehmenskulturelle Voraussetzungen zur Wissensteilung. Benchmarking-Studie Universität St. Gallen im Auftrag der Drägerwerk AG. St. Gallen 2002

Schumpeter, Joseph: Theorie der wirtschaftlichen Entwicklung. 8. Aufl. Berlin 1997

Segler, Tilman: Die Evolution von Organisationen. Frankfurt am Main 1985

Senge, Peter: Die fünfte Disziplin. Kunst und Praxis der lernende Organisation. Stuttgart 1997

Stewart, T. A.: A new way to think about employees. In: Fortune 1998. S. 169–170

Taylor, Frederick W.: The Principles of Scientific Management. New York 1911

Taylor, Kit Sims: The Brief Reign of the Knowledge Worker. 1998. http://distance-ed.bcc.ctc.edu/econ/kst/BriefReign/BRwebversion. htm#reich (26. Mai 2006)

Tennant, Mark: Psychology and Adult Learning. London 2. Aufl. 1997

Vala-Webb, Gordon/Pollard, Dave: A Framework for Organizational Decision-making. In: Global Knowledge Review June 2005. S. 10–12

Vester, Frederic: Die Kunst vernetzt zu denken. München 5. Aufl. 2005

Weick, Karl E./Sutcliffe, Kathleen M.: Managing the Unexpected. San Francisco 2001.

Wenger, Etienne: Communities of Practice. Learning as a Social System. http://www.co-i-l.com/coil/knowledge-garden/cop/lss.shtml (26.01.2006)

Wilkesmann, Uwe/Rascher, Ingolf: Wissensmanagement. Theorie und Praxis der motivationalen und strukturellen Voraussetzungen. München 2004

Wilkesmann, Uwe: Lässt sich Wissensarbeit managen. In: Ciesinger, Kurt-Georg; Howaldt, Jürgen; Klatt, Rüdiger; Kopp, Ralf (Hrsg.): Modernes Wissensmanagement in Netzwerken. Wiesbaden 2005. S. 41–63

Willke, Helmut: Systemisches Wissensmanagement. 2. Aufl. Stuttgart 2001